LES

LA TRÉMOILLE

PENDANT CINQ SIÈCLES

TOME TROISIÈME

CHARLES, FRANÇOIS

ET

LOUIS III

1485-1577

NANTES
ÉMILE GRIMAUD, IMPRIMEUR-ÉDITEUR
4, PLACE DU COMMERCE, 4

MDCCCXCIV

LES
LA TRÉMOILLE
PENDANT CINQ SIÈCLES

TOME TROISIÈME

LES

LA TRÉMOILLE

PENDANT CINQ SIÈCLES

TOME TROISIÈME

CHARLES, FRANÇOIS

ET

LOUIS III

1485-1577

NANTES
ÉMILE GRIMAUD, IMPRIMEUR-ÉDITEUR
4, PLACE DU COMMERCE, 4

MDCCCXCIV

CHARLES DE LA TRÉMOILLE

Charles de La Trémoille, prince de Talmond, fils unique de Louis II de La Trémoille et de Gabrielle de Bourbon, naquit en 1485 [1]. Charles VIII fit l'honneur à la famille de le tenir sur les fonts de baptême et lui donna son nom [2]. Il accompagna Louis XII en Italie, prit part au siège de Gênes en 1507 [3] et à la bataille d'Agnadel le 14 mai 1509. Nommé gouverneur de Bourgogne en 1513 [4], pendant l'absence de son père, il se distingua à la défense de Dijon, marcha contre les Suisses en 1515 et périt glorieusement à la bataille de Marignan, le 14 septembre de la même année.

Le 7 février 1501 (v. s.), le prince de Talmond avait épousé Louise de Coëtivy [5], fille de Charles de Coëtivy, comte de Taillebourg, prince de Mortagne-sur-Gironde, baron de Royan, et de Jeanne d'Orléans Angoulême, tante de François Ier.

---

1. Et non en 1487, comme l'ont dit les généalogistes.
2. Voir p. 13.
3. Voir p. 15 la lettre de Charles de La Trémoille qu'il faut dater du 2 mai 1507 au lieu de 1506.
4. Voir pp. 16 et 17.
5. Voir p. 13

Jehan Bouchet en trace le portrait suivant, dans son *Temple de bonne renommée :*

> Qu'il estoit grant, bien formé par nature,
> Et si n'eust sceu Foulquet en sa paincture
> Homme pourtraire aussi beau qu'il estoit.
> Long nez avoit, yeulx vers, blanche taincture,
> Barbe assez forte et cheveux par mesure,
> Et en son port gravement se portoit.
> Prompt à secours il fut, et long à nuyre.
> Pouvait-il mieux en ce monde mourir,
> Fors en la guerre ou fut pour secourir
> Le roy son maistre en très juste querelle ?

FRANÇOIS DE LA TRÉMOILLE

François de La Trémoille, fils unique de Charles et de Louise de Coëtivy, naquit à Thouars en 1502. Fait prisonnier à la bataille de Pavie en protégeant le corps de son grand-père Louis II qui venait d'être tué, François ne put rentrer en France qu'après avoir payé une grosse rançon[1]. Chevalier de l'ordre du roi, il prit part aux campagnes d'Italie de 1527 et 1528. Nommé lieutenant-général des provinces de Poitou, Saintonge et pays d'Aunis[2], son administration y fut marquée par des édits protégeant l'agriculture et le commerce des céréales[3]. Bon administrateur de la chose publique, François de La Trémoille sut aussi très bien faire prospérer sa fortune particulière. Lors de sa mort en 1542[4], la succession qu'il laissa aux siens fut l'apogée de la fortune des La Trémoille[5].

François de La Trémoille épousa, en 1521, Anne de Laval, fille

---

1. Voir p. 25.
2. Voir p. 62.
3. Voir p. 69 et *Inventaire de François de La Trémoille*, pp. XVI, XVII.
4. Voir le compte de ses obsèques, pp. 43 et suivantes.
5. Voir pp. 92 et suivantes.

de Guy XVI, comte de Laval, et de Charlotte d'Aragon, princesse de Tarente, laquelle mourut à Craon, en Anjou, le 26 octobre 1553[1].

Ils avaient eu onze enfants :

Louis III de La Trémoille dont le chapitre suit ;

François, comte de Benon, mari de Françoise du Bouchet ;

Charles, baron de Mauléon ;

Georges, auteur de la branche des marquis de Royan, comtes d'Olonne ;

Claude, auteur de la branche des marquis, puis ducs de Noirmoutier ;

Guy, mort à l'âge de huit ans ;

Anne, mort en bas âge ;

Jean, né posthume et mort en bas âge ;

Louise, femme de Philippe de Lévis ;

Jacqueline, unie à Louis de Bueil, comte de Sancerre ;

Charlotte, religieuse à Fontevrault.

---

1. On trouvera de nombreux détails sur François de La Trémoille, Anne de Laval et leurs enfants dans *Inventaire de François de La Trémoille*. Nantes, 1887, *passim* et surtout pp. 153-181.

LOUIS III DE LA TRÉMOILLE

Louis III de La Trémoille, fils aîné de François et d'Anne de Laval, naquit à la fin de l'année 1522. Le roi l'investit, en 1542, du gouvernement des provinces de Poitou, Saintonge et pays de La Rochelle[1]. Il prit part au siège de Perpignan, à la campagne de Picardie de 1543, contre les Anglais, à l'expédition du Piémont, sous les ordres du maréchal de Cossé-Brissac; sa conduite valeureuse détermina la prise d'Ulpian.

En 1576, Henri III le mit à la tête de l'armée pour combattre les protestants commandés par le prince de Condé et le comte du Lude. Ayant assiégé Melle, il mourut devant cette place au mois de mars 1577, le jour même de la reddition de la ville.

Charles IX, en récompense des longs services de Louis III de La Trémoille, érigea le vicomté de Thouars en duché, au mois de juillet 1563. Les lettres patentes portent que ce duché, à défaut de mâles, serait transmissible par les femmes [2].

Louis III de La Trémoille fut sur le point d'épouser la fille aînée

---

1. Voir p. 156.
2. Voir p. p. 192 et suivantes.

du connétable de Montmorency [1], mais le mariage manqua et il s'unit avec Jeanne de Montmorency, fille puîné du connétable, le 29 juin 1549 [2]. De ce mariage naquirent :

Anne de La Trémoille, prince de Talmond, mort jeune ;
Louis de La Trémoille, comte de Benon, mort jeune ;
Claude, qui continua la lignée ;
Louise de La Trémoille, morte en bas âge ;
Charlotte de La Trémoille, mariée, le 16 mars 1586, avec Henri de Bourbon, prince de Condé.

Outre ses enfants légitimes, Louis III eut de Charlotte Couronneau trois bâtards :

François, seigneur de Moulinfrou, Louis et Louise, demoiselle de Bournezeau, mariée en premières noces à Jean d'Angliers, seigneur de Montroy, près de La Rochelle, et en secondes avec Charles Rouault, seigneur du Landreau [3].

Jeanne de Montmorency mourut à Sully, le 3 octobre 1596.

1. Voir p. 155.
2. Voir p. 175.
3. Voir *Inventaire de François de La Trémoille*, p. 193.

CHAPITRE I

CHARLES DE LA TRÉMOILLE

PRINCE DE TALMOND

EXTRAITS DES COMPTES

EXTRAITS DES COMPTES

*1505, juin. Thouars. — Extrait d'un compte de Charles de
La Trémoille.*

« Le VIIIe jour de juing mil cinq cens et cinq, baillé à ung bon homme de guerre qui venoit de dessus la mer par le commandement de Monseigneur, XII deniers.

« Le lundy, IXe jour dudit moys de juing, à Robert Suriecte pour ung livre apellé *Le Vergier d'Amours,* XVII s. VI d.

« A Mouton, qu'il a baillé à mons^r pour le jeu des eschees avecques Marchezac, V s.

« A Robert Suriecte qu'il a baillé pour le jeu des quarante roys, le XVIe jour de juign, XII d. »

Chartrier de Thouars. Pièce pap.

1509, novembre et décembre. — *Achat de draps d'or et de soie par Charles de La Trémoille.*

« PARTIES LIVRÉES POUR MONS^{gr} LE PRINCE DE THALMOND, DEUES A THIBAULT TARDIF ET JEHAN CLAVEAU, MARCHANS SUYVANTS LA COURT.

« Premièrement, le penultime jour de novembre mil cinq cens et neuf, livré à mondit s^{gr} 13 aulnes satin noir broché d'or riche, pour faire une robe pour mondit s^{gr}; pris fait à mons^r le maistre Regnault de Moussy, à 14 escuz d'or soulleil l'aulne. — Pour ce 336 livres 14 solz.

« Ledit jour, livré pour faire un prepoint à armes pour mondit s^{gr}, deux aulnes de satin jaulne paille; pris fait à 4 livres l'aulne.— Pour ce 8 livres.

« Le derrain jour dudit moys, livré à mons^r l'escuyer Gilles, escuyer de mondit s^{gr}, dix aulnes et demye veloux jaulne paille, pour faire ung accoustrement pour mondit s^{gr} et pour couvrir les bardes avecques du drap d'or frizé; pris fait à 4 escuz aulne. — Pour ce 73 l. 10 s.

« Plus a esté livré à mons^r de La Bessière, par commandement de mondit s^{gr}, 16 aulnes satin jaulne, pour faire ung accoustrement pour luy et couvrir ces bardes, à 4 livres aulne. — Pour ce 64 l.

« Plus à luy une aulne trois quars taffetas jaulne, pour employer audit accoustrement, au pris de 35 solz aulne. — Pour ce 61 s. 3 deniers.

« Plus a esté livré 44 aulnes satin jaulne paille, pour faire huyt robbes à ceulx qui ont servy mondit s^{gr} à la jouste, au feur de 4 livres aulne. — Pour ce 176 l.

« Plus a esté livré à mons^r l'escuyer Gilles une aulne un quart taffetas jaulne, pour doubler le corps et manches de l'acoustrement de mondit s^{gr}, à 35 solz aulne. — Pour ce 43 s. 9 d.

« Plus livré à Jehan de Bloys, barbier de mondit s^{gr}, ung tiers veloux noir pour faire soulliers pour mondit s^{gr}, à 6 l. 10 s. aulne. — Pour ce 43 s. 4 d.

« Le premier jour de décembre ensuivant, livré à Guillaume le Liegoys, tailleur, deux aulnes tiers satin blanc, pour couvrir un prepoint de toille d'argent, au feur de 4 livres aulne. — Pour ce 9 l. 6 s. 8 d.

« Ledit jour, livré pour border ledit prepoint demye aulne veloux blanc, à 4 escuz aulne. — 70 s.

« Le deuxiesme jour dudit moys, livré à l'escuyer Gilles 5 quarts taffetas jaulne, pour l'espée de mondit s^{gr}, à 25 solz aulne. — Pour ce 43 s. 9 d.

« Ledit jour, à luy, un tiers dudit taffetas, pour la queue du cheval de mondit s^{gr} ; audit pris, 11 s. 8 d.

« Ledit jour, livré au barbier deux aulnes de taffetas jaulne, pour faire cornettes ; audit pris, 70 s.

« Ledit jour, livré audit barbier une aulne de taffetas noir audit pris. — Pour ce 35 s.

« Plus a esté livré à mons^r l'escuyer Gilles demy tiers satin rouge en grene, pour couvrir des courroyes, à 4 livres aulne. — [Pour ce] 13 s. 4 d.

« Plus ledit jour livré, par commandement de mons^r le maistre Regnault de Moussy, à l'armeurier, deux aulnes et demye satin, audit pris. — Pour ce 10 l.

« Somme toute desdictes parties 697 l. 2 s. 9 d. tournois.

« Nous Charles de La Trémoille, prince de Thalmond, confessons debvoir à Thibault Tardif et Jehan Claveau, marchans suyvants la cour et demourants à Tours, la somme de six cens quatre vingt dix sept livres deux solz neuf deniers tournois, pour marchandise de draps d'or et de soye que lesditz Tardif et Claveau nous ont baillée et se jourd'uy délivrée en ceste ville de Bloys, dont nous nous tenons comptent; la quelle somme de 697 l. 2 s. 9 d. tournois nous prommectons payer ausditz Tardif et Claveau à leur voulenté et requeste. En tesmoing de ce, nous avons signées ces présentes de nostre main, le 7e jour de décembre l'an mil cinq cens et neuf.

« C. DE LA TRÉMOILLE. »

« Reçu par moy Thibault Tardif, sur le contenu en la cédulle de l'autre part, que madame de La Trémoille m'a fait paier par les mains de Simon de La Ville, la somme de troys cens quarante huit livres unze solz 4 deniers obole, en deux paiemens. Et ce oultre deux cens livres que j'ay aussi receu sur ladicte cédulle par les mains de Jehan Motais, que monsgr le Prince m'a fait bailler par luy et dont j'en ay baillé quictance audit Motais.

« En tesmoing de ce, j'ay signé ces présentes de ma main, le 23e jour de mars l'an mil cinq cens unze.

« Reste de ces parties 148 l. 11 s. 5 d.

« TARDIF. »

Chartrier de Thouars. Original.

1510, 14 janvier. Blois. — *Extrait d'un compte
de Charles de La Trémoille*

« A Chastellerault, le VI⁰ jour de janvier, aux tabourins de monsʳ, de Bourbon, deux escuz couronne.

« Le dit jour, aux fouriers de mondit seigneur, deux escuz couronne.

« Le VII⁰ jour dudit moys, pour le jeu de paulme avecques mondit seigneur de Bourbon, quatre escuz couronne.

« Le vendredy, X⁰ jour dudit moys, aux trompettes du roy, deux escuz couronne.

« A l'eschansonnier du roy, deux escuz couronne.

« A la pannetière du roy, deux escuz couronne.

« Le XII⁰ jour, aux tabourins du roy, deux escuz.

« A la cuisine du roy, deux escuz couronne.

« Aux hauboys du roy, deux escuz.

« Aux fouriers du roy, quatre escuz couronne.

« Aux joyeulx (joueurs) de fleuctes d'allemant, deux escuz couronne.

« Gens des comptes de monsʳ notre père, allouez à Jehan Reusseau les parties ci-dessus, etc.

« Donné à Blois, le XIIII⁰ jour de janvier, l'an mil cincq cens neuf (v. s).

« C. DE LA TRÉMOILLE. »

Chartrier de Thouars. Pièce pap.

1511. — « *Estat et rolle faict par nous Charles de La Trémoille, prince de Thalemond, des gages et pencions de noz gentilz-hommes, officiers et serviteurs, pour l'année mil cinq cens dix et finissant le dernier jour de décembre l'an mil cinq cens et unze.*

« Robert Suriecte (chevalier, s^r d'Antigné). . . . LX livres.

« Regné des Roches (escuier, fils de Charles des Roches, escuier, s^r de La Morinière, maistre d'oustel de hault et puissant s^r mons^r de La Trémoille, viconte de Thouars). . . . . L livres.

« François de Baïf (escuyer, s^r de Mangé). . . . . L livres.

« La Chapelle-Rance (Anthoine de Rance, escuier, s^r de La Chapelle). . . . . LX livres.

« Missire Claude, ausmonier (Claude Tixier, prestre), XII livres.

« Vincent Polyne, faulconnier. . . . . XX livres.

« Jehan du Breuil, fauconnier. . . . . XX livres.

« Jehan Rousseau (barbier et valet de chambre). . C sols.

« Jehan Le Mullatier. . . . . C sols.

« Jehan Charles, cuisinier. . . . . XX livres.

« Jacques Thibault, palfrenier. . . . . X livres.

« Le Limosin. . . . . XX livres.

« Maistre Odou. . . . . XX livres.

« Somme. . . . . III ^{c} LII livres

1511 (v. s.), 3 mars. — Quittance de « Catherine Biret, femme de Jehan Lespaigneul, mulatier » du dit « prince de Thalemont ».

Chartrier de Thouars. P. pap.

1513, mai. Tours. — *Lettre de Charles de La Trémoille à sa mère pour le paiement d'un armurier.*

A Madame.

« Madame, plaise vous sçavoir que jé trouvé l'armeurier, qui m'a aporté tout plain de chosse que luy doys. Je vous suplie, Madame, que ly fassiez bailler à Motais jusques à LX escus, sur ce que Monseigneur m'a baillé, ou autremant seroyt y toujours après moy.

« Madame, jé eu anuyt des nouvelles, par le Fringant, qui sont très bonnes, comme avez peu voir par se qu'on vous escrit. Je vous manderé tout de Blais, où je seré demain à diner, car je m'an voys coucher [à] Anboysse. An me recommandant très humblemant à vostre bonne grasse, et pryant Dieu qui vous doint très bonne vie et longue.

« A Tours se jeudi après diner, de la main de vostre très hunble et très obéissant filz,

« C. DE LA TRÉMOILLE. »

Original olographe [1]

1514, 26 janvier. Thouars. — *Extrait d'un compte de Charles de La Trémoille*

« A la femme du jeu de paulme à Dijon pour une racquecte qu'elle a vandue pour mons[r] et pour le feu, V sols.

« A ung nacquet pour avoir nacqueté mons[r] au jeu de paulme, V sols.

---

[1]. Au verso est la quittance de Jacques de Merveilles, armurier du Roi, constatant qu'il a reçu, le 17 mai 1513, par les mains de Jean Motais, argentier de mons[sr] de la Trémoille, 105 livres tournois sur ce que lui doit le prince de Talmond.

« A ung canonnier que mons' luy a donné pour avoir servy au Vergy, XX sols.

« Au tabourin de madame la duchesse de Valentinoys que monseigneur luy a aussi faict bailler, XVIII sols VI deniers.

« A ung oublieur, III sols.

« A l'aumonyer de mons' pour employer en aulmones ce présent moys (de janvier), X sols.

« Gens des comptes de monseigneur allouez et prochains comptes de Jehan Rousseau la somme... qu'il a baillée par notre commandement pour les causes contenues ès parties ci-dessus, etc.

« Donné à Thouars le XXVI° jour de janvier l'an mil cinq cens treze.

« C. DE LA TRÉMOILLE. »

Chartrier de Thouars. P. pap.

1515, 25 septembre. L'Ile-Bouchard. — Lettre de Gabrielle de Bourbon relative à la mort de Charles de La Trémoille.

« A noz officiers de Craon.

« Officiers de Craon, nous avons sceu le trespas de notre fils qui a esté à ceste bataille que le roy a gaingnée à Millan contre les Souysses, dont suymes à bien grant doulleur, et vous en voullons bien advertir pour faire prier Dieu pour son âme, et pour ce advertissez en les religieux et autres gens de dévocion qu'ilz le facent; en oultre faictes dire et celebrez des messes jusques à la somme de dix livres tournois; et vous receveur faites en la mise...

« Donné à l'Isle-Bouchard, le XXV° jour de septembre l'an mil cinq cens quinze.

« GABRIELE DE BOURBON. »

Chartrier de Thouars. Orig. pap.

PIÈCES JUSTIFICATIVES

PIÈCES JUSTIFICATIVES

I

1485 (n. s.), 11 avril. — « A monseigneur de Segré qui est allé tenir l'enffant de monseigneur de La Trémoille par le commandement du roy, 38 liv. 10 s. tournois. »

Arch. nat. KK 80, fol. 79.

II

1501 (v. s.), 7 février. Château de L'Ile-Bouchard.— Contrat de mariage de « hault et puyssant seigneur Charles de La Trémoille, prince de Tallemond, et de haulte et puissante damoiselle Loyse de Coytivy », traité par hault et puyssant seigneur messire Loys de La Trémoille, chevalier de l'ordre, compte de Benon, vicomte de Thouars, père dudit Charles, et haulte et puyssante dame madame Gabrielle de Borbon, mère dudit Charles, d'une part, et hault et puyssant seigneur messire Charles de Coytivy, aussi chevalier de l'ordre, comte de Taillebourg, père de ladite damoiselle Loyse, et très haulte et très puyssante dame madame Jehanne d'Orléans, mère de ladite damoiselle Loyse. » Présents audit contrat : « Très révérend père en Dieu mons^r Jehan de La Trémoille, archevesque d'Aulx ; très hault et très puyssant seigneur Loys de

Bourbon, seigneur de Champeigne ; nobles et puyssans seigneurs mess[r] Franczois de Pons, chevalier, seigneur de Montfort ; messe Loys de Maraffin, chevalier, seigneur de Nort, maistre d'ostel du roy, nostre sire, messe Phelipes de Menou, chevalier, maistre d'ostel de la royne ; Guyot Morinière, seigneur de Besnit, et plusieurs aultres. »

Chartrier de Thouars. Pièces pap. et parch.

III

1502 (environ) 1 mai. Thouars. — Lettre de Charles de La Trémoille à son père, sur la bonté des oiseaux pour la chasse au vol qu'ils ont en Bas-Poitou.

« A Monseigneur.

« Monseigneur, plaise vous sçavoir que Haneqin est venu de Bas-Poetou, lequel dit que vous avez des meilleurs oseaux du monde ; et espésyamant bon Pietre, quar y dit qui ne pille plus et qui ne vist de set an sacre qui volast mieux que Pietre et la Dame. Les jeunes sacres font rage, et croy qu'après la mue vous les trouverez bons. Yl est tams de les mettre an mue, qua le tiercelet de gerfau est desgà sur la quarte penne ; y est ausy bons qui souloit, mès Pietre ly tient compaignie.

« Mons[gr], commandé moy voz bons plaisirs pour les aconplis, au plaisir Nostre Seigneur, auquel je prye qui vous doint très bonne vie et longue.

« Escript à Thouars, le premier jour de may, de la main de vostre très hunble et très obéissant filz,

C. DE LA TRÉMOILLE. »

Original olographe.

IV

*1506, 2 mai. Gênes. — Lettre de Charles de La Trémoille à
son oncle le cardinal Jean de La Trémoille.*

« A monseigneur, monseigneur le Cardinal.

« Monseigneur, je me recommande très humblement à vostre bonne grase, vous faissant scavoir, monseigneur, que j'ay rescu les lettres qui vous a pleu m'escrire, et suis le plus aise du monde que se quetes passé les mons an bonne santé. Au regard des nouvelles de cest court, le roy est yssy qui fait la melleure chère du monde et me sanble que vous devez venir le plus tost que vous pourez, quar je croy que le roy ne fera pas lonc séjour. Monseigneur, mès que je vous voye, je vous conteré le demeurant, par quoy feré fin priant Dieu, Monseigneur, qui vous doint très bonne vie et longue.

« A Genes, le deuxème jour de may, de la main de vostre très humble nepveu et serviteur.

« C. DE LA TRÉMOILLE. »

Chartrier de Thouars. Orig.

V

*1512 (environ). Le Plessis. — Lettre de Louise de Coëtivy
à sa belle-mère Gabrielle de Bourbon*

« A madame, madame ma belle-mère.

Madame, je me recommande très humblement à vostre bonne grase. Madame, j'ay veu lez laystrez quy vous a plu me récryere, et suys byen joyesse d'avoyr su de vos nouvellez et de sellez de Monseigneur et osy de mon fyz, car c'est unne chousse que tousjours byen je désyre, et de vous voyr. Madame, Monseigneur me recryet quy me verra byen toust, mays je ne sey sy se sera ysy ou à Enboyse, car nous ne savons encorez commant nous en yrons d'ysy. Je vous ay recryet naguèrez, et m'atans que byen toust je soré encore de vos nouvellez. Toute la court est à Enboyse, comme je croy que vous savez. Quy sera pour vous fayre la fin de ma laystre, requérant Dyeu, Madame, quy vous doint très bonne vyee et longue.

« Escryet au Plesiz, de la main de vostre très humble et très obéysante fylle.

« LOYSE DE COETTIVY. »

Original olographe.

VI

1512 (v. s.), 6 mars, Blois. — Lettres patentes de Louis XII par lesquelles le roi « pour la bonne et entière confiance » qu'il a « de la personne de » son « cher et amé cousin Charles de La Trémoille, prince de Talmont, et de ses sens, vaillance, loyaulté, conduicte, expérience, preudommye et bonne diligence, en faveur des bons, vertueulx, agréables et très recommandables services qu'il... a par cy devant faitz... ou fait » des « guerres de deçà et de là les monts, fait et continue par chacun jour en grant soin et cure à la garde » du « duché de Bourgongne, en l'absence de » son père le sire de La Trémoille, « lieutenant général et gouverneur oudit pays », lui donne « la cappitainerie des place et chastel du Vergy, en... Bourgongne, que souloit tenir et exercer feu Robinet de Framezelles, chevalier, dernier possesseur de la dite cappitainerie, vaccant à présent par son trespas, naguères intervenu... »

Chartrier de Thouars. Orig. parch. signé « Loys » et scellé.

VII

1513, 11 mai. Blois. — Lettres patentes de Louis XII nommant Charles de La Trémoille, prince de Talmond, lieutenant général du duché de Bourgogne en l'absence de son père, Louis XII de La Trémoille.

« Loys, par la grâce de Dieu roy de France, à tous ceulx qui ces présentes lettres verront, salut.

Comme pour la conduicte de nostre armée que envoyons présentement de là les mons pour, à l'ayde de Dieu nostre créateur, recouvrer et réduire en nostre obéissance nostre estat et duché de Millan, nous ayons constitué, fait et estably nostre lieutenant général et d'icelle baillé la totalle charge à nostre très cher et très amé cousin le s^r de La Trémoille, nostre lieutenant général et gouverneur en noz pays et duché de Bourgongne ; par quoy, pour la seureté, tuicion, garde et deffence de nostredict pays et duché de Bourgongne, et pourveoir aux affaires qui y pourront survenir, soit besoing et très requis, en l'absence de nostredit cousin le s^r de La Trémoille, nostre lieutenant général et gouverneur oudit pays, commectre et depputer quelque bon, vertueulx et notable personnaige, de maison et auctorité à nous seur et féable et auquel noz subgectz dudit pays puissent avoir recours en leurs affaires au bien et soulaigement d'iceulx ;

« Savoir faisons que par la très singulière, parfaicte et entière confiance que nous avons de la personne de nostre très cher et amé cousin Charles de La Trémoille, prince de Tallemond, filz de nostredit cousin le s^r de La Trémoille, et de ses sens, vaillance, loyauté, conduicte et bonne dilligence, attendu aussi la congnoissance et expérience qu'il a desjà des faiz et affaires dudit pays, icelluy, pour ces causes et autres considéracions à ce nous mouvans, avons fait, ordonné, constitué et estably, faisons, ordonnons, constituons et establissons par ces présentes nostre lieutenant général en nostredit pays et duché de Bourgongne, en l'absence de nostredit cousin le s^r de La Trémoille ; pour, durant l'absence de nostredit cousin, avoir le regard et superintendence aux affaires qui pourront survenir audit pays et y pourveoir ainsi qu'il appartiendra et il verra estre affaire pour le bien, seureté et conservation d'iceluy.

« Et luy avons donné et donnons povoir exprès et espécial, par cesdictes présentes, de faire vivre en ordre et police tous noz gens de guerre, tant de noz ordonnances que lansquenetz et autres de quelque estat et nation quilz soyent, estans et tenans garnison pour nostre service, et qui seront à nostre soulde oudit pays, et des délinquans faire faire la justice, pugnicion et correction telle qu'il appartiendra à l'exemple de tous autres ; de veoir et visiter les villes et places de nostredit pays de Bourgongne, iceulx faire entretenyr en bonne et convenable réparacion et les pourveoir de vivres et autres municions nécessaires, en manière que par faulte de ce inconvénient n'y puisse avenir ; de faire changer et remuer les garnisons de nosditz gens de guerre, tant de noz ordonnances que autres, ès villes et lieux où il verra estre affaire, et icelles renforcer de plus grant nombre si besoing est, pour la seureté et deffence d'icelles villes, places et lieux ; de faire ou faire faire la monstre et reveue de noz gens de guerre, tant de noz ordonnances, mortes-payes que autres, de quelque estat, nacion ou qualité qu'ilz soyent, sans souffrir ne permetre que aucuns abuz, faulses monstres ou pilleries s'i facent par qui que ce soyt, et de celles que trouverra y avoir esté faictes, soyt par les cappitaines, lieuxtenans, chefz de chambre ou compaignons, en faire ou faire faire si rigoureuse pugnition et justice que ce soyt exemple à tous aultres ; de mander et assembler toutes et quantesfoys que besoing sera et qu'il congnoistra que pour le bien, conservation et deffence de nostredit pays faire se devra, les nobles, gentilzhommes et autres subgectz au ban et arrière ban de nostredit pays et duché de Bourgongne et les faire marcher et tirer ès lieux, villes et places qu'il ordonnera en armes et habillemens tel qu'ilz sont tenuz servir, selon la nature de leurs fiefz et ainsi que fait a esté cy devant ; de mander et faire marcher semblablement nosditz gens de guerre, d'ordonnances et de pié la part où il verra estre affaire, et iceulx, exploicter à la deffence de nostredit pays où l'affaire le requerra ; de mander et faire venir devers luy, toutes et quantesfoys qu'il verra estre affaire et besoing sera, tant cappitaines de places, de gens de guerre de noz ordonnances, [de] gens de pié que autres estans en nostre service oudit pays, barons, gentilzhommes et autres personnes particulières des villes, et semblablement noz bailliz et autres noz officiers, pour adviser, débatre et délibérer avecques eulx des affaires dudit pays, et leur ordonner ce qu'il verra estre à faire pour nostre service ; et généralement de faire pour le bien, seureté et conservacion de nostredit pays, en l'absence de nostredit cousin le s^r de La Trémoille, comme nostre lieutenant général, tout ce qu'il verra et congnoistra estre à faire, jaçoit ce qu'il y eust chose qui requist mandement plus espécial.

« Sy donnons en mandement à tous noz mareschaulx, cappitaines, chefz et conducteurs de nozditz gens de guerre, bailliz, et à tous noz autres justiciers, officiers et subgectz, que à nostredit cousin le prince de Tallemont, nostre lieutenant en l'absence de nostredit cousin le s^r de La Trémoille, ilz obéyssent et facent obéyr et entendre de tous ceulx et ainsi qu'il appartiendra comme à nostre personne propre, et luy donnent ayde, faveur, confort et assistance où et ainsi que par luy ordonné leur sera ; car tel est notre plaisir. En tesmoing de ce, nous avons signé ces présentes de nostre main et à icelles fait mettre nostre séel.

« Donné à Parys, le xie jour de may, l'an de grâce mil cinq cens et treize, et de nostre règne le seiziesme.

« Loys.

« Par le Roy, monss^r le duc de Valloys, conte d'Angoulesme, l'évesque de Paris, les s^{rs} du Bouchaige et des Chanetz, les gens des finances et autres présens,

« ROBERTET. »

Chartrier de Thouars. Original en parchemin.

VIII

1541 (v. s.). 26 janvier. Paris. — Nomination d'Anne de Laval pour gouverner et administrer la personne et les biens de Louise de Coëtivy, sa belle-mère.

« Françoys, par la grâce de Dieu roy de France, aux séneschaulx de Poictou, Xainctonge, gouverneur de La Rochelle, et à tous noz autres justiciers et officiers qu'il appartiendra, ou à leurs lieutenans et à chascun d'eulx en son endroict et regard, salut et dilection.

« Savoir faisons que nous, estans bien et deuement advertiz et acertenez des sens, prudence et bonne conduicte qui est en la personne de nostre chère et amée cousine Anne de Laval, vefve de feu nostre cousin Françoys, s^r de La Trémoille, en son vivant chevalier de nostre ordre ; sachant aussi que, pour la vraye, singullière et fidelle amour qu'elle portoit audit deffunct son mary, elle sera pour mieulx et plus curieusement que nul autre prendre garde et avoir l'œil tant au bon traictement et gouvernement de la personne de nostre chère et bien amée cousine Loyse de Coëtivy, contesse de Taillebourg, que à l'aministracion de ses biens ; à icelle nostredicte cousine Anne de Laval, pour ces causes et autres bonnes considéracions à ce nous mouvans, avons baillé et octroyé, baillons et octroyons par ces présentes, le gouvernement et administracion de la personne et biens de ladicte Loyse de Coëtivy, telz et semblables que les avoit nostredit cousin son mary, pour en faire et disposer tout ainsy qu'elle verra et congnoistra qu'il se devra faire pour le bien de ladicte contesse, et tout ainsi que ferions et faire pourrions si nous mesmes retenions ladicte garde et administracion en noz mains.

« Si vous mandons, commandons et ordonnons, par cesdictes présentes, à chascun de vous si comme à luy appartiendra, que de noz présens bail et octroy et de tout le contenu cy dessus vous faictes, souffrez et laissez icelle nostredicte cousine Anne de Laval joïr et user plainement et paisiblement, cessans et faisans cesser tous troubles et empeschemens au contraire ; et à ce faire et souffrir, aussi à luy rendre compte et reliqua de l'administracion desditz biens, contreignez et faictes contraindre tous ceulx qu'il appartiendra, et qui pour ce seront à contraindre, par toutes voyes et manières deues et raisonnables ; car tel est nostre plaisir, nonobstant rigur de droict, usaige, stille, coustume et quelzconques autres ordonnances, restrinctions, mandemens ou deffences à ce contraires.

« Donné à Paris, le xxvj^e jour de janvier, l'an de grâce mil cinq cens quarente et ung, et de nostre règne le vingt huitiesme.

« Par le Roy, la royne de Navarre présente,

« BAYARD. »

Chartrier de Thouars. Original en parchemin.

CHAPITRE II

FRANÇOIS DE LA TRÉMOILLE

EXTRAITS DES COMPTES

EXTRAITS DES COMPTES

1525 (v. s.), 3 mars. — Rançon du Prince de Talmond, fait prisonnier à Pavie.

« Nous François de La Trémoille, prince de Talmont, confesse que le vendredi xxiv° jour de février 1525, me suis trouvé avec le roi de France à la bataille qui se fit cedit jour, devant Pavie ; et ce mesme jour fus pris prisonnier de seigneur François de Mirande, capitaine de la C. M. Y., et de Alvaro de Cartagena, de Andrée de Male, de Galisles de Garchy, de Chevales, et avec eux j'ai fait appointement, de ma volonté, à neuf mil écus soleil pour ma rançon. Laquelle somme de neuf mil écus je promets payer aux dessusdits, quand je serai en ma liberté pour m'en aller en France, par ces présentes signées de nostre main, le iii° jour de mars.

« F. de La Trémoille.

« Nous François de la Trémoille, prince de Talmont, prisonnier de vous capitaine Mirande et de quatre autres gentilshommes, promets ma foi ne partir d'avec vous sans avoir vostre congé. Et là où je ferois le contraire, je promets payer double rançon et me pouvez accuser d'avoir faussé ma foi. En tesmoin de ce, j'ai signé ces présentes ce jour vi° mars 1525.

« F. DE LA TRÉMOILLE. »

Copie. Preuves.

1530, 9 juin. Château de Taillebourg. — Contribution de François de La Trémoille à la rançon du roi François Ier

« A tous ceulx qui ces présentes lettres verront et orront, le garde du scel estably aux contractz de Taillebourg pour très-haulte et puissante dame, madame la comtesse dudict lieu, savoir faisons que, par devant les notaires soubscriptz, a esté présent personnellement establiy très-hault et puissant seigneur monseigneur Francoys, seigneur de La Trémoille, comte de Guynes, de Benon, et de Taillebourg, vicomte de Thouars, prince de Thalmond, seigneur des isles de Ré, Marans et Noirmoustiers, lequel a faict, nommé et constitué, restably et ordonné son procureur général et messagier espécial assavoir est maistre Jacques Méance, chastellain de Montagu, auquel ledict très-hault et puissant seigneur a donné et donne puissance et mandement espécial d'estre et comparoir pour luy en toutes et chacune ses causes meues et à mouvoir, tant en demandant qu'en défendant, par devant tous juges et commissaires quelconques, et par espécial de comparoir par devant messieurs les senneschal, alloué et procureur de Nantes, commissaires de par le Roy, nostre sire, depputez et ordonnez pour l'ayde et subvention que ledict seigneur demande aux nobles et tenans noblement en ses pays et duché de Bretaigne, pour la renczon d'icelluy seigneur et recouvrement de messeigneurs les daulphin et du duc d'Orléans, estans en hostaige en Espaigne, et de déclairer par serment en la vie dudict seigneur constituant que la somme de deux cens livres tournoys est le dixième de ses terres et revenu noble, charges d'icelluy deduictes et rabattues, qu'il a et luy appartiennent en la comté de Nantes et duché de Bretaigne, et de bailler ladicte somme de deux cens livres aux receveurs ou commis sur ce par lesdits commissaires depputez et d'en prendre quictance bonne et vallable, et faire en oultre tout ce que ledict seigneur constituant feroit, faire pourroit et debvroit si présent en sa personne y estoit, promectant avoir agréable tout ce que sera faict et négocié par ledict Méance, sondict procureur, dont dict très-hault et puissant seigneur en a esté juge...

« Ce fut faict et passé au chastel noble de Taillebourg, présens les dictz notaires cy soubscriptz, le ıx^e jour de juing l'an mil cinq cens trente. Ainsi signé : de Lousine et Desriches et scellé à double quehue de cire vert. Donné et faict par coppie, collation faite à l'original, par nous notaires tabellions de la court de Nantes cy soubscriptz, le vignt huytiesme jour de juign l'an mil cinq cens trante.

« Gareau, Rouxeau. »

Chartrier de Thouars. P. Parch.

1536 (v. s.), 2 janvier. — Quittance de René Allard, marchand à Thouars.

« Je René Allard, marchant, demourant en ceste ville de Thouars, confesse avoir receu de monseigneur, par les mains de maistre Jehan Trotreau, son secrétaire, la somme de seze livres cincq sols six deniers, pour la vendicion de couteaux d'or, de laquelle dicte somme de seze livres cincq solz six deniers tournoiz, je me tiens content par ces présentes, signées de ma main, le segond jour de janvier l'an mil cincq cens trente six.

« RENÉ ALLARD. »

Chartrier de Thouars. Pièce papier.

1536 (v. s.), 22 janvier. Paris. — Reconnaissance d'Anne de Laval à divers argentiers.

« Nous Anne de Laval, dame de La Trémoille, comtesse de Guynes, de Benon, et de Taillebourg, confessons devoir à Robert Fichepain, Pierre Gallant, Estienne de La Salle et René Tardif, marchans de l'argenterie du Roy, la somme de troys mil cent vingt huit livres, dix neuf sous, quatre deniers tournois, pour marchandise de draps de soye et de layne à nous vendue et délivrée que pour autre marchandise qu'ilz ont payée pour nous, par nostre commandement, tant pour nostre service que pour nostre très cher et amé filz, le prince de Thallemond, que nostre fille Loyse, pour les nopces du Roy et Royne d'Ecosse, que auparavant, que aussy pour noz très-chers et amez filz estans en ceste ville de Paris au colleaige de Calvy......, laquelle somme de troys mil cent vingt huit livres, dix neuf solz, quatre deniers tournois, nous promectons paier aux susdictz Fichepain, Gallant, de La Salle et Tardif ou faire paier par monseigneur, monseigneur de La Trémoille, à leur volunté et première requestre. En tesmoing de ce nous avons signé la présente de nostre main, à Paris, le xxii° jour de janvier l'an mil cinq cens trente six. Ainsi signé :

« ANNE DE LAVAL. »

Chart. de Thouars. Pièce parchemin.

(Sans date). Bijoux fournis à Anne de Laval.

« Honneste personne Claude Guetier, marchant, demeurant à Tours, mary de Francoyse Durand, tant en son nom que comme tuteur ou curateur ordonné par justice à Barbe, Marye et Claude les Durands, enfans, cohéritiers de deffunct Pierre Durand, demandeur, croyt à serment dame Anne de Laval, dame de La Trymouille, deffenderesse, par davant vous monsieur le lieutenant général de monseigneur le sénéschal d'Anjou, ou aultre qui jugera la présente cause, des faictz cy après déduictz et déclarez.

« Et premier, dict ledict demandeur que ledict deffunct Durand estoit en son vivant demeurant audict lieu et ville de Tours, bon orfeuvre et notable marchant, bien estimé et fort expert en son art.

« Item... que ledict deffunct Durand a baillé, comme la vérité est, grand nombre d'or et d'argent pour faire bagues et aussi pour les faczons desdictes bagues faictes par ledict deffunct Durand à ladicte deffenderesse.

« Item, c'est asscavoir une bague bayllayne garnye d'argenterye par ledict deffunct Durand, duquel argent ledict deffunct Durand fournyt, qui revenoyt à la somme de vingt et ung solz et en or vingt cinq solz et pour la faczon de ladicte bague la somme de vingt et cinq solz.

« Item, ordonna ledict deffunct Durand pour ladicte deffenderesse une saincte Anne, et pour ce bailla de son propre pour l'enrichir la valleur de la somme de cinq escuz d'or solleil sans la faczon d'icelle qui valloit la somme de six escuz.

« Item, pour la faczon d'une croix d'or faicte par ledict deffunct Durand à ladicte deffenderesse et pour l'or que ledict deffunct Durand y mist, le tout baillé à ladicte deffenderesse six escuz d'or sol.

« Item, pour la faczon d'ung callice faict par ledict deffunct Durand pour le général Guerrif par le commandement de ladicte deffenderesse dix escuz... »

Chart. de Thouars. Pièce parchemin.

1538, 11 septembre. — Parties fournies à M° André Vateau, aulmosnier de monseigneur de La Trymoille et gouverneur de messieurs ses enffans, par Jehan de Bourlon, drappier de Paris.

« Le XI° septembre mil V° trente huit, pour faire ung pouaille à mettre sur le corps de feu monseigneur Guy de La Trymoille, l'ung desdictz enffans, cinq aulnes de velours noir au pris de cent solz tournois l'aune vallant xxv liv.

« Ledict jour, pour faire la croix à mectre sur ledit pouaille, deux aulnes de satin blanc au pris de LX sols tournoiz l'aulne, vallant VI liv. »

Ch. de Thouars. Pièce parchemin.

1539 (v. s.) janvier. — Dépense pour le tournois de Fontainebleau.

« Au Picard, palleffrenier de monsieur le prince, par commandement de mondict seigneur, la somme de quarente cinq livres, unze solz, six deniers, pour amener au tournoy que le Roy a faict faire le premier jour de l'an à Fontainebleau le grand cheval et harnoys de mondict seigneur le prince, selon l'ordonnance et mémoire faict par le sieur d'Aultry, pour ce... XLV liv. XI sols VI deniers.

« Item, à m^{tre} maistre Regratierii, gardien du couvent Sainct-François de Chastellerault, pour avoir presché durant l'advent dernier passé devant monseigneur et mesdames, la somme de vingt cinq livres tournois cy... xxv liv. »

Ch. de Thouars. Pièce parchemin.

1539 (v. s.), 11 janvier. — Quittance de frère François Roger, procureur des frères prêcheurs de Thouars.

« Je frère Francoy Roger, procureur du couvent des Frères Prescheurs de ceste ville de Thoars, certifie avoir receu de monsieur le recepveur général de monseigneur, la somme de sept liv. x sols tz, et ce pour la despence du prédicateur nommé frère René de Poille, docteur en théologie, du temps des advens, de laquelle somme de sept liv. tz je le quittez par ces présentez, tesmoing mon signe manuel cy mis, 1539, unziesme de janvier.

« Rougeri, pour sept livres, dix soulx. »

Ch. de Thouars. Pièce parchemin.

1539 (v. s.), février-avril. — « *Parties extraordinaires payées par Pierre Guerry, receveur général de monseigneur, des moys de febvrier, mars et avril, à la raison de cent livres tournois par moys, selon l'estat à luy faict et distribuées par le mynu par maistre Jehan Trotereau, secrétaire de mondict seigneur, ainsi qu'il s'ensuit.*

« Premier, à Bissestre, palefrenier de madame, la somme de vingt cinq solz, pour aller à Poictiers quérir des grenades pour madicte dame qui se trouvoit mal, cy... xxv liv.

« Audict Bissestre pour estre allé à Frontevault porter des lettres à maistre Gaucher, médicin, pour venir visiter madicte dame, dix solz, cy... x solz

« A l'aumosnier de monseigneur pour aumosnes qu'il a baillées pour mondict seigneur depuis le premier jour de janvier mil V^c xxxix jusques au premier jour de febvrier oudict an, treze solz huit deniers, cy... XIII sols VIII deniers.

« Le XIIe jour dudict mois de febvrier, à l'homme de monsieur le duc d'Estampes qui auroit amené de la venayson à monseigneur, ung escu et ung teston pour la despense de son cheval en ceste ville, cy... LV sols VI deniers. »

<small>Chart. de Thouars. Pièce parchemin.</small>

1539 (v. s.), 18 mars. — Quittance de Simon Brosseron.

« Je Symon Brosseron, précepteur de Francoys, monsieur de La Trémoille, conte de Benon, confesse avoir receu de Me Pierre Guerry, général de monseigneur, la somme de soixante livres tournoys qui m'estoyent deubz de mes gaiges de deux années du passé, finissant à Noel dernier, dont quicte ledict général Guerry, tesmoing mon seing manuel, le juydy, XVIIIe mars mil cinq cens trente neuf avant Pasques.

« BROSSERON. »

<small>Ch. de Thouars. Pièce parchemin.</small>

1539 (v. s.) 22 mars. — Dépenses pour les pauvres le Jeudi saint.

« Monseigneur, il vous plaira ordonner de la Cenne de madame.

« Monseigneur, madicte dame a acoustumé le jour de la Cenne donner à treze pouvres une aumosne honneste qui est x sols pour chacun pouvre, ainsi seroit pour lesdits xiii pauvres.., vi liv. x sols.

« Plus madicte dame donne ausdictz pouvres pain, vin, harans, febves et à chacun une carpe vallant iii sols ou ung merluz, à cette raison, pour leur disner... li sols vi deniers.

« Item en potz de terre pour servir lesditcts pouvres, vi sols, vi deniers.

« Item, madicte dame le jour de la Cenne a acoustumé de visiter les églises, Nostre Seigneur y estant en repos, pour laquelle visitation et ses aumosnes, monseigneur vous ordonner ce qu'il vous plaira... lx sols.

« Je confesse avoir receu de monseigneur, par les mains de maistre Jehan Trotereau, son sécretaire, la somme de douze livres huit solz tz, pour employer es parties cy dessus contenues pour la Senne et aumosnes de madame, madame de Taillebourg, ce que je promectz faire par ces présentes, signées de ma main, le xxiie jour de mars, l'an mil cinq cens trante neuf.

« J. Gamyau. »

1539, 28 novembre. — *Tapisseries pour la venue de l'Empereur à Poitiers.*

« Monsieur le fermier, Monseigneur a escript à mon mary par maistre Jehan Girard, luy envoyer la tapicerie de céans à Poictiers, pour la venue de l'Empereur, et mande mondict seigneur que vous en faciez la mise, qui est pour deux charretiers à chacun vingt livres, à Nouel Pandel pour sa despence de conduyre lesdicts charretiers cinquante solz, à ung messegier pour porter des lettres à Thouars, quarente solz tournoys, et à deux hommes pour porter ladicte tapicerie cinq solz, pour payer ès despens. Je vous prie bailler lesdictes sommes et je vous en ferez bailler vostre acquict à mon mary, luy venu des terres de mondict seigneur où il est allé, vous priant derechef ny faire faulte car il fault faire dilligence. En tesmoing de vérité, j'ay faict signer ces présentes à la requeste de moy Perrette de Boussigny, femme de Jehan de Bourget, escuyer, gouverneur de Thaillebourgc, de la main dudict Girard, le vendredi XXVIIIe jour de novembre l'an mil cinq cens XXXIX.

« Et moy ledict Girard certiffie avoir aporter lesdictes lettres et que mondict seigneur a commandé que vous en faciez la mise, que je certiffie...

« GIRARD. »

Chartrier de Thouars. Original papier.

1540, 21 avril. — *Tapisserie tendue pour la venue de l'Empereur à Poitiers.*

« Je Mathurin de Blavon, serrurier, demourant à Thouars, confesse avoir receu de Pierre Guerry, receveur général de monseigneur de La Trémoille, la somme de six livres cinq solz tournois, pour ung millier de clou à crochet que j'ay baillé pour porter à Poictiers pour tendre la tapisserie à la venue de l'ampereur, de laquelle somme je me tiens contant et en quicte ledict Guerry par ces présentes signées à ma requeste du notaire soubzcript, le XXIe jour d'avril, l'an mil cinq cens quarante.

« J. Trotereau, à la requeste dudit de Blavon. »

Chartrier de Thouars. Original papier.

1540, 25 mai. — *Reconnaissance d'une dette à Hugues Cerson.*

« Je certiffye, par ces présentes, qu'il est deu à maistre Hugues Cerson, magister des enfans Nostre-Dame, dix messes qu'il la dictes par plusieurs foiz davant monseigneur à Thouars, tesmoing mon seign manuel cy mis, le xxve jour de may l'an mil cinq cens quarante.

« G. Bouchereau. »

Ch. de Thouars. Pièce parchemin.

1540 juin-août. — « *S'ensuivent mes journées (de maître Gaucher, médecin) de ma vaccation par moy faictes despuis le retour de Berrhye de monseigneur à Thouars, qui fust le XIIe jour du mois de juing jusques à ce dernier jour du mois d'aoust mil V^c quarante.*

« Le treziesme jour de juing à Thouars ay continué mon ourdinaire qui estoit jour de dimenche. En ce mesme jour, monsieur le conte fust malade de fiebvre et le lundi print medicine, et fust guéri le mardi, dont s'en alla le mercredi xvie dudict mois à la court avecques Monsieur le prince, son frère, qui font deux journées pour malades, 11 escuz sol.

« Item, le jeudi xviie dudict mois, monseigneur ce trouva bien fort malade, en sourte qu'il vint à vomir sa viande chileuse et presque digérée quant à sa première digestion, et luy ourdonnoys quelque boullyon pour son soupper et ung myrbelais pour lendemain, ce que mondict seigneur print, et le samedi matin ce trouva assez bien dessa personne, dont sont deux journées maladies... 11 escuz sol.

« Et despuis, le xixe jour de juillet, à occasion du décès de ma feue fame, ne puis faire service à mondict seigneur jusqu'au xxviie exepté que ourdonnis cependant pour le commancement de la maladie de monsieur Claude, dont ce xxviie allis au chasteau et trouvis mondit sieur Claude malade d'une fiebvre tierce continue apelée nota, où despuis n'ay cessé lui faire service par visites et ourdonnances faictes tant pour moy que en la présence de messieurs, monsieur de Lerne et monsieur maistre Baptiste, jusques au huytiesme jour de aoust, jour de dimenche, que je allis à Bernezay pour quelque procès que je avés, et pour ce demeuré douze journées, maladie... xii escuz sol.

« Le lundi, ix dudict mois, allis au lever de mondict seigneur et visitis monsieur Claude qui estoit enchores bien faible, qui avet demeuré par trois ou quatre jours avecques rémission de fiebvre, ce nonoubstant avet son visage bien cacetique et crainte d'Yposarcha, dont ce dict lundi... en sorte de fiebvre quotidianne, et parce que mondict sieur ce trouva bien mal, cependant on fust appelé monsieur de Lerne et maistre Baptiste, ou fust ordonné pour mondict sieur Claude, lequel, jusques au dernier de ce mois d'aoust, a demeuré en sa maladie, ce nonoubstant qu'il y eust auchun commancement de convalescence, que pour journées maladie, vingt et trois... xxiii escuz sol. »

Ch. de Thouars. Pièce parchemin.

1540, octobre-novembre. — « *Aulmosnes données pour Monseigneur par son aulmosnier, M. Gillet Bouchereau, depuys le premier jour d'octoubre jucques au IIIe jour novembre en l'an mil cinq cens quarante.*

« En chandelle de cyre pour mondict seigneur... xii deniers.

« Plus pour sondict aulmosnier pour l'Osculum Pacis du jour de la feste de Toussainctz en l'auratoyre... xlv sols.

« Plus pour le pardon dudict jour de Touz les saincts, donné au vicaire de Notre Dame... v sols.

« Plus est deu aux Jacobins ung salut de Notre Dame... v sols.

« Plus est deu aux Cordeliers ung salut du Sainct Esperit...
vi sols. »

Ch. de Thouars. Parchemin.

1540, septembre-février. — *Extrait des « Parties extraordinaires de mises faictes par commandement de monseigneur depuis le quinziesme jour de septembre mil cinq cens quarante jusques au neufiesme de febvrier oudict an, oultre l'estat de mondict seigneur.*

« Par ung recépissé de Estienne de Laville du... jour de... V^c XL, la somme de cent escus soleil baillée par Gabriel de Burges, par commandement de monseigneur, pour porter à monsieur des Pierres à Paris, pour le rembourser de pareille somme prestée à monsieur le prince et comte pour le tournoys derrenièrement faict à Fontainebleau, cy... ii^c xxv liv. »

Ch. de Thouars. Pièce parchemin.

1540 (v.-s.), février-avril. — « *Parties extraordinaires par Pierre Guerry, receveur général de monseigneur, des moys de febvrier, mars et avril, à la raison de cent livres par moys selon l'estat à luy faict et distribuées par le mynu par maistre Jehan Trotereau, secrestaire de mondict seigneur, ainsi qu'il s'ensuict.*

« Le premier jour de mars oudict an V^c XL, à Bissestre pour sa despence d'aller quérir maistre Gaucher pour venir visiter madame de Taillebourg qui estoit malade et pour une guyde qu'il a prinse parce que s'estoit de nuyt, treze solz six deniers, cy xiii sols vi deniers.

« A Paoulle, tapicier, pour sa despense d'aller à L'Isle-Bouchard et de son serviteur quérir les tapisseries pour la venue de la Royne de Navarre, quinze solz, cy... xv sols.

« A maistre Hugues Cerson, magister des enffans de Nostre-Dame du chasteau de Thouars, ung escu solleil pour luy survenir à sa maladie et commandement faict par monseigneur à son partement, cy... xlv sols.

« Le XXIIe jour dudict moys de mars an susdict, baillé à Franczois Jouclain, messagier de céans, quinze solz tournoiz pour aller à Poictiers quérir une permission de monseigneur l'évesque de Poictiers, ou ses commis, pour monseigneur, mesdames, messeigneurs les enffans, pour menger de beurre pendant le caresme en ceste dicte présente année, cy... xv sols.

« A l'aumosnier de madame de Taillebourg, sept solz huyt deniers, savoir pour gangner le pardon du Sainct-Esperit ii solz vi deniers, en aumosne commandée par monseigneur xii deniers, pour la frairie de Nostre-Dame de Bonnes Nouvelles, dix deniers, et pour payer le pardon des Quinze-Vingts aveugles de Paris, iii sols iiii deniers, cy, vii sols viii deniers.

« A Micheau Vaillant, par commandement de madame, sept ducatz pour dorer le drajouer que madicte dame luy a faict pour servir à la venue du Roy et Royne de Navarre, cy... xvi liv. xvi sols.

« Au serviteur de l'appothicquaire de mondict seigneur, par commandement de madicte dame, pour aller à Tours achapter des confitures pour servir à la venue desdictz Roy et Royne de Navarre, huit escuz solleil, cy xviii liv. »

Ch. de Thouars.

1541, novembre-janvier. — « *Parties extraordinaires payées par Pierre Guerry, receveur général de monseigneur, des moys de novembre, décembre et janvier, à la raison de cent livres par moys selon l'estat à luy faict et distribuées par le mynu par maistre Jehan Trotereau, secretaire de mondict seigneur, ainsi qu'il s'ensuit.*

« Le IIIe jour du moys de novembre V^c XLI, au messager pour aller à Poictiers devers maistre Baptiste pour monseigneur qui se trouve mal, baillé vingt cinq solz, cy... xxv sols.

« Ledict jour, à Franczois Jouslain, messagier de céans, pour aller à Fontevrault devers maistre Gaucher pour ladicte cause, baillé dix solz, cy... x sols.

« Pour aumosnes données aux ladres et autres pouvres par l'aumosnier de monseigneur, vingt deux solz quatre deniers, cy... xxii solz iiii deniers.

« Le VIe jour dudict moys de novembre, à Franczois Jouslain, messagier de céans, la somme de quarante deux solz six deniers tournois, pour aller à Thalmond porter des lectres au capitaine dudict lieu pour recouvrer des chiens courans et iceulx amener à

Thouars pour donner à ung chanoyne de Tours, cy... xlii sols vi deniers.

« Au barbier de monseigneur, quatre solz, pour avoir faict habiller les racquettes de monseigneur, cy... iiii sols.

« A ung messagier pour aller à Tours quérir maistre Herpin, surgien, pour venir visiter le filz de madame de Myrepoix, baillé trante solz, cy... xxx sols.

« Le XXIIII° jour du moys de décembre, baillé aux bastonniers de la confrairie de Nostre-Dame de Conception en l'esglise Sainct-Médart de Thouars, tant pour monseigneur, mesdames que messieurs les enffans, ung escu solleil, cy... xlv sols.

« Le XXVIII° jour dudict moys, baillé par commandement de monseigneur aux clergeons de Nostre-Dame pour faire les Innocens, qui sont ledict jour, deux testons, cy... xxi sols iiii deniers.

« Le II° jour de janvier an susdict V° XLI, baillé pour l'offerte de madame qui a sainct la saincture de Nostre-Dame du Puy et icelle apporter exprès en l'esglise Nostre-Dame du chasteau, un escu, solleil, cy... xlv sols...

« Ledict jour, à l'ostesse des Troys-Roys pour la despense de ceulx qui ont apporté ladicte sainciure... x sols.

« A l'aulmosnier de madame la somme de quatre solz pour la despense qu'il a faicte au Puy-Nostre-Dame où il estoit allé faire apporter la saincture Nostre-Dame pour madicte dame, cy... iiii sols.

« A l'ostesse des Troys-Roys pour la despense de Pinet et deux femmes qu'il avoit amenées de Doué dont l'une estoit venue pour estre nourrice pour le fruict que aura madame, dix-huict solz, cy... xviii sols.

« Au procureur des frères prescheurs de Thouars, la somme de huit livres dix solz, pour la despence de frère Pierre Guiller, jacopin, qui à presché l'advent dernier davant monseigneur et mesdames par l'espace de trante quatre jours, à cinq solz par jour, cy... vııı liv. x sols.

Ch. de Thouars. Pièce parchemin.

1541 (v. s.), janvier. — Obsèques de François de La Trémoille.
« S'ensuyt la mise faicte par René de La Ville pour l'obsecque de feu monseigneur Francoys de La Trémoille, en son vyvant chevallier de l'ordre du Roy, comte de Guynes, de Benon et de Taillebourg, viconte de Thouars, prince de Thallemond, lequel trespassa audict lieu de Thouars le sabmedy septiesme jour de janvier l'an mil cinq cens quarente et ung. Dieu par sa grâce luy face pardon. Amen.

« Et premièrement :
« S'ensuyt quelque mise faicte le vendredi précédent qui estoit le VIᵉ jour dudict moys de janvier.
« A esté baillé à Pierre Foura, portier du chasteau de Thouars, qu'on a envoyé toute la nuict en dilligence à Fontevraulx quérir maistre Gaulcher, médecin, pour la malladie de feu mondict seigneur, de laquelle il fut surprins ledict vendredi à heure de soupper, pour despenses dudict portier et des mulletz de letière dudict medecyn, lesquelz on alla quérir à Chavigny, et pour payement et despense des guydes qu'il print de nuict, pour tout... xxvıı sols vı deniers.

« A Bertrand, palfrenyer, qu'on envoya aussi en diligence ladicte nuyt à Poictiers quérir Me Baptiste, médecin, pour despense dudict Bertrand et des guydes qu'il luy convint prandre... xxxii sols ii deniers.

« Item, à missire Mathurin Chabert, aumosnyer de madame, qu'on a aussi envoyé ladicte nuict à Lodun, à Nostre-Dame-de-Recouvrance en voyage, où il a faict dire XXV messes le sabmedi matin, en chandelles de cire offertes, et pour sa despense, pour tout à son rapport... lxviii sols.

« Mondict seigneur décedda ledict sabmedi matin, environ six heures et demie, de la malladie de laquelle il fut surprins le vendredi précédent, à heure de soupper ; et fut faict son enterrement et obsecque audit lieu le lundi sixiesme jour de febvrier ensuyvant.

« Le dymanche huitiesme jour dudit moys de janvier, le corps de feu mondit seigneur a esté ouvert par les cyrurgiens et barbiers en présence de mondit seigneur[1], Me Gaulcher, médecin ordinaire du Roy, maistre Raphael, docteur en médecine, et Me Pierre Roger, aussi docteur en médecine, des gentilzhommes de la maison et autres plusieurs notables personnaiges ; pour lesquelz cirurgiens et barbiers a esté payé sçavoir est : à Hardoyn Chauvin, 30 solz ; à Jaques Cyvray, 30 s. ; à Jehan de Bretaigne, 10 s., et au gendre Françoys le barbier, 10 s. ; qui est en somme 4 livres.

« A Jehan de Lyon, appoticquaire, pour avoir assisté à ladicte ouverture et avoir embasmé le corps de feu mondit seigneur et faict aultres choses, luy a esté ordonné deux escuz solleil, 4 l. 10 s.

« A maistre Gaucher, médecin, qui est venu au mandement qu'on luy avoit faict et avoit assisté à l'ouverture du corps, luy a

---

1. Louis, fils aîné du défunt.

esté ordonné six escuz solleil, et 15 solz en oultre pour quelque despence qui avoit esté faicte; et pour ce 14 l. 5s.

« A maistre Raphael, aussi médecin, pour mesme cause, un escu ; pour ce 45 s.

« Pour dix livres estouppes employées à embaulmer ledit corps, à 18 deniers la livre, 15 s.

« Pour quatre aulnes toile cirée, baillées par Laurens Mariau, qui a servy au cercun de boys où le corps a esté mys après qu'il a esté embasmé, 20 s.

« Item, pour ledit cercueil de boys baillé par Colin Villeau, 20 s.

« Pour six livres geme et trois livres rouzyne qui y a esté mys, 7 s. 6 d.

« Le dymanche au soir, a esté payé à deux maçons qui ont levé les grans pierres de la sépulture de l'église basse Nostre-Dame, et pour la fosse qu'ilz ont faicte au dessoubz desdictes sépultures en laquelle ont esté mises les entrailles de feu mondit seigneur, comprins pour troys sols de chaux qui y a esté employée, 8 s.

« Item, à Jehan Naudin, pinthier de Thouars, pour le cercueil de plomb ouquel le corps a esté mys — poisant en tout troys cens soixante quatre livres, au feur de 15 deniers la livre — monte la somme de vingt deux livres quinze solz, scelon le pris et marché faict avec ledit pinthier par le maistre d'hostel et autres gentilzhommes de la maison. Et pour ce 22 l. 15 s.

« A Mathieu Gaultier, appoticaire de feu mon dit seigneur, pour les choses aromaticques par luy fournyes pour l'embaulmement dudit corps, sçavoir est : deux livres aloés, deux livres myrre, benjoyn, storax et autres choses, contenant le tout huyt livres, vallans 10 l. t. ; pour une livre de parfun faict avec storax, benjoyn et lapdanum, tant à la chambre, jeu de Bille, où l'embasmement fut faict, et à

Sainct Pierre, 60 s. ; pour encens, 2 s. 6 d. Pour ce 13 l. 2 s. 6 d.

« Somme de la mise de ce fueillet, soixante quatre livres huict solz tournoys.

Faict par moy R. des Roches

« Aultre mise pour le paintre Jehan Coquillon qui a faict ce qui s'ensuyt, payé par ledict René de La Ville

« Premièrement

« Ledict Coquillon, paintre, a faict et fourny l'efigie et représentation de visaige et mains de feu mondict seigneur qui a esté mys en la chambre d'honneur pour l'espace de unze jours... xxx liv.

« Pour avoir faict douze croix fleuronnées de baterie blanche, à x s. pièce... vi liv.

« Item, pour III^c XII escussons qu'il a faictz aux armes de feu mondict seigneur, l'ordre à l'entour, faictz de baterie, pour servir aux autelz, à la listre de l'église, torches et autres lieux nécessaires, à II sols VI deniers pour chacun... xxxix liv.

« Item, pour six grans tymbres de baterie dorée faictz sur bougran, à X sols pièce... lx sols.

« Item, pour la paincture du guydon et enseigne... xiii liv.

« Item, pour le tymbre moullé... xv liv.

« Item, pour la paincture de la banyère et cothe d'armes... lx sols.

« Item, pour avoir doré les ganteletz et l'espée d'armes... xv sols.

« Item, pour avoir painct en noir quatre lances, six bastons et deux verges... xx sols.

« A Rabyn de Guigne, pour IX^c clou à crochet pour tenir les drapz et vellours de la listre de l'église Nostre-Dame, à III sols II deniers, le tout XXXVII sols VI deniers.

« A luy, IIII^c autres petit clou, IIII sols pièce... XLI sols VI deniers.

« Item, a esté payé en espingles pour atacher les escussons par tout où ilz ont esté mys... IX sols VIII deniers.

« Au fourbisseur, pour avoir fourby les ganteletz, faict le fourreau de l'espée et la poignée et teste... X sols VIII deniers.

« A Michel Vaillant, orfeuvre, pour la façon d'une couppe, une cuyère d'argent, doré les esperons et faict aultre chose, le tout pour servir à l'obsecque, luy a esté payé la somme de... CX sols.

« Somme de ces IIII articles : huict livres, unze solz, IX den. tz.

« Faict et arreste, par moy, DES ROCHES.

« *Parties payées pour le scellier.*

« A Bontemps, scellier de Thouars, pour avoir faict le dueil du cheval qui estoit de vellours tout doublé, et avoir fourny de huyt aulnes de toille pour y mectre, LX sous ;

« Pour une celle garnye de crouppières, sangles, regnes et boutons avecques une longe pour le mener, le tout couvert de vellours, CL sols ;

« Pour avoir faict une saincture et garny les esperons le tout de cuir couvert de velloux, X sols ;

« II grans couroyes de cuyr fort avecques deux boucles pour lyer le corps sur le brancquart, X sols.

« Pour deux portans de largeur de troys doiz doublés de troys cuyrs fors à supporter le corps le jour de l'obsecque, XL sols.

« Ainsi que le tout est apparu par ses parties qu'il a fournyes scelon le contenu cy dessus montant le tout... VIII liv. x sols.

« Parties de l'appoticquaire, Mathieu Gaultier, pour le lumynaire qu'il a faict et fourny depuys le sabmedi VIIe jour de janvier MVCXLI, que mondict seigneur decedda, jusques au lundi VIe jour de febvrier ensuyvant que fut l'obsecque.

« Ledict appoticquaire a faict tout le lumynaire qu'il a convenu, tant les cierges qui ont esté exploictés pendant ung moys alentour du corps, depuys le décès, actendant l'obsecque, qui estoient de une livre chacun, cierges aux églises de Nostre-Dame et Sainct-Médard, à touz les autelz pendant les dymanches VIII janvier, lundi et mardi ensuyvans qu'on fit service à tous venans, cent torches pour le jour de l'obsecque de une livre chacune, IIII autres torches de II livres et demye chacune, VIII^c petis cierges de I quarteron chacun, tant sur la chapelle ardente que autour de l'église Nostre-Dame, tant hault que bas, le jour de l'obsecque, oultre XLIII autres cierges de demie livre pièce sur les croisons de ladicte chappelle, seze cierges de une livre pièce sur les autelz Nostre Dame; aussi les cierges des églises Sainct-Médard et Sainct-Laon, où l'on chantoit à tous venans le jour de l'obsecque. Et aultres plusieurs cierges tant grans que petiz, flambeaux, bougyes et autres choses semblables fournies par ledict appoticaire, ainsi qu'il est apparu par le menu de ses parties cy-veues, montans en toute cire jaune IIII^c LXVII livres et demye, à VII sols la livre, scelon qu'il a esté marchandé avecques ledict appoticquaire, monte à VIII^{xx} III liv. XII sols VI deniers.

« Item, pour aultres cierges qu'il a faictz de cire blanche y a em-

ployé XXXVII livres et demie, cire au pris de XI sols la livre...
xx liv., xii sols, vi deniers.

« *S'ensuict la mise qui a esté faicte pour les services des églises de Thouars le lundi VIe jour de febvrier MVCXLI que fut faict l'obsecque et auparavant.*

« Et premièrement.

« A l'église Sainct-Médard de Thouars, pour les messes dictes et célébrées en icelle par les pbrestres survenans, comprins les messes des vicquaires des paroisses venuz avecques leur équipaige et paroissiens ledict jour de l'obsecque, a esté payé par Me Jehan Chabert, commis au payement desdictes messes, la somme de cinquante et une livres, quatre solz, huict deniers, comprins en ce quelque menue mise, ainsi qu'il est apparu par le roolle desditz pbrestres, montant ladicte somme à... li liv. iiii sols, viii deniers.

« Item, à ladicte église Sainct-Médard ledict jour, pour le service faict par le curé et compaignons d'icelle, qui a esté troys grans messes à diacre et soubzdiacre, libera, vigilles et autres suffraiges des trespasséz avecques les messes des compaignons de ladicte église, a esté payé L solz, par quictance d'ung des vicquaires, pour ce... l sols.

« Item, pour la sonnerye de ladicte église, par quictance du clerc d'icelle... xxx sols.

« A l'église Sainct-Laon dudict Thouars, pour les messes basses quy y ont esté dictes ledict jour de l'obsecque par les pbrestres survenans, a esté payé par Me Joseph Paschignart, commis pour en faire le payement, la somme de XXXIII livres VIII sols II deniers, ainsi qu'il est apparu par le roolle desdictz pbrestres, et pour ce cy... xxxiii liv., viii sols, ii deniers.

« A ladicte église Sainct-Laon, pour le service faict ledict jour par les relligieux, qui a esté trois grans messes, libera, vigilles et autres suffraiges avecques les messes basses des relligieux, aussi comprins la sonnerye de ladicte église, chandelles de cire à dire lesdictes messes, et aultre mise, a esté composé pour tout à la somme de... iiii liv., xii sols, vi deniers.

« A l'église Nostre-Dame à Thouars, pour le service qui y a esté faict ledict jour par les chanoynes et chappitre, comprenant les messes basses d'ung chacun. Item, troys aultres messes basses dictes oultre en ladicte église. Item, ausdictz chanoynes et aultres de ladicte église pour avoir dict et célébré en oultre par l'espace de vingt six jours auparavant l'obsecque une grant messe à notte, à double chappe, diacre et soubzdiacre, avecques vigilles par chacun desdicts jours, libera et autres suffraiges, pour et à l'intention de feu mondict seigneur, leur a esté payé la somme de vingt six livres par quictance du recepveur de chappitre, pour ce... xxvi liv.

« Item, au secrétain de ladicte eglize pour la sonnerye et aussi pour avoir houssé ladicte église par deux foiz au hault et nectoyé, par commandement, pour tout... xx sols.

« Item, à l'église Sainct-Pierre de Thouars, pour le service faict par les chanoynes d'icelle, ledict jour de l'obsecque, scavoir grant messe, libera et vigilles, comprenant XXVIII basses messes desdits chanoynes et pbrestres d'icelle, leur a esté payé, par quictance... lxx sols.

« Item, pour la sonnerie de ladicte église Sainct-Pierre... xxv sols.

« Item, ausdits chanoynes et autres de ladicte église pour vingt grans messes dictes et célébrées en icelle par l'espace de vingt jours auparavant l'obsecque, qui est pendant le temps que le corps a demouré en ladicte église, avecques vigilles, libera et autres oraisons des trespasséz, et le plus souvent vespres de mors où Monseigneur a assisté, leur a esté payé par ledict de La Ville par leur quictance... xx liv.

« A l'églize Sainct-Michel-lez-Thouars pour le service faict par les chappelains d'icelle ledict jour de l'obsecque... xxx sols.

« Item, à Missire Mathurin Ferant, pbrestre, pour avoir assisté par plusieurs foys et veillé autour du corps à dire le psaultier, pour la payne qu'il a prinse luy a esté ordonné... xlv sols.

« Item, à l'église des Cordeliers de Thouars pour le service faict en icelle, le dict jour de l'obsecque, par les frères, en comprenant leurs messes basses, leur a esté payé par quictance du scindic du couvent, comprins XX sols qui leur a esté baillé pour avoir logé l'évesque d'Esbron venu à l'obsecque... vi liv. x sols.

« Item, à l'église des Jacopins, pour le service faict par les frères ledict jour de l'obsecque, comprenant les messes basses, par quictance du recepveur dudict couvent... lxv sols.

« Item, ledict jour de l'obsecque, à la grant messe pour l'offerte de Monseigneur, Monseigneur le comte et monseigneur de Myrepoix qui portoient le grant dueil, III escus sol.... vi liv. xv sols.

« Item, au frère prescheur qui a faict la prédication funèbre, luy a esté ordonné en aumosne, en comprenant sa prédication de l'advent, pour tout XIII escus... xxix liv. v sols.

« Item, aux Cordeliers et Jacopins qui ont ordinairement esté et jour et nuict autour du corps à dire le psaultier et autres oraisons durant environ ung moys actendant l'obsecque... x liv.

« Item, est cy compté pour les processions faictes par les églises de Thouars, tant au chasteau que à Sainct-Pierre pendant XXVI jours que le corps de feu monseigneur y a demouré auparavant l'obsecque.

lesquelles processions, c'est assavoir les compaignons pbrestres de l'église Sainct-Médard, les relligieux de Sainct-Laon, les chappelains Sainct-Michel, ceulx de Nostre-Dame, ceulx de Sainct-Pierre, Cordelliers et Jacopins, allant par chacun jour chanter requiem, libera ou autres suffraiges autour du corps, ainsi qu'il a esté ordonné, scavoir à ceulx Sainct-Médard, troys escus, Sainct-Laon trois escus, Sainct-Michel trois escus, Nostre-Dame trois escus, Sainct-Pierre deux escus, Cordelliers trois escus et Jacopins trois escus solleil, et pour ce cy... xlv liv.

« Item, pour l'aumosne géneralle qui a esté distribuée le jour de l'obsecque à tous pouvres venans, laquelle aumosne a esté faicte de douzains au lieu de Sainct-Laon par troys portes, baillée par M^{os} Jehan Amelon, Jehan Girard et le recepveur de Thouars, la mise de laquelle se monte en tout à la somme de quatre cens quatre vings quinze livres quinze sols tz et pour ce... iii^c iiii^{xx} xv liv. xv sols.

« *Aultre mise payée par ledict René de La Ville pour les deffraiz aux hostelleries et ailleurs des prélatz, seigneurs, gentilshommes et autres qui avoient esté mandez pour estre à l'obsecque.*

« Premièrement

« Pour despence des trois chevaulx de monsieur l'évesque d'Esbron, suffragant de monsieur l'évesque de Poictiers de ii journées et tierce comprenant les surcroys... xxvii sols.

« Ledict évesque estoit logé aux Cordeliers lesquels en ont esté payés par aultre article.

« Item, pour la despence de maistre Jehan Bouchet et son filz à venir de Poictiers à Thouars pour estre à l'obsecque, lesquels on avoit mandez et pour leur en retourner... xlvi sols.

« Item, audit Bouchet qui luy a esté ordonné pour sa robbe de dueil... xii liv.

« A l'hostellerie du Dauphin, à Thouars, a esté paié pour la despence faicte des chevaulx de monseigneur de Chavigny en nombre XXIII et de son train, x liv. v s.

« Audict lieu, la despence d'une journée des IIII chevaulx de messieurs de la Tour et de Nercay, et cinq journées des chevaulx de monsieur de Lymon, pour tout, xxxvi s.

« Item, à l'hostellerie de Sainct-Julien à Thouars, pour despence des chevaulx et mulletz en nombre seze de monseigneur de Boyzdauphin, et autres logez au dict lieu, viii liv.

« Item, au dict hostel despence d'une journée de sept chevaulx de poste amenez par monseigneur de Mezières, li s.

« Item, à l'hostellerie Sainct-Jacques, la despence de treze journées des troys mulletz de monseigneur de Myrepoix, qui est depuys son arrivée de la court jusques au landemain de l'obsecque, x liv.

« A l'hostellerie des Troys-Roys pour la despence qui y a esté faicte par monseigneur de Myrepoix et son train, tant chevaulx, gentilzhommes que serviteurs estans en grant nombre, et ce depuys le temps qu'il est arryvé de la court jusques après l'obsecque de feu mon dict Seigneur, lequel seigneur de Myrepoix, madame de Myrepoix, sa femme, et messeigneurs ses enffans actendirent l'obsecque pour y estre et assister avecques les autres parens de la maison, ix^{xx} l. xiii s. vi d.

« Item, à la dicte hostellerye, pour le deffray des chevaulx et serviteurs de Robert Fichepain, marchand de l'argenterie du Roy, de plusieurs journées qu'il a esté à Thouars... actendant l'obsecque, xv liv. xv s.

« A Robin de Guigné, pour despence des chevaulx de monsieur de Vaudoré et autres avecques luy, LXX s.

« Item, pour la despence des chevaulx de monsieur de Censaye, dixaine, de II jours qu'il a esté à Thouars, IIII liv. XIIII s.

« Item, pour la despence des chevaulx et serviteurs de monsieur de Basche, et autres avecques luy, XXXVII s.

« Item, pour le deffray des chevaulx et serviteurs de monsieur des Roches-Tranchelion et autres avecques lui, et pour son logis, LXXIIII s. VI d.

« Item, pour le deffray des III chevaulx et logis de monsieur de La Broce, de six journées entières et despence d'ung de ses varlez mallade à l'hostellerye, C s. VI d.

« Pour monsieur de Thiors, néant, pour ce que son hoste monsieur de La Chapelle n'en a rien voullu prandre.

« Pour monsieur de la Bourgongnère, néant, pour ce que ses gens n'ont voullu permectre qu'on n'ayt payé à leur logis, disans qu'il l'avoit deffendu par exprès.

« Pour despence au logis de monsieur des Granges, cappitayne de Thallemond, qui avoit esté mandé, de ses serviteurs, chevaux et logis, a esté payé la somme de IIII liv. II s.

« Item, pour la despence de unze chevaulx de monsieur l'abbé de Ferrières, logez à La Vau, et despence de III ses gens, durant deux jours qu'il a demouré à Thouars, CI s. Sa personne estoit logé à Saint-Michel, cheux monsieur des Pierres.

« Monsieur l'abbé de Brignon estoit logé à son logis à Thouars.

« Monsieur l'abbé de Champbon à son logis.

« Monsieur l'abbé d'Asnyères à Sainct-Laon, pour son deffray, chevaux et personnes, XX s.

« *Aultre mise commune faicte par le dict de La Ville pour le faict du dict obsecque.*

« A esté baillé à monsieur de Tilly, gouverneur de Taillebourg, qui luy a esté ordonnée pour sa robbe de dueil, xii liv.

« A monsieur de La Broce pour mesme cause, xii liv.

« A Monsieur de Boysmorand, aussi pour sa robbe de dueil, xii liv.

« Item, pour les robbes de dueil ordonnées, pour le recepveur de Thouars, xii liv. ; l'appoticaire de feu Monseigneur, x liv. ; pour monsieur de Belleville, xii liv. ; Jehan de La Ville, x liv. ; le brodeur de Madame, Jehan Rubeis, x liv. ; Pierre Aublanc, l'ung des vyvandiers de la maison, x livres.

« *S'ensuyt l'ordre qui a esté tenu à marcher le jour de l'obsecque en enterrement de feu monseigneur Françoys de La Trémoille, vicomte de Thouars, qui trespassa audict lieu le samedi VIIe jour de janvier MVCXLI. Ledict enterrement faict le lundi VIe jour de febvrier ensuyvant.*

« Le corps fut prins à l'église des Jacopins audict lieu de Thouars, environ les neuf heures du matin pour estre porté à l'église Nostre-Dame au chasteau où messeigneurs de La Trémoille ont esleu leur sépulture.

« Premièrement

« Marchoient cent pouvres vestuz en dueil, oultre ceulx que la ville a baillez, allans tous par ordre des deux coustés de la ruhe, conduicts par les quatre sergens royaux de ladicte ville.

« Lesquels pouvres n'entrèrent poinct en l'église Nostre-Dame et passans oultre ung peu se rengèrent des deux coustés affin que le clergé passast par entreulx.

« Après lesdictz pouvres marchoient les gens d'église tant des paroisses champestres que ceulx de la ville, chacun en son ordre pour la conduicte desquelz y avoit douze personnes de la ville de ceulx de robbe longue pour y faire tenir bon ordre.

« Après marchoient les prélats chacun en son ordre.

« Et à l'arryvée près l'église Nostre-Dame passèrent oultre les mandiens, le clergé et les paroisses jusques en la grant court du chasteau, passans entre les pouvres qui estoient arrangez au dessoubz de ladicte église, tous atendans là, jusques à ce que le corps et le dueil fussent entrés en ladicte église avecques la suycte dudict corps.

« Et entrèrent en ladicte église les chanoynes et habituéz d'icelle, les chappéz et prélatz, puys cella faict, lesdictes paroisses et gens d'église se retyrèrent chacun en son ordre pour aller chanter aux églises et faire leurs services.

« Et après lesdictz prélatz, marchans en bon ordre, marchoit ung cheval tout couvert de veloux noir que l'escuyer menoit par la bryde, qui estoit Verniettes.

« Après, la cothe d'armes que portoit Baillou.

« Après, le guydon que portoit monsieur de La Brosse.

« Après, l'enseigne que portoit monsieur de Chasteauneuf.

« Après, l'espée, les ganteletz et esperons que portoit monsieur de La Chappelle-Boisryon.

« Après, le heaulme que portoit monsieur de La Rivière.

« Après, l'ordre que portoit monsieur de Boysmorant.

« Après, la banyère que portoit monsieur de Baulche.

« Après marchoit seul le lieutenant de la compaignie qui estoit monsieur de Roncée.

« Après, marchoient troys aumosniers en ranc avecques leur dueil, qui estoient l'aumosnier de madame de Taillebourg, mère de feu mondict seigneur, l'aumosnier de madame vefve et celluy de monseigneur qui à présent est seigneur.

« Après, marchoit l'aumosnyer de feu mondict seigneur qui précédoit le corps avecques la croix, lequel aumosnyer estoit accompaigné de messieurs l'abbé des Pierres et chantre de Cœtivy, curé de Sainct-Médard.

« Après, LE CORPS qui estoit porté par les jeunes gentilzhommes de la maison sur les espaulles avecques des brancquartz, qui estoient messieurs de La Berlandière, de Beaulieu, de Barbegières, Lalemant, Ruye, Corberande, Roncée, Les Granges et Martinière.

« Item, quatre personnes à porter les quatre coings du drap estant sur le corps, qui estoient messieurs de Mézières, de Chavigny, de Boisdauphyn et de Cenzay, tous en dueil.

« Après marchoit le grand dueil qui estoit porté par monseigneur, qui à présent est monseigneur le comte et par monsieur de Myrepoix.

« Et y avoit troys jeunes gentilzhommes de la maison pour porter les queuhes dudict grant dueil, scavoir est pour mondict Seigneur, La Rivière, pour monseigneur le comte, Aultry, et pour monsieur de Myrepoix, Potyn.

« Après, marchoient les deux maistres d'hostel servans avecques leurs bastons, qui estoient messieurs de Sainct-Martin et de Prelles, et après eulx les aultres gentilzhommes de la maison.

« Après, tous les officiers de la maison en dueil.

« Après, marchoient le séneschal de Thouars, chastellain, procureur, advocat et aultres officiers de la justice.

« Après, marchoient messieurs de La Bourgongnère, Roches-

Tranchelyon et aultres semblables, avecques les autres seigneurs et gentilzhommes non portans dueil.

« Après, les bourgeois, manans et habitans de la ville et aultres.

« Et fut dit en ladicte église Nostre-Dame deux grans messes, environ sept et huyt heures, premier que le corps y fust apporté.

« La troisiesme grant messe fut dicte et chantée par monsieur d'Esbron, suffragant de monsieur l'évesque de Poitiers.

« Et pour ordonner de l'ordre et des seremonyes estoient messieurs les commissaires Roncée et de Tilly, gouverneur de Taillebourg.

« Et fut à ladicte troysiesme grant messe faict le sermon par ung jacopin de Thouars, nommé frère Pierre Guiller dict Dayrenau. »

Ch. de Thouars. Papier.

1548 (v. s.), 30 janvier. — M^tre Jean du Prillot, organiste de feu monseigneur de La Trémoille, confesse avoir reçu de Madame un mandement de la somme de cinquante livres tournois à lui dues pour raison des orgues qui sont en l'église Nostre-Dame du château de Thouars.

Ch. de Thouars, Original papier.

PIÈCES JUSTIFICATIVES

PIÈCES JUSTIFICATIVES

I

1524, 24 septembre. Craon. — Copie de lettre relative aux guerres d'Italie.

« Monsieur le vicaire, Madame a eu aujourduy nouvelles que le roy et l'empereur sont praitz à leur en donnez la bataille et avons bon besoing de appellez Dieu à nostre aide et secours. Madicte dame m'a commandé vous escripre que vous ayez a faire le plus brief qu'il vous sera possible processions génералle et incitez le peuple qui ce mecte en bon estat et dévotion ; priez Dieu qu'il luy plaist nous aydez et donnez victoire contre nos ennemys et la paix, qui sera la fin, après m'estre recommandé à vous, priant le Créateur vous donnez ce que désirez.

« De Craon, XXIIIIe de septembre.

                                        Le Vostre ».

Ch. de Thouars. Pap.

II

1527 (v. s.) 4 avril. Annet. — « Provision de lieutenant pour le Roy ès gouvernemens de la Rochelle, Xaintonge et Poictou à monseigneur de La Trémoille. »

« François par la grâce de Dieu, roy de France, à tous ceulx qui ces présentes lettres verront, salut.

« Comme par les nouvelles que avons eues de nos ennemys ils ayent entre autres choses concluld et délibéré faire descente en nostre ville de La Rochelle et pays d'environ, Poictou, Sainctonge et autres lieux estans le long de la rivière de La Charente, pour à quoy résister et obvier, au bien, seureté et conservation de nostre royaume, soit requis et nécessaire commectre et depputer de par nous, esdictes villes, lieux et pays, nostre lieutenant général quelque bon, vertueulx et notable personnaige ayant puissance et auctorité esdicts pays, et qui soit à nous et à nostre royaulme seur, loyal et stable.

« Savoir faisons que, nous, ce considéré, confians à plain de la personne de nostre très cher et amé cousin le seigneur de La Trémoille, chevalier de nostre ordre, et de ses sens, vertuz, vaillance, loyaulté, intégrité, expérience et bonne diligence, saichant aussi le bon voulloir et affection qu'il porte au bien des affaires de nous et de nostre royaulme, icelluy, pour ces causes et pour le pouvoir, crédit et auctorité qu'il a èsdicts pays, esquelz il a plusieurs places, villes et chasteaulx d'importance, au moyen desquelz il sera pour plus nous faire de service, avons faict, constitué, ordonné et estably, faisons, constituons, ordonnons et establissons, par ces présentes, nostre lieutenant général esdictes ville de La Rochelle, pays d'environ, Xainctonge, Poictou et autres villes et lieux estans le long de ladite rivière de la Charente, et luy avons donné et donnons plain povoir, auctorité et mandement espécial de vacquer et diligemment entendre à tout ce qu'il verra estre requis et nécessaire pour empescher la descente de nosdicts ennemys, et pour le bien, seureté et deffense desdictes villes, lieux et pays; et pour ce faire, selon que l'affaire le requerra, les faire pourveoir, fortiffier et remparer le mieulx que possible sera, assembler et faire venir par devers luy tous les seigneurs, gentilshommes et autres, de quelque qualitez et condicion qu'ilz soyent, demourans esdicts lieux et pays, pour adviser et délibérer avec eulx ce qu'il sera utille, nécessaire et proffitable pour le bien et seureté desdicts lieux, villes et pays, et leur commander et ordonner ce qu'ilz auront affaire pour nostre service; de mander aussi et faire assembler, si besoing est, noz ban et arrière-ban, communaultéz, gens de ville et plat pays, pour iceulx employer et exploicter au reboutement de nosdicts ennemys et empescher qu'ils ne facent aucunes descentes en nostredict royaulme le long de ladicte rivière de la Charente, d'entrer fort et faible en nostredicte ville de La Rochelle et autres villes, lieux et places dessusdicts, pour regarder et adviser en quel estat elles seront, et commander et ordonner tout ce qu'il congnoistra que besoing sera, pour la deffence et conservacion d'icelles, et y mectre telz cappitaines et nombre de gens qu'il advisera pour le mieulx, en manière que inconvénient n'en puisse advenir, de tauxer et ordonner de tous voyaiges, sallaires et vaccacions qu'il conviendra faire pour l'effect que dessus, et sur ce bailler ses ordonnances, signées de sa main et scellées de son scel, suyvant lesquelles nous ferons expédier acquitz suffisans et vallables à ceulx qui feront lesdicts payement, et générallement de faire en ceste présente charge, ses circonstances et deppendances, tout ce que ung lieutenant-général et bon chef doit faire et en telle forme et manière que nous mesme ferions et faire pourrions, si présent y estions en personne, jacoyt que la chose requist mandement plus espécial, et ce toutesfoys durant ce présent affaire et jusques à ce que par nous autrement en soit ordonné. Si donnons en mandement, par cesdictes présentes, à tous noz lieutenans, bailliz, senneschaulx, gouverneurs, cappitaines et autres noz justiciers, officiers et subjectz que, a nostredict cousin et seigneur de La Trémoille, ès choses dessusdictes, ilz obéissent et facent obéyr et entendre diligemment tout ainsi que à nostre propre personne, sans y contrevenir en quelque manière que ce soit. Car tel est nostre plaisir. En tesmoing de ce nous avons signé ces présentes de nostre main et à icelles faict mectre nostre scel.

« Donné à Annet, le IIIIeme jour de avril l'an de grâce mil cinq cens vingt et sept avant Pasques, et de nostre regne le quatorzieme.

« Françoys.

« Par le Roy, le seigneur de Montmorency, grant maistre, mareschal de France, et autres présens.
» Robertet. »

Chartrier de Thouars. P. Parch.

III

1528 (v.s.) 10 février. Paris. — « Commission du Roy pour loger les compaignies de messeigneurs de Laval et de Rieux et celle de Monseigneur.

« François, par la grâce de Dieu roy de France, à nostre très cher et amé cousin, le sire de La Trémoille, nostre lieutenant en noz pays de Poictou, Xainctonge, ville et gouvernement de La Rochelle, salut.
« Comme nous ayons esté advertiz que les gens de guerre de vostre compaignie et de celles de noz chers et amez cousins les seigneurs de Laval, nostre lieutenant-général et gouverneur de Bretaigne, et de Rieux, à présent tiennent les champs en nostredict pays et conté de Poictou, faisans plusieurs grosses foulles et oppressions à nostre paouvre peuple, et pour ce que, pour le soullagement d'icelluy et pour faire cesser lesdictes pilleries et oppressions, il est besoing et très nécessaire asseoir et establir esdictz pays et conté le logeiz et garnison desdicts gens de guerre pour les faire vivre en bonne ordre et pollice, scavoir vous faisons que nous, ce considéré, vous mandons que incontinant vous ayez à commectre, ordonner et depputer telz

personnaiges suffisans et expérimentez que adviserez, à faire asseoir et establir ès lieux et places desdicts pays et conté de Poictou, que congnoistrez pour le myeulx, ledict logeiz et garnison des gens de guerre desdictes compaignyes, le pluz justement et esgallement et à la moindre charge et foulle du peuple que faire se pourra, en leur faisant bailler et administrer vivres, utancilles et autres choses qui leur seront nécessaires, en les payant raisonnablement selon le taulx et pris de noz ordonnances sur ce faictes, en contraignant à ce faire et souffrir tous ceulx qu'il appartiendra et qui pour ce seront à contraindre, par toutes voyes et manières deues et acoustumées, nonobstant oppositions ou appellacions et dolléances quelzconques ; de ce faire avons à vous et à voz commis et depputéz donné et donnons plain pouvoir, commission et mandement espécial, mandons et commandons à tous nos justiciers, officiers et subjectz que à vous, vosdicts commis et depputez en ce faisant, obéissent et entendent dilligemment, prestent et donnent conseil, confort, ayde et prisons si mestier est et requis en soit. Car tel est nostre plaisir.

« Donné à Paris, le Xme jour de février l'an de grâce mil cinq cens vingt huict et de nostre règne le quinziesme.

« Par le Roy.

« ROBERTET. »

Chartrier de Thouars. P. Parch.

IV

1528 (v. s.) 24 février. Berrye. — Mandement de François de La Trémoille au sujet d'un navire échoué à Olonne.

« Receveur d'Ollonne, nous vous mandons faire la mise nécessaire pour faire l'enqueste sur nos faictz et interdictz contre Jehanne Robert, veufve de feu don Ferrande d'Esbodille, et autres parties avecques elle, demandeurs, en délivrance, pour raison des biens que prétendons nous appartenir par naufrage trouvez en ung navyre nauffragé en nostre couste d'Ollonne, et ce jusques à la somme de quinze livres tournois et au dessoubz. Et en prenant certifficacion de nostre procureur et autres officiers de nostre seigneurie d'Ollonne, ladicte mise par vous faicte pour l'affaire que dessus vous sera allouhée en la mise de voz prochains comptes par les auditeurs d'iceulx, ausquelz mandons ainsi le faire sans difficulté en apportant le présent mandement et certiffication desdictz officiers en forme deue.

« Faict à Berrie, le XXIIIIe jour de febvrier, l'an mil cinq cens vingt huit.

« De La Trémoille. »

Chart. de Thouars. P. papier.

V

1528 (v. s.) 9 avril. Thouars. — Mandement de François de La Trémoille à ses officiers de Marans, au sujet de la prise d'un corsaire.

« Officiers de Marans, le capitaine de Marans et venu icy pour nous advertir d'une prinse qu'il a faicte d'un corsaire et pirate de mer qui a faict plusieurs maulx et pilleries, lequel est détenu prisonnier en nostre chasteau de Marans ; pour ce est il que nous entendons que bonne et braifve justice en soit faicte, comme il appartiendra, et si ledict corsaire est vacabont que ce soit par le prévost des mareschaulx si ainsi ce doibt faire et que ce soit de sa jurisdiction, ou s'il est de céans et de ce pays par vous et nostre justice ordinaire et comme admiral patrimonial. A ceste cause vous mandons que faciez bon et ample inventaire, si faict n'a esté, des biens dudict corsaire à la conservacion du droict, à qui il appartiendra, et que le tout soit mis entièrement sans aucune chose receller et les mectez ès mains dudict capitaine qui en respondra comme dépositaire de justice. L'on dit que ledict prisonnier avoit quelque argent qu'il bailla à quelqu'un depuis qu'il fut prisonnier, enquérez vous de tout bien et diligemment et n'y faictes faulte.... Et adieu. De Thouars, ce IX d'avril. »

Ch. de Thouars. Pap.

VI

1529, 15 décembre. — Les officiers d'Olonne rendent compte à François de La Trémoille de certains bateaux naufragés.

« Nous Jacques Le Lardeux, Jehan Bouhier et Jehan Horris, séneschal, chastellain et greffier de la baronnye d'Olonne, certiffions à messieurs les audicteurs des comptes de Monseigneur que, en l'année présente fynissante le dernier jour de ce moys, sont advenuz en ladicte seigneurie les boys et naufrages qui s'ensuyvent : c'est assavoir, certain boys advenu au moys de janvier dernier, vendu à Colas Benaster judiciayrement, qui avoit trouvé ledict boys, sept sols six deniers. Ung aultre nauffraige advenu en l'année dernière duquel estoit poursuivy par justice Anthoyne Sallays qui en fyna judiciayrement à la somme de quatre livres tournoys. Ung bateau advenu environ la my-aoust, trouvé par Jehan Vervet et aultres, à luy vendu par le recepveur, ès absence des aultres officiers, le prix de quarante sols, comme les sergens présens à ladicte vente nous ont affirmé par serment. Ung aultre nauffraige advenu le pénultiesme jour d'octobre dernier vendu par le sergent du bailliage des Sables à Colas Brimaudeau, marchant commis à ce faire, pour le dangier de peste, le prix de cent dix sols, en laquelle y avoyt quelque peu de blé moillé. Et n'en sont advenuz aultres qui soient venuz à noustre notice et cognoissance, par ces présentes signées de noz seings, le quinziesme jour de décembre l'an mil cinq cens vingt et neuf.

J. Le Lardeux, J. Bouhier, J. Horris. »

Ch. de Thouars. P. papier.

VII

1529. — Supplique de frère René Martin, prêtre, à François de La Trémoille, pour obtenir l'hermitage situé dans les bois de « la Poyssonnyer. »

« Suplie humblement à vous mon très-hault et souverain seygneur, monseigneur, vostre plaisyr sera entendre que il y a ung hermitage en vaulx boys de La Poysonnyer, lequel autrefoiz aviez donné à ung nommé frère Jehan Ryvault, lequel hermitage à présent il a délaissé et s'en est allé demourez auprès d'Angers en ung lieu dit Arculée. Pour ce, mondit seigneur, vous suplie moy pourvoyr de cedict lieu et ce faysant sera tenu et obligé prier Dieu le créateur tout le temps de ma vie pour vostre haulte et noble personne et aussy pour madame, messieurs vaulx enfans et toute vostre noble lignée.

« Vostre pauvre simple orateur, frère René Martin, pbre, pryant Jhésus-Crist et toute la court céleste qui vous donne bonne vie, prospérité et santé. »

Chartrier de Thouars. P. pap.

VIII

1530, 2 mai. Angoulême. — Réglement pour la subsistance des gens d'armes en Poitou.

« Le Roy estant à Angoulesme a ordonné que les gens d'armes et autres des ordonnances estans ès païs de Poictou, ou Xaintonge et ailleurs paieront les vivres de leurs chevaulx selon le taux qui en sera faict par les gouverneurs ou lieutenans dudict seigneur ès lieux où seront assises les garnisons, ou par ceux qui seront par eulx ordonnez et commis à ce faire ; et à fournir d'iceulx vivres, selon ledict taux, seront contraincts les gens des villaiges assis jusques à six lieues près du lieu où seront assises lesdictes garnisons, des foings, avoines et pailles croissans et cuilliz esdictz villaiges, selon leur qualité. Et quant est des vivres pour les personnes desdictes ordonnances, iceulx gens des ordonnances les paieront selon le cours du marché. Et a deffendu et deffend ledict seigneur à toutes gens, de quelque estat ou condicion qu'ilz soient, de lever aucuns deniers, taxe ou autre chouse sur le peuple pour les gens desdictes ordonnances, et à iceulx gens des ordonnances de faire aucun pillaige ou excès audict peuple. Le tout sur peine de la hart.

« Faict audict lieu d'Angoulesme, le lundi deuxiesme jour de may, l'an mil cinq cens trante. Ainsi signé :

RAGUENEAU. »

Ch. de Thouars.

IX

1530. — Lettres de François de La Trémoille au connétable Anne de Montmorency.

« Monsieur, pour vous advertir de ce qui a esté faict suyvant les derrenières lettres qu'il a pleu au Roy m'escripre, j'ai envoyé incontinent ses lettres patentes et escript à chacun lieutenant des sièges et ressors de ce pays pour les faire publier à la ville capitale d'iceulx, avecques commission pour faire eslire à la noblesse des commissaires pour recepvoir les sermens et dixiesme partie de leur revenu, selon l'offre qu'ilz ont faict audict seigneur, ce qui a esté faict par lesdictz lieutenans, et baillé terme de quinze jours à ladicte noblesse pour ce faire. Laquelle quant au duché de Chastellerault se sont assemblez avec monsieur de Monpesat et ont esleu les sieurs du Rouet et de La Masardière; et à Civray la pluspart desdictz nobles ont esleu les sieurs du Boys-Seguyn, séneschal dudict Civray et seigneur de Comporte. Quant aux aultres ressors ne se sont trouvéz aucuns de ladicte noblesse pour faire ladicte eslection. Ayant peur que la dissimulacion fust trop longue de leur faire de rechef assavoir, veu que ledict seigneur doibt fournir son argent dedans mars, me suis advisé d'en commectre commissaires, assavoir ou ressort de Poictiers les sieurs d'Argenton, La Roche de Pouzay et de La Bourgongnière; à celuy de Montmorillon les sieurs de Peirat et de Belabre; à Fontenay les sieurs des Granges et de Sainct-Benoist; à Sainct-Maixent les sieurs de Bongouyn et d'Availles, et à Nyord suis à m'en enquérir pour y mectre ceulx qui seront les plus suffisans, ausquels j'ai baillé commission pour recepvoir tant leurs dictz sermens que la dixiesme partie de leurs fiefz et arrière-fiefz, et en faire estat et recepte par ordre, le tout receu dedans la my-febvrier, pour porter au lieu où il plaira audict seigneur ordonner. Et pour ce que lesdictz commissaires ont voullu savoir où ils prandroient la mise pour lever ledict offre et que aultrement ne le pourroient faire à leurs despens s'ilz n'en avoient ordonnance, ay ordonné qu'ilz prandront leursdictz frais sur les deniers de ladicte offre, actendant le voulloir dudict seigneur, aussi afin que ses deniers ne fussent en riens retardez et où il luy plaira qu'ilz soient portez et qu'il escripve ausdictz commissaires qu'ilz ne faillent de faire ce que je leur ay ordonné de par luy, et en deffault où ilz se vouldroient excuser, qu'il advise d'y pourvoir comme il luy plaira et le plus toust que faire se pourra. Car je y ay faict de bien bon cueur du myeulx que m'a esté possible et toutes les mises et fraiz à mes dépens où il luy plaira avoir regard et en la pension qu'il luy a pleu me ordonner que je n'ay receue.

« Monsieur, le Roy de Navarre et vous m'avez escript que le voulloir dudict seigneur estoit que la compaignie de monsieur de Bonneval fust logée ou pays de Poictou, aussi que la commission qu'il luy a pleu expédier pour la desloger de Lymousin estoit pour la mectre en ce pays. Je leur ay faict bailler garnison et croy que de présent ilz y soient. Il m'en est venu quelques plainctes, aussi le séneschal de ce pays m'en a escript et tout incontinant ay envoyé devers ledict sieur de Bonneval pour y donner remède, ce qu'il a délibéré de faire à ce qu'il m'a rescript, car il a envoié devers son lieutenant en poste pour ce faire. L'on dit qu'il y en a d'aultres qui y sont venus sans commission, aussy que avecques eulx se amassent certains mauvais garçons de ce pays qui font beaucoup de maulx. J'ay escript aux provostz des mareschaulx de pourvoir à faire justice de ceulx de leur mestier et pour ce les suyvre et aux capitaines ne les tenir en leurs compaignies et ne céjourner au pays sans commission.

« Et veu la pouvreté du pays et pestillance qui y est, aussi que ce pourroit reculler l'amas de deniers dudict seigneur luy supplie en descharger le pays. Je vous prie, monsieur, faire qu'ilz soient mis ailleurs.

« Monsieur, j'ay mis toute la payne que j'ay peu pour accorder les différens qui sont entre la grant mère de mon nepveu de Mezières, le comte de Dampmartin et mondict nepveu, touchant le bail et le reste de sa succession, luy faisant toute l'offre honneste qui m'a esté possible pour y venir, ce qu'elle n'a voullu faire et ne sy est trouvé ledict comte, et pour ce que si elle faict comme elle a jà commancé elle destruyra entièrement mondict nepveu et le sieur de Beaumont qui sont ses héritiers. Et pour ceste cause ay chargé le présent porteur en advertir ledict seigneur et vous à ce qu'il luy plaise y mectre tel ordre que le bien de mondict nepveu soit conservé et gardé, car si je pensoys qu'ils ne fust homme de bien pour luy faire service, ne l'en suppliroys.

« Je vous prye, Monsieur, l'avoir pour recommandation à luy ayder à garder son bien. »

Chartrier de Thouars. Papier.

X

1531, 30 mai. Château de Taillebourg. — François de La Trémoille donne à sa femme, Anne de Laval, l'administration des terres de Gargolay et de Laz.

« Franczois, seigneur de La Trémoille, chevalier de l'ordre, comte de Guynes, de Benon, de Taillebourg, vicomte de Thouars, prince de Thalmont, baron de Craon, de Suly, Montagu, L'Isle-Bouchart, Berrie, et Doué, seigneur des isles de Ré, Marans et Noirmoustier, lieutenant général du Roy ès pays de Poictou, Xainctonge et La Rochelle, à tous ceulx que ces présentes lettres verront, salut.

« Savoir faisons que comme ainsi soit que, par le décès de feu de bonne mémoyre monseigneur Guy, comte de Laval, seroit advenu pour la part et portion qu'il auroit baillée à Anne de Laval, nostre espouse, sa fille, sur son partaige les terres de Gargolay et Laz, oultre ce qu'elle joissoit auparavant sondit décès, après avoir par nous pourveu aux choses qu'avons congneues estre nécessaires pour ladite succession et montrées à nostredite espouse, avons voullu et ainsi nous a pleu et plaist les fruictz, procès et tous esmolumens desdites terres de Gargolay et Laz et tous ceulx qui adviendront de ladite succession estre régiz et gouvernéz, administréz et conduicts par nostre espouse à en faire et dispouser pour ses affaires et autres choses qu'elle verra estre nécessaires, à son plaisir et voulloir, tant d'offices, bénéfices que autres choses despendans desdictes terres, et de ce luy en avons donné plain pouvoir, auctorité et mandement, comme si nous-mesmes le faisions, en mandant et commandant à noz officiers desdictes terres, chacun en droicts oy, à qui il appartiendra, donner tout le conseil, obeissance confort et aide au faict et teneur de ces présentes.

« Donné en nostre chastel de Taillebourg, le derrenier jour de may l'an mil cinq cens trante et ung.

De La Trémoille. »

« Par commandement de Monseigneur, présens les sieurs de Barbegieres, Ronssée et Sainct-Martin, noz maistres d'ostelz, et de nostre conseil.

« J. TROTEREAU. »

Chartrier de Thouars. P. parch.

XI

1532, 10 novembre. Angers. — François d'Availloles, chevalier, seigneur de Roncé, porte, comme procureur de François de La Trémoille, « l'un des braz de la chaire en laquelle Jean Ollivier, évesque d'Angers », fait son entrée dans sa ville épiscopale.

« A tous ceulx qui ces présentes lettres verront, le garde des seaulx establiz aux contractz royaulx d'Angiers, salut.

« Savoir faisons que aujourd'huy, X^e jour de novembre l'an 1532, ès présences de maistres Pierre Arambert et Pierre Deshaye, licenciez ès loix, notaires jurez desdictz contractz, s'est trouvé en l'église de Sainct-Aulbin d'Angiers, messire Françoys d'Availloles, chevallier, seigneur de Roncée et de Negron, soy disant et comme procureur spécial, quant ad ce, de noble et puissant Françoys, seigneur de La Trimoille, chevallier de l'ordre, conte de Guynes, prince de Thallemond, vicomte de Thouars, baron de Craon et de Briolay, heure d'entre huit et neuf heures de la matinée dudit jour, lequel a prins l'un des braz de la chaire en laquelle le Révérend Père en Dieu Jean Ollivier, évesque d'Angiers a esté porté celluy jour, estant icelle chaire davant le grant autel de ladicte église Sainct-Aubbin, savoir est le braz dextre du quartier de derrière d'icelle chaire, et lequel braz dextre de chaire étoit lors semblablement tenu et pris par noble homme Brient de La Cour, seigneur du Bois, comme soy-disant procureur spécial quant à ce de damme Renée de La Haye, damme de Beaupreau et baronnesse de Chemillé, disant ledit d'Availloles que comme procureur et ayant charge dudict seigneur de La Trémoille, baron de ladicte baronnye, terre et seigneurie de Briolay, et à cause d'icelle baronnye, il voulloit aider à porter ledit Révérend depuis ladicte église de Saint-Aulbin jusques en l'église d'Angiers et que, pour ce faire, il prenoit et que réallement a prins portion et l'un des endroitz dudict bras de ladicte chaire dudict cousté de derrière, et a dict audict de La Court qu'il eust à laissez ledict bras de ladicte chaire pour ce qu'il disoit que audict seigneur de La Trémoille, à cause de sadicte seigneurie de Briolay, ou à luy, comme son procureur susdict, apartenoit à avoir icelluy braz et à porter ledict Révérend dudict cousté dextre du quartier derrière de ladicte chaire.

« A quoy par ledict de La Court, parlant par la bouche de maistre Jehan Poisson, advocat et praticien en court laye à Angiers, a esté dict que à ladicte damme et baronnesse de Chemillé apartenoit à porter ledict Révérend dudict cousté dextre et quartier derrière de sadicte chaire, et que de ce faire elle et ses prédécesseurs estoient en bonne possession et saisine comme seigneur baron de Chemillé ; aussi que ledict de La Court estoit jà saisi dudict braz de ladicte chaire du quartier derrière d'icelle, et que au cas où ledict d'Availloles, procureur susdict, vouldroit et se efforseroit contre luy d'avoir et prandre ledictz braz de ladicte chaire dudict dextre quartier derrière et l'en voudroict desaisir et spollier par force ou aultrement indeuement, il protestoit et a protesté contre ledict d'Availloles de le luy faire reintégrer et réparer et admender par voye de raison et de justice. Sur lesquelles parolles est venu audict lieu ledict Révérend pour se mectre en ladicte chaire, lequel voyant ledict débat et que tousjours ledict d'Availloles s'efforsoit grandement expulser ledict de La Court et empeschoit qu'il ne portast ledict braz dudict cousté derrière de ladicte chaire qu'il avoit prins et tenoit avecques ses mains, comme dict est, a dict qu'il avoit entendu que à la dernière foiz ledict seigneur de La Trimoille avoit porté ledict braz du dextre cousté derrière de ladicte chaire du précédent, derrenier et immédiat évesque, et que pour obvier à tumulte et scandalle et sans préjudice des droiz de l'une et de l'aultre desdictes parties et pour ceste foiz seullement et sans ce qu'il tournast à conséquence à l'advenir et joucques ad ce que aultrement en fut ordonné, il estoit d'avis que ledict d'Avoilloles porteroit ledict braz de ladicte chaire du dextre quartier derrière d'icelle, pour ledict baron de Briolay et comme son procureur, et ledict de La Court comme représentant ladicte damme de Chemillé l'aultre braz derrière de ladicte chaire. Quoy voyant, icelluy de La Court, et aussi pour ce que ledict d'Availloles tousjours le poursoit rudement l'empeschant qu'il ne portast ledict braz dudict dextre quartier de ladicte chaire, l'auroit laissé et auroit prins l'aultre braz derrière d'icelle chaire, et ensuyvant le dict et advis dudict Révérend, pour éviter scandalle et tumulte, comme dict est, o protestation expresse, par luy faicte, de non préjudicier ny desroger aux droictz de ladicte damme de Chemillé.

« Et ont lesditz d'Availloles et de La Court, en la compaignée d'aultres qui estoient davant eulx, porté depuis ladicte église de Sainct-Aulbin ledict Révérend joucques à ladicte église catédralle de ceste dicte ville d'Angiers, et après la messe dicte et célébrée par ledict Révérend et qu'il est entré en sa grant salle de son pallais épiscopal de cestedicte ville, où estoient préparées les tables pour faire le disner sollempnel de sa nouvelle entrée et bienvenue et qu'il s'est assis et mis à l'une desdictes tables pour disner et prendre sa réfection, ledict d'Availloles, ou nom et comme procureur spécial dudict seigneur de La Trimoille quant ad ce, l'a servy à sadicte table et disner de eschanson et luy a baillé à boire dans ung petit vaisseau doré. Dont et de tout ce que dict est ledict d'Availloles, procureur susdict, a requis et demandé ce présent instrument, ausdicts notaires, ce qu'ilz luy ont octroyé. Et tout ce certiffions estre vray, par ces présentes signées des seings desdictz notaires, à la relation desquelz en ce et plus grant chose adjostons plaine foy, et néanlmoins, pour plus grande aprobation, avons mis et aposé à sesdictes présentes le scel royal estably aux contractz de ladicte court cy mis et faict audict Angiers, ès jour et an que dessus.

« P. Arembert, P. Deshayes. »

Chartrier de Thouars. Original parchemin.

XII

1532 (v. s.), 16 fevrier. Paris. — Lettres patentes de François Ier en faveur de François de La Trémoille, lieutenant-général du roi en Poitou.

« François par la grâce de Dieu roy de France, aux senneschal de Poictou ou à son lieutenant et à tous noz autres justiciers et officiers des pais, contéz, terres, seigneuries et provinces dudict Poictou, Xainctonge, La Rochelle et Civray, ou à leurs lieutenans et à chacun d'eulx si comme à luy appartiendra, salut.

« Pour ce que nous voullons et entendons que nostre amé et feal cousin, le sieur de La Trémoille, gouverneur et nostre lieutenant-général èsdictz pais, contéz, terres seigneuries et provinces, joysse et use plainement et paisiblement des povoirs, puissances, facultez, prérogatives et prééminence appartenans audict estat et office de gouverneur et nostre lieutenant-général et mesmement en tant que touche le gouvernement et superintendance du faict polliticque, faire pugnir et corriger par nos senneschaux, bailliz ou leurs lieutenans, les abus, seddicions et monopolles, aussi le regard sur le faict des gensdarmes et garnisons estans èsdicts pais, conservacion et entretenement de noz ordonnances et autres choses que peult et doibt avoir et qui touchent et appartiennent à ung gouverneur et nostre lieutenant-général ès lieux de nostre obéissance, comme plus amplement le contiennent noz lectres de pouvoir et provision que luy avons par cy-devant faict expédier dudict estat et office: Nous, à ces causes, vous mandons, commandons et très expressément enjoignons, que en toutes et chascunes les choses qui touchent, compectent, et appartiennent à icelluy estat et office de gouverneur et nostre lieutenant-général, pour le bien, proffict et utillité de noz affaires et de la chose publique desdictz pais et provinces, vous et ung chascun de vous, en droict soy luy obéissez et entendez et luy faictes obéyr et entendre de tous ceulx et ainsi qu'il appartiendra et besoing sera, sans aucune difficulté ou contradiction, ainsi que à noz propres commandemens et ordonnances, car tel est nostre plaisir et voulloir. Et pour ce que de ces présentes l'on pourra avoir affaire en plusieurs et divers lieux, nous voullons que au vidimus d'icelle, fait soubz scel royal, foy soit adjoustée comme à ce présent original.

« Donné à Paris, le seiziesme jour de febvrier, l'an de grâce mil cinq cens trente deux et de nostre regne le dixneufiesme.

« Françoys.

« Par le Roy, le sieur de Brion, admiral de France, présent.

« Breton. »

Chartrier de Thouars. O. parch.

XIII

1533, 10 avril. Thouars. — Lettre de François de La Trémoille à André Vateau, aumônier et précepteur de ses enfants.

« Aumosnier, affin que nos enffans soient bien serviz ainsi qu'il appartient et qu'ilz ne perdent temps, vous aurez six serviteurs avecques vous telz que verrez estre gens de bien et scavans, assavoir quatre qui auront chacun quinze livres par an et deux aultres pour servir à la cuisine et pour pancer les deulx mulles, auxquelz l'on donnera à chascun cent solz, et là où vous congnoistrez qu'ilz ne feront leur debvoir au service de nosdictz enffans, incontinant les satissferez *pro rata* du temps qu'ilz auront servy et prendrez d'autres gens scavans et de bonne vie. Et satisferez ceulx qui ont servy au passé. Vous communicquerez la présente à Ferron affin que vous et luy y donniez bon ordre, car aultrement nous en prandrions à vous, comme ayant totale charge, qui sera la fin, priant Dieu, aumosnier, vous donner ce que désirez. De Thouars, ce X^e avril.

« De La Trémoille.

« J'ay sceu que le plus souvant que les serviteurs ne veullent parler latin en la chambre de nosdictz enffans, ce que je n'entends ; et veulx que ordinairement ils parlent latin affin de leur continuer de mieulx en mieulx la langue latine. »

Ch. de Thouars. Pap.

XIV

1533. — Lettre de François de La Trémoille à André Vateau, aumônier et précepteur de ses enfants.

« Aumosnier, à ceste heure j'ay receu vostre lettre du Xe de ce moys, je suis bien aise de la santé et latin qui continue en mes enffans. Le plus toust entrer au collège de Navarre sera le meilleur pour l'usance des princes qui si tiennent, mesmement des enfans de monsieur de Guyse, pour satisfaire à plus de bien et bonne volonté de monsieur le cardinal de Bourbon qui m'en parla. Ne prenez gens que de service et sans m'en advertir du tout. Je vous envoye trante escuz pour le moys commenczant le IXe may V^c xxxiii, car tout est payé jucques à là, envoyez m'en vostre récépissé par ce porteur, les vous recommendant comme moy-mesmes. »

Ch. de Thouars. Pap.

XV

1536 (v. s.), 29 mars. — Quittance de Pierre Jacques, principal du collège de la Petite Sorbonne, pour la pension des enfants.

« Receu par moy Pierre Jacque, principal du collège de la petite Sorbonne dict Calvy à Paris, de vénérable et discrète personne monsieur maistre André Wateau, aulmosnier de hault et puissant seigneur monseigneur de La Trimouille et gouverneur de messieurs ses enffans, la somme de vingt livres tournoys, pour demye année commenczant le XIIIe jour d'octobre dernier passé et finissant le XIIIe jour d'apvril prochainement venant, des chambres et lieux qu'ilz occuppent audict collège, de laquelle somme de xx livres tournoiz tiens quitte mondict sieur l'aulmosnier et tous autres. Faict le XXIXe jour de mars mil Vc xxx six, avant Pasques.

« P. Jacobus. »

Ch. de Thouars. Pap.

XVI

1538, 1er juillet. — Articles pour le mariage de Louise de La Trémoille avec Philippe de Lévis.

« Messire François, seigneur de La Trémoille et madame Anne de Laval, son espouse, par contraict de mariage, ont donné à messire Phelippes de Lévys et damoiselle Loyse de La Trémoille, leur fille, la somme de cinquante mil livres tournois pour tout droict de succession, tant advenu que advenir, et moyennant ce y renoncer; et pour assiette et payement de ladicte somme, parce qu'elle ne fut payée comptant, fut baillée la somme de XVII^c tant livres de rente au fur de cinq pour cent, qui est cent livres de rente pour trois mil livres, et pour le payement de laquelle dite rente fut baillé audict de Levys deux terres appartenans audict seigneur de La Trémoille, nommées Rocheffort et La Possonnière pour XV^c livres, et le reste fut assigné sur le revenu général dudict seigneur de La Trémoille. Assavoir si ladite dame Anne de Laval seroit tenue pour la moictié et si on l'en pourroit contraincdre et sy elle en pourroit estre rellevée ou quelque autre bon moyen que le conseil pourra sur ce adviser. »

Chartrier de Thouars. Pap.

XVII

1538, 26 septembre. Thouars. — Lettre de François de La Trémoille à François Le Bret, juge de la prévôté d'Angers.

« Maistre Franczois Le Bret, j'ay esté adverty que touteffoiz et quantes que je marie ma fille aisnée que, par la coustume du pays d'Anjou, mes subgectz, tant nobles que rosturiers, me sont tenuz aider. Advisez à diligemment y procéder pour recouvrer ce qui m'en appartient, et me mandez l'ordre que y aurez donnée. Je vous en envoye lectres, en particulier, adreissantes à mes officiers de Rocheffort, La Possonnière, La Basse-Guierche, Briolay, La Roche-d'Iré, Chasteauneuf, Le Buron et Sainct-Germain, que leur ferez tenir seurement.

« Je vous envoye ung adjournement que m'ont faict bailler les religieuses d'Angiers, touchant les boys de Rocheffort. Vous y prandrez garde que je n'y soys sourprins et veoir quelle enqueste elles veullent faire, et me advertissez de ce que y aurez faict; qui sera la fin; priant Dieu, maistre Franczois Le Bret, vous donner ce que désirez.

« De Thouars, ce xxvie de septembre (1538).

« Le tout vostre

« F. DE LA TRÉMOILLE. »

XVIII

1538? 3 octobre. Thouars. — Lettre de François de La Trémoille à Louis III, son fils aîné.

« Loys, pour responce à voz lectres des neuf et vingt cinquiesme du moys passé, je feys responce aux lectres qu'il a pleu au Roy m'escripre, si estez party comme je pence veu le contenu de vos lectres les envoyrez à Courtin pour les bailler à Monseigneur le connestable pour les présenter. Je trouve bien estrange comme sur la lectre de Guerry sans ce que je vous aye rien mandé estes party et que ce n'ayt esté par le bon voulloir et commandement du Roy en sa bonne grâce et de tous les autres à qui la devez, sans avoir sollicité mes affaires ne avoir faict le devoir qu'aviez tant dict et escript que feriez, et davantage de la grosse despense que faictes, car il appert que depuis le septiesme du moys de juillet derrenier, que vous partistes, jusques au huytiesme de ce moys que dictes que partirez, avez receu deux mil quatre cens soixante quinze livres, assavoir deux mil deux cens soixante quinze livres de moy et deux cens que monsieur de Puybouillart a presté, desduict soixante unze livres neuf solz pour extraordinaires et cent neuf livres cinq solz pour l'arrest du derrenier compte de Jean de La Ville; néantmoins auriez deppendu pour chacun desdicts troys moys, desduict ce que dessus, sept cens soixante quatre livres quinze solz pièce et la portion d'une pièce, qui seroyt entièrement contrevenu à mon voulloir et ordonnance de cinq cens livres par moys; davantage que demandez argent pour achapter chevaulx, habillemens, et pour voz menuz plaisirs, aussi l'auctorité et grâce de quoy usez par vos lectres, qui me rendent le desplaisir que vous pouvez entendre que je remectz à vostre arrivée à vous en dire plus amplement mon intention ; joinct si avez failly à vous acquicter où vous devez et pour mes affaires ou tant de payne et travail je prans, quy sera la fin, suppliant Nostre-Seigneur qui vous ait en sa garde. De Thouars, ce IIIe d'octobre.

« Votre bon père,

« DE LA TRÉMOILLE. »

Chartrier de Thouars. Papier.

XIX

1538, 16 novembre. Thouars. — Procuration donnée par François de La Trémoille pour le mariage de son fils aîné.

« Nous Franczois de La Trémoille, chevalier de l'ordre, gouverneur et lieutenant général pour le Roy en Poictou, comte de Guynes, de Benon, vicomte de Thouars, prince de Thalmond, baron de Craon, de Suly, Montagu et L'Isle-Bouchard, seigneur des isles de Ré, Marans et Noirmoustier. Comme le bon voulloir du Roy, nostre sire, et la Royne de Navarre, soit que Loys de La Trémoille, nostre filz aisné et la fille aisnée de monsieur le connestable soient conjoincts par mariage. Savoir faisons nous avoir commis et depputez, commectons et depputons noz chers et bien amez maistre Jehan de Sainct-Avy, abbé des Pierres, Franczois d'Availloles, seigneur de Roncée et Jehan de Ravenel, seigneur de La Rivière, ausquelz nous avons donné plain pouvoir et mandement espécial pour, sur ledict mariage, entendre le bon plaisir du Roy, nostredict seigneur, de la Royne de Navarre et dudict seigneur connestable, leurs commis et depputez afin de traicter les articles et convenances sur ledict mariage futur, o le bon plaisir dudict Seigneur et Royne de Navarre. Et en tesmoingn de ce nous avons signé ces présentes de nostre main et faict sceller du scel de nos armes.

« Donné en nostre chastel de Thouars, le seziesme jour de novembre, l'an mil cinq cens trante huit.

« DE LA TRÉMOILLE. »

Chartrier de Thouars. Parch.

XX

Vers 1540, 20 avril. Paris.— Lettre de Jean de Ravenel à François de La Trémoille.

« Monseigneur, j'ay receu les lettres qu'il vous a pleu m'escripre par Massoteau, lequel arryva yci le lundy de la sepmaine saincte et vous promectz ma foy, monseigneur, qu'il estoit temps qu'il arrivast, car j'estois à bout de mon crédit. Je vous supplie très-humblement, monseigneur, ne voulloir pancer qu'on puisse vivre au train que nous sommes pour quatre cens frans par moys, car nous vivons de la plus grant reigle qui nous est possible, et en avons despendu les deux derniers moys passez près de cinq cens, comme il vous plaira veoir par l'estat des bureaulx. Il ne fut james nouvelles que les vivres feussent si chers en ceste ville comme ils sont de présent, et ne voy pas, sy Dieu n'y mect remedde, qu'ilz puissent amender, car l'on dit que la gelée a faict du mal beaucoup. Monseigneur, touchant ce qui vous plaist me mander que je ne vous ay emplement déclairé ce que messieurs le prince et de Mézières ont faict deppuis qu'ilz sont arryvez yci, je ne croy point que ne ce soit esgaré quelques lectres car je pance y avoir bien satisfaict; alors qu'ilz arryvèrent en ceste ville, il y avoit grant quantité d'enfans de bonne maison comme celuy de Lorenne, ceulx de Véndosme, de Nevers, de Guyse, de Rohan, tous triomphans et bien empoinctz qui n'est possible de mieulx, dont la pluspart estoyent du tournoy, et mesme monsieur de Marle, filz ayné de monsieur de Vendosme, mena dix hommes d'armes sur les rans, les aultres estoyent de la bande de monseigneur le Daulphin, fors ceulx de Rohan qui n'en ont point esté, et disoit que s'est à cause de la malladie de mondict sieur de Rohan dont il pert bien encores.

« Monseigneur, je vous ay escript que monsieur le prince présenta vos lettres au Roy en sa garde robbe au matin après qu'il feust prest, lequel ne les regarda point et les bailla à monsieur le grant maistre et ne parla point à mondict sieur le prince, combien que monseigneur de Laval le luy présentast ; et au party de là feurent présentées celles que escripviez à mondict sieur le grant maistre, lequel est fort sobre de parolle ; despuis mesdicts sieurs ont souvent esté au levé et au disgner du Roy où monsieur le cardinal de Lorrenne et mondict sieur le grand maistre et plusieurs aultres leur font grand chère.

« Monseigneur, je vous ay aussi escript que monsieur de Humyères présenta mesdicts sieurs à messieurs qui leur feirent assez bon recueil et deppuis se sont jouez avecques eulx, mais ils sont et forts et ruddes, et par espécial monsieur le Daulphin s'adresse tousjours à monsieur le prince parce qu'il est petit et semble de sorte que mondict sieur le prince le craint, dont je ne m'esbays pas ung brin, car par troys ou quatre foys il a faict pleurer, et pour ceste raison les seigneurs qui avoyent amené leurs enfans les ont tous remmenez et n'y a plus que monsieur de Nevers qui est yci avecques sa mère, qu'on dit qui s'en va bien toust, et mesdicts sieurs de Rohan ne bougent point d'yci.

« Monseigneur, nous allons souvent chez madame et cheulx la royne de Navarre, mays il y a long temps qu'on n'entra en la chambre de madicte dame à l'ocazion de sa malladie, qui deure encores, et ne feust cela la court feust desloigée de ceste ville. Le Roy et messieurs ont faict leur feste au Boys de Vincennes. Les dames n'ont point bougé du Louvre. La Royne a pareillement esté mallade. L'on n'est encores asseurté quel chemyn l'on tiendra au party d'yci. Le bruyt a courut fort que le Roy yroyt à Annet cheulx le grand seneschal qui est fort mallade. Il y a beaucoup de voz serviteurs qui desireroyent bien que feussiez yci, s'il va de vie à trespas, pour demander l'office de premier chambelan et sa compaignie, ce qui ne pourroit advenir sans vostre présence, et ne voy point pareillement de seureté en vostre pention, car je vous promectz, monseigneur, que quelque excuse qu'on puisse faire pour l'indisposicion de vostre personne, on pance que ce soit de paeur de faire mise et messieurs les mignons tiennent souvent propos que estes tout plain d'escutz et n'est possible leur faire entendre que soyez endebté, quelque serment que l'on puisse en faire. Il me semble, monseigneur, que feriez bien de faire ung voyage quelque part que soit la court, et croy que y seriez le bien venu, car il n'y a plus personne, tous les seigneurs s'en sont allez. Monsieur le grant maistre est allé veoir son père à Escoan, lequel est aussi fort mallade, mais je croy qu'il sera aujourduy de retour. Monsieur l'admyral a faict sa feste à Brie-Conte-Robert et revyendra aussi ung de ses jours. L'on a faict gros bruyt que le Turq estoit en Cécille et Calabre, mays se bruy n'a contynué. L'on oict que l'empereur est en Flandres et qu'il y a grosse diversité en Alemaigne pour ses Lutériens.

« Monseigneur, il me semble que mondict sieur le prince fait assez bien son devoir pour la court, mays pour l'escolle je n'y voy grant amendement. Monseigneur d'Orléans lés feit saulter, jouer, luter luy et le jeune de Rohan, où mondit sieur le prince feist fort bien son devoir et à batu l'aultre.

« Il a passé se caresme le mieulx du monde sans mengier cher ni œufz et est de présent aussi saing que je le veyz oncques. Monsieur de Mézières joue souvent à la paulme avecques messieurs, aulx barres avecques monseigneur d'Orléans. Monseigneur le Daulphin prend ses passetemps solitayres et ne veulx qu'il y ait avecques luy que ceulx qu'il entend et la pluspart du temps il ne veulst que piocher en terre et de quelque chose qu'il veuille faire, bien ou mal, on luy contredict peu. Monsieur de Humyères luy en dit son advys, mays il n'en faict rien si ne luy plaist, et dict l'on que le Roy veult qu'ilz soyent nourys en cette liberté pour leur houster la craincte de la subjection qu'ilz ont heue en Espaigne. Je foys grand doubte qu'ilz n'en vauldront de rien mieulx.

« Monseigneur je prye Nostre Seigneur vous donner très bonne vie et longue. De Paris ce XXme jour d'apvril.

« Vostre très-humble et très-obéissant serviteur,
De Ravenel.

« Monseigneur, deppuis ses lettres escriptes, j'ay receu des lectres de monsieur l'abbé des Pierres qui m'a escript vous avoir faict requeste en ma faveur de me donner la garde du parc Chaslon et que luy avez faict responce que en avez pourveu le filz de feu Bellemarion, qui me fait pancer que je perderois temps de vous demander une meilleure chose, combien que je la pance bien mériter, mays ma fortune est telle que de quelque chose que je vous demande j'en suys toujours refuzé, ce qui me semble bien estrange, veu qu'il y a plus de cent ans que mes prédécesseurs et moy sommes au service de vostre maison sans y avoir eu aucun reproche. Et dernièrement à la bataille de Pavye, mon frère mourut faisant service à feu monseigneur (que Dieu abseulle) et, ne feust la malladie qui me survint en chemyn, je eusse mys peyne d'y faire mon devoir. Quant il vous plaira, Monseigneur, vous y aurez esgart..... »

Chartrier de Thouars. Pap.

XXI

Différentes lettres non datées d'Anne de Laval

« Messieurs, j'ay esté advertye par mes officiers de Craon que a esté saisy ma baronnie et seigneurie de Craon par deffault d'avoir obéy à l'arrière-ban dernier. J'envoye mon senneschal et secrétaire porteurs par devers vous pour vous demander délivrance. Je vous prie de bon cueur, messieurs, me traicter grâcieusement comme une femme vefve qui a souffert beaucoup de perte et aussi que mon filz aisné a esté à la guerre au service du Roy et pareillement mon filz puisné, le conte, au voyage de Marseille, auquel il m'a convenu bailler grand nombre d'argent, aussi qu'il m'a tousjours esté escript de la court par mes amys que je n'estois en rien subjecte à l'arrière-ban, par quoy, je vous prie de rechef me y faire au myeulx que pourrez et vous me ferez bien grand plaisir que je recongnoistray à l'endroict où verrez que j'auray puissance qui sera fin suppliant le Créateur vous donner ce que désirez.

« Escript à Craon ce XVIIᵉ de febvrier.

« La plus que toute vostre. »

« Monsieur Le Febvre, je me recommande à votre bonne grâce. Je vous ay autrefoys escript, prié et requis qu'il vous pleust expédier ung procès qui est entre les religieux du prieuré de Sainct-Clément contre les chanoynes et habituéz de l'église de Sainct-Nicolas de Craon, scituée en mon chasteau de Craon. Il est question de chose qui concerne le service de Dieu, comme processions et sermons que lesdictz religieux veullent empescher ausdictz chanoynes, que ne leur porte nul préjudice, et de moy vous entendrez, s'il vous plaist, que je ne m'en puys ne me veulx passer. Je suys loing de la paroisse et les chemyns sont très-malaisez, et de tout temps on a aacoustusmé faire processions et sermons en ladicte esglise qui est d'ancienne et belle fondacion, comme on a acoustumé faire en toutes autres églises collégiales et Notre Seigneur est très-bien servy et plus solennellement qu'il n'est en la paroisse.

« Je vous supplye, monsieur Le Febvre, y avoir considéracion et vous asseure que je le foys pour l'honneur de Dieu et vous requiers de rechief nous en faire briefve expédition, et s'il vous plaist chose qui soit en ma puissance pour vous ou pour les vostres, je le feray de très-bon cueur, aydant le Créateur, lequel je supplie vous donner bonne et longue vie. De Craon, ce VIIIe de juillet. »

« Ma fille [1], j'ay chargé ce porteur de passer par Fontevraux. Je vous prye regardez sy pourez recoupvrez ung corporallier qui soit beau et riche, car c'est pour monsieur de Doul[2] et le m'envoyer par ledict porteur. Je vous en feré la récompense telle que adviserez... Il me semble que feriez bien donnez les estrainnes à monsieur de Doul, cela luy pourroit donnez occasion de vous faire quelque bien, et adieu, ma fille. »

« Madamoyselle ma sœur [3], j'envoye ce porteur exprès pour savoir de vos nouvelles. Monsieur de La Grilonnière m'a dict que vous trouviez mal de vostre reusme, m'a dict que n'avez guères de fruictz à Vitré. Je vous en envoye de ceulx de mon jardrin. Je suys bien marye qu'ilz ne sont milleurs et qui ny en ait plus largement, vous suppliant, madamoyselle ma sœur, avoir le présent

---

1. Charlotte de la Trémoille, qui prit le voile à Fontevrault, le 10 janvier 1535.
2. François de Laval, évêque de Dol.
3. Claude de Foix, femme de Guy XVII de Laval.

pour agréable. Aussi j'ay entendu que monsieur mon frère ce vante que à son retour, j'auré ung petit nepveu. Plust à Dieu qui fust ainsi, d'aussi bon cueur que je le désire. L'espérance que j'en ay me faict vous envoyer des poix en gousse, qui est viande de femme grosse. Je me suys avancée de les vous envoyer de peur que en eussiez envye premier que l'on en peust recoupvrer, qui sera l'endroict où je feré fin, madamoyselle ma sœur, après me estre recommandé humblement à vostre bonne graice et supplye nostre dict Seingneur, madamoyselle ma sœur, vous donnez bonne et longue vie. A Craon... »

« Madamoiselle ma sœur... Je suys bien desplaisante que je n'ay le sixiesme lyvre d'Amadis que demandez, mais je n'en ay que jucques au cinquiesme et ay desjà mandé plussieurs foiz au précepteur de mes enffans à Paris le m'envoyer, mais je pence qu'il crainct le m'envoyer pour la mortallité qui est audict lieu, car je serois bien ayse de vous en faire service et de tout ce que aurez jouas... »

« Mon filz, j'ay receu les lectres que m'avez escriptes et veu comme estes aryvé à Arques, où est le Roy, et messieurs qui à ce que dictes avez eu cest heur d'avoir bon recueil qui ne scauroit estre meilleur que je le souhaytte pour vostre honneur et bien et pour le contentement de ceulx qui vous touschent de plus près. J'ay esté très aise d'avoir entendu des nouvelles de vostre frère, le conte, car despuis qu'il est party je n'en ay entendu aucune chose synon ce que m'en escripvez, vous priant contynuer à m'en mander ce qu'en pourrez scavoir et de voz nouvelles et de ce qui surviendra de nouveau, car plus grant aise et plaisir ne scaurois avoir. J'ay trouvé très-beau le présent que m'avez envoyé du perroquet et de la guenon que je mectray peyne de bien traicter. Il me semble que ne scauriez mieulx faire que de souvent aller en la compaignie de monsieur, mon frère, qui je suys seuré, pour l'amour de moy, vous fera bonne chère. Je trouve bien estrange, que auparavant vostre partement de Thouars vous n'aviez pas autrement donné ordre pour nos affaires... Ces jours passez, monsieur l'archediacre du Bellay m'a envoyé des lectres pour estre payé des mil livres que je luy doibtz que m'avez mandé avoir payée... »

Chartrier de Thouars. Pap.

CHAPITRE III

LOUIS III DE LA TRÉMOILLE

REVENUS ET DÉPENSES

REVENUS ET DÉPENSES

§ I.

REVENUS

Compte de Nicolas Mauger pour l'année 1552.

Thouars	445 liv.
Sully	517 liv. 4 s. 9 den.
Moulinfrou	554 liv. 9 s.
Cozes et Didonne	3065 liv.
L'Isle-Bouchart	néant.
Talmond	380 liv. 2 s. 5 den.
La Trémoille	461 liv.
Taillebourg	6504 liv. 9 s. 9 den.
Berrie	2102 liv.
La fourestz de Talmond	60 liv.
Benon	1552 liv. 5 s. 6 den.
Mauléon	1025 liv. 6 s. 8 den.

Marens . . . . 560 liv.
Saincte-Herminne et Mareuil . . . . . 1100 liv.
La Cheze-le-Vicompte. . . . . 405 liv.
Bournezeau . . . . 250 liv.
Las et Gargolay . . . . 2507 liv. 19 s. 4 den.
Craon . . . . 1039 liv. 9 s.
         Total. . 22529 liv. 8 s. 11 den.

1541. — « *S'ensuyt la déclaracion et estimacion des terres et seigneuries qui sont appartaiger entre monseigneur de La Trémoille et messieurs ses frères et seur, sans y comprandre les douaires.*

Premièrement : TERRES DU POICTOU

« La vicomté de Thouars comprenant ce qui estoit du Pressouer-Bachelier, lors du déces de feu monseigneur, III^x liv.

« La principaulté et fourest de Tallemond, XIIe liv.

« La baronnye de Mauléon avec la charge, VIII^{xx}v liv.

« Aux chanoines de Thouars, V^e liv.

« La baronnye d'Aulonne, VIe liv.

« La baronnye de Brandoys, IIe liv.

« La baronnye de Montagu, II^x liv.

« L'Isle de Noirmoustier, XVIIIe liv.

« Les droictz de La Mothe-Achart, Faleron, Froideffon et La Maurière, VIIIe liv.

« La Trémoille, ii^cL liv.

« Genscay, vi^cL liv.

« Curson, c liv.

« Prahec n'est de la succession parce que c'est acquest de monseigneur.

« Nota que si Prahec estoit de la succession ne vault que iiii^c liv.

« Somme des terres de Poictou non comprins Prahec, xi^xc liv.

« En appartient pour monseigneur pour les deux pars, vii^xiiii^c liv.

« Plus la sixiesme partie en l'autre tierce pour le droict de madame de Mirepoix, vi^cxvi liv. xiii s. iiii d.

« Les deux pars de la sixte partie ou droict du postume, iiii^c xi liv. ii s. ii d. obole.

« Et par ce reste pour les droictz successifz de messieurs Françoys, Charles, Georges, Claude et Jacqueline de La Trémoille, ii^M vi^c lxxii liv. iiii s. iiii. d.

« A chacun desdits puysnez leur appartient ou terres de Poictou, v^c xxxiiii liv. xi s. vi d. ob.

TERRES D'ANJOU

« La baronnye de Douhé avecques la charge des chanoines de Thouars vault v^c liv.

« Les deux pars de Briollay, viii^c liv.

« La Basse-Guierche, iiii^c liv.

« Rochefort et La Possonnière, xvi^c liv.

« Somme desdites terres, ii^M iii^c liv.

« Qui est pour les deux parts de monseigneur, xiii^c xxxiii liv. xiii s. iiii d.

« Et parce pour tous les puysnés qui sont huict, comprins la relligieuse, ix^c lxvi liv. vi s. viii d., dont monseigneur prent le droict de madame de Mirepoix, la relligieuse et postume, qui est pour lesdites troys huictiesmes parties, iii^c lxii liv. vii s. vi d.

« Et parce reste pour les puynéz par usuffruict, vi^c iii liv. xix s. ii d.

« Qui est à chacun desdites puysnez, vi^{xx} liv. xv s. x d.

TOURAINE

« La baronnie de L'Isle-Bouchart, xii^c liv.

LOUDUNOIS.

« La baronnye de Berye, xiiii^c liv.

« Somme, ii^m vi^c liv.

« Qui est pour les deux pars de monseigneur, xvii^c xxxiii liv. xiii s. iiii d.

« Et pour lesdits puysnez, conprins la dame de Mirepoix et postume, viii^c lxvi liv. vi s. viii d.

« Surquoy mondit seigneur prent deux parties de sept qui est pour les deux parties, ii^c xlvii liv. x s. vi d.

« Et par ce reste pour ledits puysnez, vi^c xviii liv. xvi s. ii d.

« Qui sera à chacun desdits puysnez, vi^{xx} iii liv. xv s. iii d.

ORLÉANOIS.

« La baronnye de Suylly et de Moulinfrou, ii^m ii^c l liv.

« Sur le dommaine du Roy à Orléans, v^c l liv.

« Somme desdites terres, ii^m viii^c livres.

« Esquelles mondit seigneur prent de son chief une moittié qui est, xiiii^c livres.

« Plus une septiesme partie en l'aultre moittié pour le droict de madame de Mirepoix pour ce, ıɪᶜ liv.

« En la part du postume pareille portion que les aultres puysnez sans y comprandre madame Jacqueline qui ne succedde, et pour ce pour mondit seigneur, xʟ liv.

« Reste pour les puynez en tout, xɪᶜ ʟx liv.

« Qui est à chacun des masles, ɪɪᶜ xʟ liv.

« Et à madame Jacqueline, ɪɪᶜ liv.

LE GOUVERNEMENT DE LA ROCHELLE.

« L'isle de Ré, xvɪᶜ liv.

« La baronnye de Marans, xɪɪɪɪ liv.

« Benon n'est de la succession parce qu'il appartient à l'ayné par substitucion.

« Somme desdites terres, ɪɪɪˣ liv.

« Qui est pour le quinct de monseigneur, vɪᶜ liv.

« Et le parsus qui se devise en sept parties, dont monseigneur en prent deux, l'une de son chief et l'autre à cause de madame de Mirepoix, qui seront la somme de vɪᶜ ɪɪɪɪˣˣ v liv. xɪɪ s.

« En la portion du postume monseigneur y prent le cincquain et au demourant sa portion qui est une sixte partie, monte, cxɪɪɪɪ liv. v s. ɪɪɪɪ d.

« Par ce reste ausdits cincq puysnez, xvɪᶜ liv. ɪɪ s. vɪɪɪ

« Qui est à chacun desdits puysnez, ɪɪɪᶜ xx liv. vɪ d.

Bretaigne, ɪɪɪᶜ liv.

« Pour les deux parties de monseigneur, ɪɪᶜ liv.

« En l'autre tierce partie y prent troys huictiesmes parties qui sont, xxxvii liv. x s.

« Reste aux puysnez, lxii liv. x s.

« Qui est à chacun, x liv. viii s.

« A chacun desdits puysnez, xiii^c xxxiii liv. xiii s. viii d.

Partaige à faire. — Terres estans en douaire

« Madame Loyse de Valentinoys, vefve de feu monseigneur Loys de La Trémoille, tient les baronnyes Neufvy-Palioux, Sainctoir, Sainct-Légier et Condé estans en pais de Berry, et vallent par chacun an de iii à iiii^m livres de revenu, aussi tient ladite dame la seigneurie de Chasteauneuf en Anjou sur la rivière de Sarte, avec Sainct-Germain près ledit lieu de Chasteauneuf, et vallent lesdites terres d'Anjou ix^c livres de rente.

« Madame Anne de Laval, mère de monseigneur, vefve de feu monseigneur François de La Trémoille, tient par douaire la baronnie de Craon en Enjou, vallant de iii à iiii^m livres de rente.

« Aussi tient les baronnies et seigneuries de Mareil et La Vieille-Tour et Saincte-Hermine en Poictou, vallans par an, ii^m iii^c liv. de rente.

Chartrier de Thouars. Pièce papier.

1577. — « S'ensuivent les duché, principauté, comtés, baronnies, terres et seigneuries dont feu monseigneur, père de madame la princesse et de monseigneur, duc de La Trémoille et de Thouars, jouissoit lors de son décès.

Premièrement, en Poictou

« Thouars	duché.
« Talmond.	principauté.
« Mauléon..	baronie.
« Montaigu.	baronie.
« La Chèze-le-Vicomte et Curzon . . .	baronie.
« Mareuil et La Vieille-Tour	baronies.
« Sainct-Hermine.	baronie.
« La Trémoille.	baronie.

Ou païs et gouvernement de La Rochelle :

« Le comté de Benon.

Ou païs et province de Xantonge :

« Le comté de Taillebourg.
« La dixiesme partie de la chastelanie du Cluzeau dont les dix font le tout, ladicte dixiesme partie en droict de supériorité sur les neuf autres dixiesmes parties.

« Mornac.	baronie.
« Didone dont despend Meschers . .	baronie.

En Anjou.

« Craon. . . . . baronie.
« Les prétensions pour le réméré de Roche-
fort et La Possonnière. . . . . baronies.
« Doué . . . . baronie.

En Lodunois.

« Berrye. . . . . baronie.

En Sullyas régi soubz la coustume d'Orléans.

« Sully . . . . baronie.
« Sainct-Gondon . . . . chastelanie.

Ou païs Blaisois.

« Seully . . . . chastelanie.

Ou païs et province de Berry :

« Bomiers . . . . baronie.

En la province de Touraine :

« L'Isle-Bouchard. . . . . baronie.

Thouars.

« Thouars, anciennement vicomté aujourd'huy érigé en duché, est à la vérité tant pour le regard de la chastelanie que du bailliage le plus beau et de plus grande estendue qui soit ou comté de Poictou pour la jurisdiction, mais en revenu certain et ordinaire est autant petit que sa réputation est grande au contraire.

« Il consiste principalement en revenu de domaine ordinaire et domanial dont les deniers certains chacun an montent trante-troys escuz dix-neuf solz, xxxiii escuz xix s.

« En moullins vulgairement appellez les moulins au Vicomte qui peuvent valloir chacun an huict cens escus combien que à présent à cause de la cherté des bleds ils sont affermez douze cens escuz, viii^c escuz.

« En four bannal qui peult valloir chacun an deux cens cinquante escuz et à présent à cause de la cherté du pain est affermé quatre cens trante trois escuz ung tiers, ii^c l escuz.

« En un droict appellé la prévosté qui peult valloir par communes [années] la somme de cent escuz, c escuz.

« Un droict appelé ban à vin qui peut valloir par communes années soixante escuz, lx escuz.

« Il y a trois bailliages : Coulongeois, Oyronois et Ayrvalois qui sont les principaux et encores les bailliages du Bouschage, Grande et Petite-Marche, qui s'afferment tous les ans le jour et feste Sainct-Jehan-Baptiste et peuvent valloir par communes années cent soixante escuz, clx escuz.

« Et en ce ne sont compris douze marcs d'argent deuz outre les fermes muables des bailliages, lesquelz marcs certains sont à unze livres chacun marc et reviennent les douze à quarente quatre escuz un tiers, xliii escuz i tiers.

« Il y a encores un autre droict appellé la petite prévosté qui peult valloir sept escuz, cy, vii escuz.

« Le droict du seau aux contracts et autres petites fermes particulières qui peuvent valloir deux escuz y compris le seau de Sainct-Gilles-sur-Vye, II escuz.

« La ferme des amandes peut valloir par communes années vingt escuz, cy, xx escuz.

« Le greffe de Thouars qui peut valloir... a esté vendu et alliéné par feu monseigneur à feu... Gaillard, et pour lé ravoir y a procès intanté mais il fauldra tousjours rembourcer cinq ou six mil livres à ses héritiers qui soustiennent que le greffe leur est acquis et qu'il n'y a lieu de remérer.

« Il y avoit anciennement un batteau à passer de la ville au bourg Saint-Jacques qui s'affermoit quarente ou cinquante escus, mais l'exercice et usage en cesse depuis longtemps.

« Le droict des fromentages est controversé et y a procès aux requestes.

« Les estangs sont affermez la somme de cent escus par an, cy, c escus.

« Le peschage de la rivière la somme de quinze escus, xv escus.

« Rentes ordinayres de froment et seille quatre septiers, IIII s.

« Baillage quatre boiesseau, IIII bz.

« Rentes ordinaires d'avoyne, trante un septiers qui peuvent valloir trante trois escuz un tiers, xxxIII escus I tiers.

FOINGS

« Les pretz peuvent par communes années amener cent bonnes chartées de foing dont la chartée peult valloir sur le lieu un escu qui feroit cent escuz, cy, c escus.

« Le Parc Challon ou il se peult recueillir vingt milliers de fagotz par an qui peuvent valloir cent escuz, c escus.

« La Beaune, vigne, couste plus à fayre qu'elle ne vault de revenu.

CHARGES ORDINAIRES SUR LE DUCHÉ DE THOUARS

« Les gages des séneschal, lieutenant, advocat et procureur de Thouars qui sont ordinaires, ensemble les gaiges du recepveur du messager de Thouars à Poictiers montent quatre vingtz quatre escuz deux tiers, iiii^{xx} iiii escuz ii tierz.

« Les gages du portier ordinaires.

« Du concierge ordinaires.

« Il y a encores plusieurs charges qui ne sont icy spécifiées.

LEGS ET AUMONES

« A l'abbaye de La Sie en Gastine, soixante septiers froment, cy, LX s. froment.

« Au prieuré de La Fougereuse, treize septiers mesure d'Ayrveau, dont il y en a trois septiers mesure de Thouars et trois septiers seigle qui sont en tout seize septiers, cy, XVI s.

« Et à l'abbaye de Fontevrault trente deux septiers froment, cy, XXXII s.

« A l'abbaye de Sainct-Jehan de Bonneval dix septiers et en deniers la somme de vingt sols, x sept., xx sols.

« Aux chanoines de Sainct-Pierre du Chastelet de Thouars trente neuf septiers, XXXIX sept.

« A l'abbaye de Chambon quatre vingtz huict septiers mine froment chacun an, iiii^{xx} viii sept. vi bz froment.

« Aux chanoines Sainct-Hillaire-le-Grand, de Poictiers, cinq septiers froment et cinq septiers seigle par an sur les moulins au vicomte de Thouars, cy, x sept.

« Aux religieux de l'abbaye de La Selle à Poictiers cent solz par an, cy, c sols.

« Au sieur d'Apelvoisin une rente qui a autresfois esté baillée par luy transportée à Hélène d'Apelvoisin cent livres, xxxiii escus i tz.

« Au sieur de La Musse, quinze livres tz, xv liv.

« Au sieur de Chandelivault trente cinq livres, xi escuz ii tz.

« Au chappellain de la chappelle Nostre-Dame desservye à Sainct-Médard, cent solz, i escu ii tz.

« Au chappellain du Bas-Nueil, vingt-sept livres, ix escus.

« Au curé Nostre-Dame du Chasteau, dix livres, iiii escus i tz.

« Aux religieux Sainct-Laon, quinze livres, v escus.

« Madame a achepté la rente qui estoit deue à Sainct-Laon, en bled.

« Aux religieux de Chambon, vingt-deux livres, vii escus i tiers.

« A la prieure de La Fougereuse, cent solz, i escu ii tiers.

« Aux chanoynes du Chastellet de Thouars, cinquante-neuf sols, cy, lix sols.

« Au curé de Sainct-Pierre dudict chastellet vingt-sept solz, xxvii sols.

TALMOND.

« Talmond est une principauté de laquelle porte le nom le premier filz de la maison de La Trémoille, mais elle n'est de grand revenu, car toutes charges desduictes, tous les fruictz, profictz, revenus et esmolumens qui ne furent oncques affermez si hault qu'à présent ne sont qu'à la somme de douze cens livres du temps de feu monseigneur, après madame l'afferma deux mil cens livres et de présent est à deux mil livres, compris le casuel, vi^c lxvi escus ii tiers.

MAULÉON.

« Mauléon est une baronnie belle et de réputation et en ordre la première de Poïctou, dont le revenu consiste principalement en bois taillis et rente de bled seigle et n'est affermée, toutes charges desduictes, que la somme de mil livres, III^c XXXIII escus I tiers.

MONTAIGU.

« Montaigu est aussy une belle baronnie mais il y a plusieurs parageurs et partprenans tellement qu'il n'en appartient à la maison de La Trémoille que de vingt-trois portions dix et la sixiesme partie en une et s'afferment lesdictes portions à présent la somme de quinze cens livres, V^c escus.

LA CHEZE-LE-VICOMTE.

« La Cheze-le-Vicomte est une baronnie et consiste en des beaux droitz, mais, toutes charges desduictes, n'est affermée qu'à la somme de deux mil livres, VI^c LXVI escuz II tiers.

« Et Curzon acquis par deffunct monseigneur est affermé la somme de trante escuz, cy, XXX escuz.

MAREUIL ET LA VIEILLE-TOUR.

« Mareuil et La Vieille-Tour sont baronies qui n'appartiennent entièrement à la maison de La Trémoille, qui plus est les droictz qui appartenoient à ladicte maison ont esté cy-devant venduz par feue madame mère de madame la princesse et de monseigneur, duc de

Thouars, pour certaines occasions, à Loys Suryette, escuier, sieur de Laubray, pour la somme de quarante et deux mil livres tournois, lesquelz droictz s'affermoient auparavant toutes charges desduictes la somme de unze cens livres, III^cLXVI escus II tiers.

SAINCT-HERMINE.

« Sainct-Hermine est baronie belle et en bonnes cituation ou pays de Luçonnois, qui est de bon revenu quand l'on en rechercheroit bien les droictz, et néantmoings toutes charges desduictes n'est à présent affermé que la somme de deux mil cinq cens livres, VIII^c XXXIII escuz I tiers.

LA TRÉMOILLE

« La Trémoille, baronie scituée en Hault-Poictou, près Montmorillon, est des plus petites terres qui soient en la maison de La Trémoille, toutesfois les seigneurs l'ont toujours affectée par ce qu'elle est de leur nom et n'est affermée par an que la somme de cent escuz, cy, C escus.

BENON

« Benon est comté ou païs et gouvernement de La Rochelle, le revenu consiste principalement en bois taillis et en certains cens, rentes et debvoirs, les rachapts y sont tous abonniz et à petit pris, ceste terre ne s'afferme que la somme de [..........] et autresfois a esté donnée à la maison de la Trémoille à la charge qu'elle ne tomberoit en partage, ains demeureroit entièrement au filz aisné de la maison et après au filz aisné du filz aisné et à faulte d'enfant masle viendroit à la fille aisnée.

TAILLEBOURG

« Taillebourg, comté en Xantonge, est une belle terre qui consiste en des beaux droictz, mais au moyen des guerres qui ont eu cours au pais, beaucoup de choses se sont altérées et y ont esté faictes plusieurs usurpations, le revenu, toutes choses desduictes, ne peult valloir que la somme de douze cens escuz, xii^c escus.

CLUZEAU

« Le Cluzeau est une belle chastellanie deppendante du comté de Taillebourg dont les neuf dixiesmes parties estoient autresfois de la maison du Bellay et furent vendues [......................] Chaumont, duquel a esté héritier son filz unicque Joachim de Chaumont, sieur de Ribémont; la dixiesme partie avec le droict de supériorité et prééminence est de la maison de La Trémoille, à cause de Taillebourg et peult valloir ladicte dixiesme partie la somme de [.....]

MORNAC

« Mornac est aussy une baronnie audict païs de Xantonge, en laquelle y avoit des parageurs et partprenans, consiste en des beaux droictz qui peuvent valloir deux cens cinquante livres, cy, iiii^{xx} iii escus i tiers.

DIDONE

« Didone dont despend Mescher et autres belles appartenances proches est aussy baronie audict païs de Xantonge et consiste en plusieurs beaux droictz seigneuriaux, lesquelz, toutes charges desduictes, s'afferment la somme de mil escuz, mil escus.

CRAON

« Craon est la première baronie de la province et duché d'Anjou. Elle consiste en beaux cens, rentes et revenuz, en bois taillis et de haulte fustaye, en neuf mestairies, moulins et autres domaines, et n'estoit que le chasteau et place-forte est occuppé par ceulx de la Ligue, les fruictz, revenuz et esmolumens se pouroient affermer la somme de huict mil livres et toutesfois ne se trouve bail plus hault que de sept mil deux cens livres, comme fut en l'année mil V^c quatre vingtz quatre, $\text{п}^{\text{м}}$ пі^c escus.

ROCHEFORT ET LA POSSONNIÈRE

« Rochefort est baronie en Anjou et La Possonnière est un chasteau où il y a plusieurs belles appartenances en domaine sur la rivière de Loire, au-dessoubz les Ponts-de-Cœ. Lesquelles terres furent données en engagement à monsieur de Mirepois quand il espousa dame Loise de La Trémoille, rachetables lesdictes terres pour la somme de cinquante mil francs, et sur procès meu pour le rachapt d'icelles par arrest de la court de parlement de Paris, en mil v^e soixante seize, fust dict que lesdictes terres seroient rachetables toutesfois et quantes en payant la somme de cinquante mil livres, et est chose que l'on doibt bien exécuter parce que le seigneur de Mirepois les afferme trois mil cinq cens livres, cy, xiie escus.

DOUÉ

« Doué est aussy baronnie en Anjou, belle et de grande estendue, où il y a des beaux droictz, et vauldroit mieux en recepte qu'en fermé s'il y avoit un bon recepveur, elle est affermée à présent la somme de unze cens livres, cy, III^c LXVI escus, II tiers.

BERRYE

« Berrye, baronnie ou païs de Lodunois, a presque tousjours esté en recepte depuis quarente ou cinquante ans et peult valloir de revenu sans le casuel neuf cens escus, IX^c escus.

« Mongriffon est une petite seigneurye acquise par defuncte madame et peult valloir par an cent cinquante escus, CL escus.

SULLY

« Sully en Sulyas, régi soubz la coustume d'Orléans, est une belle baronie où il y a chastel et ville sur la rivière de Loire, dont despendent deux belles chastellanies, Sainct-Gondon et Senely, laquelle chastelanie de Senely est tenue par foy et hommage du Roy à cause de Bloys. Sully et lesdictes chastelanies consistent en des beaux droictz qui se lèvent il y a plus de trente ans par recepte et peuvent valloir chacun an les péage et passage restably, en temps paisible, non compris les bois taillis, mil escuz, cy, mil escus.

« Plus la forest dudict Sully qui vault par chacun an huict cens livres de revenu, pour ce, II^c LXVI escus II tiers.

« En ce non compris deux mil arpens d'autres bois tailliz distans de cinq lieues de Suilly dont le revenu est incertain.

BOMIERS

« Bomiers est une baronie en Berry près d'Issouldun et consiste en beaux et grands revenuz où il y a des bois de fustaye et taillis en grand nombre et de grande estendue, dont le revenu est affermé, non compris les bois de fustaye fors la paisson, la somme de deux mil livres, cy, viᶜ lxvi escus ii tiers.

L'ISLE-BOUCHARD

« L'Isle-Bouchard est une baronnie en païs de Touraine, sur la rivière de Vienne, à deux lieues de Chinon, qui consiste en des beaux droicts et où il y a des beaux bois et forestz, mais grandement chargée des legs et aumosnes, tellement que, toutes charges desduictes, n'a esté affermée et ne peult valloir que la somme de mil escuz et quant à présent, si elle estoit affermée, parce que les fruictz sont chers, mil escus.

LAVAL

« Pour satisfaire à ce qui reste estre païé du mariage avec feu monseigneur François en l'an mil cinq cens vingt un, par arrest de la court, est deu mil dix-huict livres, trois solz, six deniers de rente, chascun an le vingt troisiesme febvrier, et jusques à ce que le seigneur de La Val ayt baillé terre en assiette de la valleur de ladicte rente, laquelle valleur et estimation doibt estre [...] au temps du contract, comme il est porté par ledict arrest, qui depuis par autre a esté confirmé en l'an mil Vᶜ soixante dix-huict; les arrérages de ladicte rente ont esté payez et ceux qui restent jusqu'au vingt-troisiesme febvrier prochain qu'on dira mil cinq cens quatre vingtz dix huict ont esté baillez tant par feue madame que monseigneur par assignations de pareilles sommes de deniers deuz à tierces personnes, dont chascun a son assignation pour demeurer quitte et monseigneur de pareilles sommes que portent les assignations ; aussi par arrest avoit esté adjugé un tiers et un quart de la succession de messire Guy de La Val, qui est un douzciesme en total, laquelle portion monseigneur a depuis vendue à madame de La Val, qui est à présent, pour la somme de quinze mil cinq cens escus.

« Desquelles terres cy-dessus monseigneur de La Trémoille comme aisné est fondé de prendre en chascune coustume un précipu avec les deux tiers :

« En Poictou, de la terre de Thouars ;

« En Anjou, de la terre de Craon ;

« En Orléans, de la terre de Suilly ;

« En Thourayne, de l'Isle-Bouchard ;

« En Berry, de Bommiers ;

« Et en Lodunoys, de Berrye.

« Et du costé maternel, prend précipu et les deux tiers en la terre de Mongriffon.

« En Sanctonge, mondict seigneur comme aisné est fondé de prendre par précipu le chastel et le quint du revenu et le parsus se doibt partager égallement entre madame la princesse et luy.

« Les terres de Sanctonge sont :

« Taillebourg,

« Didonne et Meschers,

« Mornac.

« Toutes les autres terres se partagent par les deux partz et le tiers ; savoir : Talmont, Montaigu, Saincte-Hermine, Mareuil et La Vieille-Tour, La Cheze-le-Vicomte, Curzon, Mauléon, La Trémouille, Doué, Rochefort, La Possonnière, les mil dix-huict livres, trois solz et six deniers, par madame de La Val.

Chappitre des debtes passives antiennes et du temps du feu monseigneur.

« Est deu à monsieur de Mirpois, cinquante mil livres.

« A madame de La Bourdaissière, huict mil escus et les arrérages de la vente de ladicte somme de sept ou huict années, assignés sur Bommiers.

« A la fabrice du Puy-Nostre-Dame, quatre cens livres de rente assignées sur Doué.

« Plus, madame la comtesse de Sanserre a certaines prétentions et réserves de meubles et autres droictz tant sur les partages que par transactions faictes à Poictiers en l'an mil cinq cens quatre vingtz deux.

« Plus est deu à Bousset douze cens escuz.

Autres debtes passives de feue Madame

« A madame la marquise de Boisi, deux mil escuz.

« A monsieur Forget, président, quatre mil escuz.

« A Martin Chauvet, pour le reste de l'acquest de Mongriffon, seize cens tant d'escuz.

« A madame de Brisambourg, quatorze cens tant d'escuz.

« Pour le procez du Cluzeau tant en restitutions de fruictz que despens la somme de [....].

« Plus monsieur Radet dict qu'il luy est deu quartorze cens escuz trente sept solz un denier, par obligation passée soubz la court du chastellet de Paris par Bontemps et Chantemerle, notaires, le tranteiesme octobre quatre vingtz deux, sans comprendre les assignations que monseigneur et madame luy ont données pour quatre années de la rente de La Val et pour le paiement de laquelle somme madame l'a tousjours prié de patienter.

« Plus, pour l'exécution de son testament, deux mil escuz.

RAPORTZ DEUZ PAR MADAME LA PRINCESSE

« Doibt raporter le pris de la vendiction de la dixiesme partye de la terre du Cluzeau.

« Item, le pris de Mareuil et de La Vieille-Tour.

« Item, madicte dame la princesse a jouy dès l'année mil cinq cens quatre vingtz-six des terres de Montaigu, Taillebourg, Didonne et Mescher, Mornac, Mareuil et La Vieille-Tour, jusques à la vendition, Saincte-Hermine et La Cheze, qui se trouvent valloir de revenu annuel selon les fermes et suputations cy dessus la somme quatre mil VII^c escus ; qui reviennent pour toutes lesdictes années depuis IIII^{xx} VI jusque en quatre vingtz seze.

« Mondict seigneur de La Trémoille a pareillement jouy de : Thouars, Talmont, Mauléon, Doué, Bommiers, Craon, La Trémoille depuis l'année quatre vingtz neuf et dudict Craon depuis trois ans, le revenu desquelles terres se monte par chascun an la somme de [...]

« Et partant doibt madame la princesse de raport pour avoir plus jouy que mondict seigneur la somme de [...]

CHAPPITRE DE RAPORTZ DEUZ PAR MONDICT SEIGNEUR DE LA TRÉMOILLE

« Doibt raporter le tiers de quinze mil cinq cens escuz par luy receuz de madame de La Val, sauf et réservé le droict que prétend en ladicte somme madame la comtesse de Sanserre et autres cohéritiers.

Chartrier de Thouars. Pièce papier.

§ II.

MISES ET DESPENCES

« Premièrement, pour l'ordonnance de la despence de la maison de Monseigneur suyvant son estat, ont esté fournyes à M⁰ Estienne Lucazeau, 17768 livres, 10 sols.

« A Guy Dutillet, escuyer, pour ses gages, la somme de 32 liv., 4 sols.

« Le 13ᵉ apvril a payé pour le gardien des cordeliers qui a presché le caresme, 27 liv., 12 sols.

« Pour la pension de deux années de madame Charlotte, religieuse à Fontevrault, la somme de 240 liv.

« A Adrien de Fonbernyer, escuyer, seigneur de La Guyonnière, quinze escuz sol, qu'il a pleu à mondit seigneur luy donner pour le recouvrement des lectres touchant le sel pour en estre payé en espèce de sel par le mandement de mondict seigneur et acquict dudict de Fonbernyer, vallans lesd. quinze escuz la somme de trente quatre livres dix sols, pour ce cy, 34 livres 10 sols.

« A Guillaume de Caydeu, escuyer, seigneur de Couhé, la somme de quarante six livres qu'il a pleu à mondit seigneur luy ordonner pour certain voiage faict à Poictiers.... pour ce cy, par acquit dudict de Caydeu, 46 liv.

« Pour l'estat de madame de ladicte année, scelon l'ordonnance et estat de monseigneur, la somme de 301 livres.

« Pour la pension de monsieur Françoys à madame de La Fougereuse, 150 livres.

« A madame de Montpencier, la somme de deux mil livres tournoys sur son deu des fruictz de Briollay, montans en tout, par la liquidation faicte par arrest de la Court, la somme de troys mil quinze livres, a ledict Mauger payé lad. somme de deux mil livres, comme appert par le mandement de mond. seigneur et aquict de ladicte somme de ladicte dame, d'elle signé et de son secrétaire, pour ce cy, 2000 liv.

AULTRES MISES A THOUARS

« A madame, par mandement de mondict seigneur et acquit de madicte dame, pour son voiage à aller à la court, du dix^{me} jour de janvier l'an mil cinq cens cinquante et troys, la somme de 460 liv.

« Aux relligieulx Jacobins de Thouars la somme de vingt livres, comme appert par certifffication de monsieur de Ruye et quictance de frère François Rogier, pour ce cy, 20 liv.

« Faict mise de la somme de dix huict livres, huict sols, baillée au gardyen des Cordeliers pour avoir presché l'avent davant mond. seigneur, 18 liv. 8 sols.

« Baillé à Cointrard, médecin, pour quatre jours qu'il a esté en cette ville pour le gouvernement de mond. seigneur, six escuz pistolletz.

« Aux Cordeliers de Dynan par aulmosne, la somme de 46 solz.

« A l'admiral pour le payement des doublages deuz au roy nostre sire en ce vicomté par le décès de feu monseigneur, la somme de 36 liv. 7 s. 10 den.

« A frère René de Pouille pour avoir presché le caresme, dix escuz.

« A Pierre Pidoux, marchant demourant à Poictiers, pour partyes qu'il a fournyes pour l'obsecque de feue madame, mère de monseigneur, par mandement de monseigneur et quictance dudict Pidoux, du mois de décembre dernier, cy, 227 liv. 12 sols, 11 den.

« A Pierre Bourdeau, orphievre, la somme de 58 l. 11 s.

« A Pierre Ducarroy, brodeur, 46 liv.

« MISES POUR LES GAIGES DES GENTILSHOMMES, GENS DE CONSEIL, OFFICIERS ET SERVITEURS DE MONSEIGNEUR EN L'ANNÉE DE CE PRÉSENT COMPTE.

« A monsieur de La Guyonnière, maistre d'hostel de monseigneur, 120 liv.

« A monsieur du Bouzet, 120 liv.

« A monsieur des Guéz, 120 liv.

« A monsieur de La Martinière, 69 liv.

« A monsieur du Fouillou, maistre d'hostel de madame de Taillebourg, 80 liv.

« A monsieur de La Trappière, 69 liv.

« A monsieur de La Bassetière, 69 liv.

« A monsieur de Ruys, maistre d'hostel, 120 liv.

GENS DE CONSEIL

« Au séneschal de Thouars, conseiller, 55 liv.

« A maistre Nicolas Mauger, conseiller et recepveur général, 100 liv.

« A maistre Jacques Gauvain, aussi conseiller, la somme de 55 liv.

« A maistre Martin Deslandes, aussi conseiller, la somme de 55 liv.

OFFICIERS ET AULTRES SERVITEURS

« A maistre Marc Falaiseau, secrétaire de monseigneur, 23 liv.
« A Grégoire Georgeau, 23 liv.
« A Francoys Douzil, vallet de chambre, 23 liv.
« A maistre Estienne Lucazeau, 27 liv. 12 s.
« A Jacques Renart, tailleur de monseigneur, tant pour ses gaiges que faczons d'abillemens, 34 liv. 10 s.
« A Mathurin, tailleur de Madame, 34 liv. 10 s.
« A Rogier Plessis, escuyer de cuisine, 40 liv.
« A Jehan Yzorum, sommelier, 46 liv.
« A Estienne, sommelier de madame de Taillebourg, la somme de 15 liv.
« A Croisette, sommelier de monseigneur, 25 liv.
« Au Bourguignon de la cuisine de madame de Taillebourg, 10 liv.
« A Pierre Bernard, vanneur, 16 liv.
« A André, aussi vanneur, 14 liv.
« A Pierre Ducarroy, brodeur, 69 liv.
« A Bonnaventure, mulletier de litière, 24 liv.
« A Laurent, mulletier des coffres, 27 liv.
« A Pierre Pelé, palefrenier des grands chevaulx, 12 liv.
« A Jehan, palefrenier des hacquenées, 12 liv.
« A Jehan Decosse, palefrenier des courtaulx, 12 liv.
« Au Gascon, ayde au palefrenier des grands chevaulx, 12 liv.
« A Jehan Fourest, pannetier, 27 liv.
« A Estienne le grangier, 15 liv.
« A Jehan Drocgues, dict le Piccard, 15 liv.

« A Pierre Féau, portier, 27 liv.

« A Vincent, valet de chambre de madame de Taillebourg, 15 liv.

« A Mourault, porte-boys, 10 liv.

« A Francoys le jardrinier, 6 liv.

« Au buandier, tant pour ses gaiges que fournir de savon, 40 liv.

« A Feuillet, vallet de garde robbe, 8 liv.

« A La Guiture, organiste, 46 liv.

« A Collette Debille, femme de chambre de madicte dame, 18 liv.

« A Laurens Benard, charretier de monseigneur, 29 liv. 18 s.

« A Claudien, ayde de cuisine, 8 liv.

« A Michel Vacher, cornet, 6 liv. 15 s.

« Au vallet de Laurens le mulletier, 15 liv.

Mises pour les gaiges des gentilshommes, damoiselles et serviteurs de feue madame.

« A Monsieur de Sainct-Martin, maistre d'hostel, 150 liv.

« A Monsieur de Chasteauneuf, 60 liv.

« A Madamoiselle de Lymous, 60 liv.

« A Roncée, 12 liv.

« A Camaret, 12 liv.

« A Corberande, 12 liv.

« A Gervaise, femme de chambre, 50 liv.

« A Jehanne, femme de chambre des filles, 10 liv.

« A Jacquine, 4 liv.

« A Anne, 12 liv.

« A Me Mathurin Trotereau, secrétaire, 30 liv.

« A Gratien Lory, varlet de chambre, 20 liv.

« A Mathurin le sommelier, 20 liv.
« A Coullombeau, aussi sommelier, 20 liv.
« A Frémy, cuisinier, 25 liv.
« A Bretin, tailleur, 22 liv. 10 s.
« Au garçon de cuisine, 10 liv.
« A Bicestre, palfrenier, 15 liv.
« A Mathurin, le chartier, 15 liv.
« A Jean Delachambre, 10 liv.
« Au portier, 15 liv.
« Aux garcons d'escurye, 100 sols.
« Au jardrinier, 20 liv.
« A maistre André Girard, soliciteur de mad. dame à Paris, 40 liv.
« A Jehan Le Roy, 7 liv. 10 s.
« A Jehan Le Roux, faulconnier, 10 liv.

1542 (v. s.), 16 février. — « *S'ensuye ce que Pierre l'arbalestyer a faict pour monseigneur.*

« Et premièrement

« Pour avoir faict une verge et une drouille pour sa grand hacquebutte vallant, IIII sols.

« Item, pour ung billetoucquet et ung ressort pour le rouet de ladicte hacquebutte, VII sols.

« Item, pour une rouhe à sa haquebute dorée et avoir habillé la desseire, le tout vallant, VIII sols.

« Item, pour troys raclouers, qui vallent troys solz, ix sols.

« Item, pour avoir faict deux moulles à gros plon et dragée pour les deux hacquebutes, qui vallent, xxx sols.

« Item, pour le fuz de la haquebutte, pour ce, xv sols.

« Item, pour l'abre avecques le grant ressort et la couverture et la verge et le cul de derrière et les deux anoz et nestoyé le rouet et le canon, pour ce, xl sols.

« Somme toute, vii liv. tournoiz.

« Je Guérin de Prelles, sieur des Bons Fiés, maistre d'hostel ordinaire de monseigneur, certiffie les parties de l'aultre part contenues, montans la somme de sept livres tournois, avoir esté faictes par Pierre Balade, arbalestier, demourant à Thouars, et icelle somme payée par mon ordonnance par Jehan de Laville, argentier de mondict seigneur, auquel pour faire descharge luy ay signé ces présentes de ma main, le XVIᵉ jour de febvrier, l'an mil cinq cens quarante et deux.

« G. DE PRELLES. »

Chartrier de Thouars. Original papier.

1542 (v. s.), février. — « *Parties extraordinaires payées par ordonnance et commandement de monseigneur par Jehan de Laville au moys de febvrier V*ᵉ *XLII.*

« Item, à Françoys Martin, pintier, demourant à L'Isle-Bouchart, pour lxxv liv. d'estaing en ii douzaines et demie de platz et escuelles qu'il a baillé pour le service de madame de Taillebourg, à iiii sols la livre la somme de quinze livres tournois, pour ce, xv liv.

« Item, à Michel de Curharnoys, marchant fréquentant le pays de Puimond, la somme de six escuz solleil, sur l'argent que monsieur le comte emprunta à Thurin dont monsieur de Langé avoit respondu audict marchant, pour ce, xiii liv. x s.

Ch. de Thouars. Pièce papier.

1543, mars-avril. — « *Extrait d'un compte de Jean de La Ville.*

« Pour la mise et despence faicte par monsieur le comte allant en poste de Fontainebleau à Craon devers madame pour l'advertir du voyage qu'il avoit entreprins en Turquye que pour le retour audict Fontainebleau et à Paris, où il est venu trouver monseigneur, la somme de six vingtz six livres, dix huict solz, six deniers, comme appert par la mise faicte par le jeune La Noue, pour ce, vi^{xx} vi liv. xviii s. vi d.

Chartrier de Thouars. Original papier.

1543, août-septembre. — « *Parties de mises extraordinaires faictes et payées par ordonnance et commandement de monseigneur par Jehan Delaville, son argentier, ès moys d'aoust et septembre Ve XLIII. (Extraits).*

« Premyèrement, payé à Claude Morot, maistre tapissier et tantier de Paris, pour son service d'un moys et demi à tende les tantes au camp de Marolles, qui est despuys le xxiiiie jour de juing v^c xliii jusques au ve jour d'aoust ensuivant, à la raison de vii escuz solleil par moys, pour ce, xxiii liv. xii s. vi d.

« Item, payé pour ung collet de mauroquin bandé de toile d'argent et garny de petite frange d'argent xii escuz solleil, pour ce, xxvii liv.

« Item, baillé aux trompettes de messieurs le Daulphin et d'Orléans qui sont venuz sonner des trompettes davant monseigneur au camp de Catillon, iiii escuz solleil, pour ce, ix liv.

« Item, payé à Paris pour une montre d'oreloge pour monseigneur, iiii escuz solleil, pour ce, ix liv. i s.

« Item, payé à Merveilles, armeurier demourant à Tours, pour le parfaict payement d'une auyme qu'il a faicte pour mondict seigneur, pour une aulne de satin pour la garnir et pour la voicture d'icelle dudict lieu de Tours à Paris, xii escuz solleil, pour ce, xxvii liv.

« Item, pour despence et mise faicte par le sieur de Potin despuys le Ve jour d'aoust V^c XLIII jusques au XIe de septembre ensuivant, allant de Paris à la court, y séjournant et retornant tant en poste que aultrement, pour advertir monseigneur des nouvelles du camp et aultres, la somme de sept vingtz livres dix solz, pour ce, vii^{xx} liv. x s.

Chartrier de Thouars. Cahier papier.

1543 (v. s.), février-mars. — « *Parties de mises extraordinaires faictes par commandement de monseigneur ès moys de febvrier et mars V^c XLIII par Jehan de Laville (Extraits).*

« Premyèrement, a baillé ledict de Laville, le Xe jour dudict moys de febvrier, au sieur de La Noue, pour aller par commandement de mondict seigneur en poste de Thouars à Fontainebleau, le Roy y estant, et retorner aussi en poste pour advertir mondict seigneur du temps du baptisement de monsieur le duc, filz aisné de monseigneur le daulphin, et du tournay, la somme de trente troys escuz solleil, pour ce, LXXIIII liv. v s.

« Plus, a baillé à mondict seigneur en plusieurs lieux et diverses foys despuys Thouars jusques à Paris pour son jeu, tant de paulme que du flux, et pour une poste qu'il a courue d'Orléans à Arthenay, la somme quatre vingtz livres, neuf solz, six deniers tz, pour ce, IIII^{xx} liv. IX s. VI d.

« Item, payé le XXVe jour dudict moys de febvrier à ung marchant suyvant la court, nommé Pierre Tillet, la somme de dix livres, dix solz tournois, pour une saincture de veloux noir, ung chappeau couvert de taffetas et trois plumes blanches que mondict seigneur avoit prins de luy dès l'an mil V^c XL au lieu de Vateville, pour ce, x liv. x s.

« Item, payé le XXVIe jour dudict moys de febvrier au lancier du Roy, pour neuf lances que mondict seigneur a rompues, la somme de neuf livres tournois, pour ce, IX liv.

« Item, baillé à monseigneur le dernier jour dudict moys de febvrier la somme de quatre escuz solleil pour jouer au flux avec les sieurs de La Noue et des Granges et Robinet au lieu d'Angerville, pour ce, ix liv. »

<small>Chartrier de Thouars. Original papier.</small>

1544, 16 octobre. — « *Parties de mises payées par ordonnance et commandement de monseigneur par Jehan de Laville, son argentier, au moys d'octobre, l'an mil cinq cens quarante quatre.* (*Extrait*).

« Premyèrement : Baillé par commandement de mondict seigneur à Robert Potier, son valet de chambre, le XVIe jour dudict moys d'octobre, la somme de deux cens soixante quinze livres, dix-sept solz tournois, pour employer au payement des postes que mondict seigneur a delliberées avoir d'Amyens à Thouars, pour ce, ii^c lxxv liv. xvii s. ».

<small>Chartrier de Thouars. Original papier.</small>

1544, 16 octobre. — *Extraits d'un Compte de Charles d'Availlolles, maitre d'hotel de monseigneur de La Trémoille.*

« Le XVIe jour d'octobre mil cinq cens quarante et quatre, Monseigneur est party d'Amyens pour s'en aller en poste à Thouars, à huit chevaulx.

« ... Le samedi XVIIe jour dudict moys, à Paris, paié par commandement de monseigneur, marché faict par monsieur de Ronsée, à ung mersier du palais, pour ung chappeau piqué de soie, à l'alemande, garny de six plumes blanche, un cordon d'argent, ung bonet de veloux noir garny d'une plumes blanche frizée, et deulx petit bonnet orillon, l'ung pour la nuit, et l'autre pour le jour, marché faict par le sieur de Ronsée, la somme de neuf escus et demy qui se montent, xxi liv. vii s. vi d.

« Item, audict lieu de Paris au Heaume où monseigneur a digné, souppé et couché le vendredi et digné le samedi et messieurs ses frères du colièges et aultres qui se sont trouvés, paié, par commandement de monsieur de Ronsée, à l'ostesse pour pain, vin, poisson, bois, belle chère, touttes chouse qui ont esté pris durant ledict jour et demy, compris ung double ducat que Pierre le cuisinyer a mis en poisson, compté par monsieur de Ronssée avecques l'oste et le cuisinier la somme de xviii liv. xvi s.

« Item, à Orléans, où monseigneur a digné, paié à l'ostesse de l'Autruche, par commandement de monsieur de Ronsée, pour pain, vin et ce qui a esté pris et mis dans le bateau, compris xx s. qui luy étoit deu du passé, qui s'estoit oublié à compter, paié la somme de vii liv., compris pour cinq sols de pains que depuis ont apporté au bateau.

« Item, audict lieu, baillé au valletz et chambrières dudict logeis, iii s.

« Item, audict lieu, baillé pour la messe sainct Nicolas, quant monseigneur s'est mis au bateau, ii s.

« Item, dimenche xixe jour dudict mois, monseigneur a couché à Mung-sur-Loire, et souppé, paié à l'ostesse de Sainct-Nicolas, compris ce qui a esté porté au bateau, paié par commandement de monsieur de Ronsée, iiii liv. v s.

« Item, paié par commandement de monseigneur et de monsieur de Ronsée à ung batelier d'Orléans qui a amené monseigneur d'Orléans jusques à Candé et Montsoreau, marché faict, xxvii liv. »

Chartrier de Thouars. Original papier.

1544 (v. s.) 26 février. — « *Parties fournyes pour le service de monseigneur de La Trémoille, deues à Estienne de La Salle et ses compaignons, marchans de l'argenterye du Roy* (Extrait).

« Le XXVIe jour de febvrier oudict an 1544 (v. s.) trente aulnes veloux gris pour cazacques à six gentilzhommes nommez Jealy, Batisse, Scipiard, Chemens et Brezey, dont mondict seigneur leur a faict don pour l'acompagner au tournoy, à VIII liv. l'aulne, ii^c xl liv. »

Chartrier de Thouars. Original papier.

1547, 25 mai. — « Guyon de Prelles, s^r des Bouffières, maistre d'hostel de » Louis III de La Trémoille, certifie que Jean de La Ville, argentier du dit seigneur, a payé « à Mathurin Baju, tailleur », la somme de 13 liv. 12 s. t. « pour une aulne et ung tiers de
« drap noir pour faire robbe et chappron de deul pour le s^r des
« Guetz pour suivre mondit seigneur (de La Trémoille) aux ceri-
« monies des obsèques du feu roy (François I)... pour porter la

« queuhe de sa robbe et pour ung bonnet de deul et façon de la dite
« robbe... »

Chartrier de Thouars. Original papier.

*1547, 18 juillet. Paris. — Mandement de Louis III de
La Trémoille.*

« Gens de nos comptes, passez et allouez à Jehan de Laville, nostre argentier, en la mise de son prochain compte, la somme de vingt escuz solleil qu'il a baillez par nostre commandement au seigneur de La Guyonnière pour employer à sa despence, allant par nostre commandement devers madame la princesse d'Orange en Flandres et devers le sieur de La Fuye, maistre d'hostel de monsieur le cardinal de Laurenne, estant à présent avecques ladicte dame, et n'y faictes difficulté, en rapportant seullement ces présentes que nous avons signées de nostre main. A Paris, le XVIIIe jour de juillet, l'an mil cinq cens quarante et sept.

« L. DE LA TRÉMOILLE. »

Chartrier de Thouars. Original papier.

1547, juillet. — « *Parties de mises par commandement de monseigneur par Jehan de Laville, son argentier, depuis le XVIIe jour du moys de juillet V^c XLVII jusques au dernier jour dudict moys, pour le faict de l'entrée, sacre et couronnement du Roy à Raims.*

« Premyèrement, payé à ung painctre de Raims, la somme de huict escuz et demy solleil pour avoir painct aux armes de monseigneur la bannière qu'il a portée à l'abbaye de Sainct-Remy, où il est allé, par le commandement du Roy, avecques aultres seigneurs quérir la saincte empoulle et l'apporter à l'église Nostre-Dame pour l'unction du Roy, par marché faict par le tailleur de monseigneur, pour ce, xix liv. ii s. vi d.

« Item, payé pour ung panache de plumes incarnates et blanches pour servir au cheval de monseigneur, le jour de l'entrée, et pour III plumes blanches pour l'un des bonnetz de monseigneur, la somme de V escuz solleil, par marché faict par le sieur des Guetz, pour ce, xi liv. v s.

« Item, payé pour une garniture de saincture dorée et pour la faire garnir de veloux blanc et faire garnir une paire d'esprons, XLV s., façon d'un fourreau de veloux blanc, X s., II xii^{nes} éguillettes de riban de soye rouge et noir, XV s., pour ce, LXX s.

« Item, payé par commandement de mondict seigneur à Pierre Feau, portier de Thouars, la somme de huict livres quinze solz pour despence par luy faicte en venant de Thouars en ce lieu de Raims pour apporter de l'argent pour la despence de mondict seigneur, pour ce, xviii liv. xv s.

« Item, payé pour II aulnes III quars de veloux noir, pour servir à faire portemanteau et coissinet pour monseigneur, pour courir la pôste, à VI liv. l'aulne, xvi liv. x s.

« Item, payé à ung sellier à Paris pour la façon dudict coissinet L s., façon du portemanteau doublé de bougran, garny de troys courayes de cuir, garnies de boucles, XXX s., pour ce, IIII liv.

« Item, payé audict sellier pour XIIII houppes de fil d'argent pour mettre au harnoys du petit cheval au lieu de celluy qui y ont esté desrobbées à Raims, CV s.; pour avoir rabillé et refaict des pendans dudict harnoys et y avoir employé 1 once de frange et cordon d'argent, LV s., pour ce, VIII liv.

« Item, payé au bossetier du Roy pour parties de son estat qu'il a baillées et fornies pour le service de Monseigneur, incontinent après le décès du feu Roy, la somme de VI liv. XVIII s. ainsi qu'il apert par lesdictes parties arrestées par le sieur des Guetz, pour ce, VI liv. XVIII s.

Chartrier de Thouars. Original papier.

1547, juillet. — « *Parties de mises payées par commandement de Monseigneur par Jehan de La Ville, son argentier, au moys de juillet mil V^c XLVII.*

« Baillé le IXe jour dudict moys au paige Le Lys, pour aller en poste de Sainct-Germain-en-Laye à Paris devers le tailleur pour quérir les habillemens de monseigneur pour le jour du combat du sieur de La Chasteigneraye, la somme de III escuz solleil, pour ce, VI liv. XV s.

« Item, le X⁰ jour dudict moys, payé pour deux postes que monseigneur a courues ce jour à IIII chevaulx, de Paris à Sainct-Germain, pour estre à l'enterrement de monsieur de La Chasteigneraye et pour retorner à Paris, la somme de huict livres tournoiz et aux postillons X s., pour ce, viii liv. x s.

« Item, payé ledict jour pour le louaige de deux pavillons pour servir pour monseigneur à Sainct-Germain, le jour du combact de monsieur de La Chasteigneraye, la somme de dix escuz solleil, par marché faict par monsieur de Prelles, pour ce, xxii liv. x s. »

Chartrier de Thouars. Original papier.

1547, 1ᵉʳ août. Paris. — Louis III de La Trémoille ordonne aux gens de ses comptes d'allouer à Jean de La Ville, son argentier, la somme de dix-huit écus soleil, qu'il a payée par son commandement à François Dousi, son valet de chambre, pour l'achat « d'ung orologe et d'une monstre. »

Chartrier de Thouars. Original papier. Sign. autog.

1547, septembre. — « *Parties payées par Jehan de La Ville par commandement de monseigneur en septembre MVᶜXLVII.*

« Payé aux tabourins et haulxboys de Lodun qui ont esté à Thouars par dix ou unze jours parce que madame, mère de mondict seigneur, y estoit, XXV escuz soleil, pour ce, lvi liv. v s.

« Item, à ung aultre tabourin de Poictiers, nommé Caquetière, LVI s.

<small>Chartrier de Thouars. Pièce papier.</small>

Sans date. Vers 1547. — « *Mémoire de ce que monsieur de La Salle a livré et fourny à Monseigneur pour le manteau de l'ordre.*

« XIX aulnes toille d'argent à XX liv. l'aulne, III^{c}IIII^{xx} liv.
« Une aulne ung quart toille d'or audict pris, xxv liv.
« Trois aulnes velours cramoisi à XV liv. aulne, xLv liv.
« Deux aulnes trois quartz velours noir à X liv. X s. aulne vallens xxix liv. II s. vi d.
« Deux aulnes, ung quart taffetas noir en IIII filz pour doubler ung saye de velours, à XXX s. aulne, vallent LxvII s. vi d.
« Deux aulnes et demye taffetas en VI filz, à LX s. aulne, vallent vII liv. x s.
« Demie aulne velours noir à X liv. X s. à faire soulliers, cv s.
« Ung tiers taffetas noir VIII filz, à doubler lesdictz soulliers, xxv s.
« XVI aulnes I quart satin blanc de Gennes à doubler ledict manteau, à CXV s. aulne, vallent IIII^{xx}xvi liv. vIII s. ix d.
« Plus, V aulnes I quart sarge de Florence pour faire trois cappes, à VII liv. X s. aulne, xxxix liv. vII s. vi d.
« Plus, II aulnes et demye sarge à faire chausses, audict pris, xvIII liv. xv s.

« Plus, IIII aulnes velours, à XI liv. X s. aulne à faire II robbes, viii^{xx} xii liv.

« Plus, XII aulnes I quart velours noir à X liv. X s. aulne pour faire collectz, viii^{xx} xviii liv. xii s. vi d.

« Plus, VII aulnes et demye velours noir pour faire III paires chausses, compris I aulne et demye pour mettre sur une paire de satin, à X liv. X s. aulne, lxxviii liv. xv s.

« Plus, III quartz et demy velours pour faire fourreaux d'espée, audict pris de X liv. X s. aulne, ix liv. iii s. ix d.

« Plus, III aulnes et demye satin noir, à CXV s. aulne vallent, xx liv. ii s. vi d.

« Plus, XI aulnes I tiers taffetas en VI filz, à LX s., xxxiiii liv.

« Plus, pour mettre dedans lesdictes chausses IX aulnes sarge de Tours, à X s. aulne, iiii liv. x s.

« Plus, XI aulnes et I tiers satin noir, à CXV s. aulne vallent lxviii liv. iii s. iiii d.

« Plus, III aulnes taffetas en IIII filz pour doubler deux prepoinctz, iiii liv. x s.

« Ung tiers penne de soye noire à XII liv., iiii liv.

« I tiers satin noir à CXV s. à faire bonnet, xxxviii s. iiii d.

« I quart velours pour le doubler, lii s. vi d.

« Plus, XII peaulx de moutons de Rome à XXX s. chacune vallens xviii liv.

« Plus, XII aulnes et demye taffetas noir en VI filz, à LX s. aulne, vallens, xxxvii liv. x s.

« Plus, demye aulne sarge de Florence blanche, à faire ung bas de chausse, iiii liv.

« Plus, pour I aulne et demye taffetas rayé d'or, à IX liv. X s., xiii liv. xv s.

« Plus, XXI aulne taffetas mouschetté à LXV s., vi^{xx} liv. xv s.
« Somme : xii^c lxvi liv. xix s. ii d. »

Chartrier de Thouars. Papier.

1551, 8 novembre. — *Quittance de Jeanne Tiercelin.*

« Je dame Jehanne Tiercelin, prieure de La Foulgereuse, [reconnais] avoyr eu et receu d'honneste personne maistre Martin [Deslandes], recepveur, de monseigneur monseigneur de La Trémoille, [...] et sur la pantion de messieurs ses enffans, que j'ay céans en gouvernement, la somme de cent escuz sol. dont je me tiens pour contante, satisffaicte et bien payée. En tesmoings desquelles chouses j'ay signé ces présentes de mon seing manuel cy mis, le huictiesme jour de novembre, l'an mil cincq cens cincquante ung.

« Jehanne Tiercelin. »

Chartrier de Thouars. Original papier.

1551 (v. s.), 24 janvier. Thouars. — *Ludovic Massazis s'engage à faire une armure pour Louis III de La Trémoille.*

« Je Ludovic Massazis, milanoys, maistre armurier, demeurant à Sèmes, pays de Touraine, promectz sur tous et chascuns mes biens, faire pour monseigneur de La Trémoille, vicomte de

Thouars, une anyme? avecques ung plastron, grèves et habillemens de teste pour servir à cheval, et ung morrion pour servir estant à pié, avecques une banière, le tout complect, et selon le pourtraict cy-dessus, sera ledict harnois faict et parfaict; lequel sera gravé par longues bandes dont la moictié d'icelles seront dorées d'or moullu, faict à feuillaige d'anticque, dont le fons sera gris, et l'aultre moictié desdictes bandes seront plaines blanches, et ainsi s'ensuyvra la façon de tout ledict harnois. Aussi suys tenu et promectz faire une armeure de selle d'armes de la façon de ladicte anyme? ou aultrement, comme il plaira à mondict seigneur diviser, garnye d'une payre d'estrieufz et une payre de solleretz avecques le mouffle de fer et le demourant de maille. Et icelluy harnois et aultres choses cy déclarées toutes complectes je promects le tout rendre parfaict et parachevé dedans la fin du moys d'apvril prochainement venant en quelque lieu qu'il plaira à mondict seigneur en le me mandant et payant mon voyage, et ce moyennant la somme de huyt vings escus solleil à quoy j'ay convenu et accordé avecques mondict seigneur, dont il m'a faict advance présentement de cinquante escuz, par les mains de René de La Ville, dont je me tiens content, et le demeurant me sera payé scavoir est XXV escuz à l'essay dudict harnois et IIII^{xx} V escuz en rendant ledict harnois faict et acomply, avecques ladicte selle et autres choses cy mentionnées. En tesmoin de ce j'ay signé ces présentes de ma main et faict signer à ma requeste au notaire soubzcript. A Thouars le XXIIIIe janvier MV^c cinquante et ung.

Lodvico Armelo Masiccisi.

M. Deslandes, à la requeste dudict Ludovic. »

Chartrier de Thouars. Original papier avec dessin de l'armure.

1551 (v. s.), mars.— « Extrait de l'extraordinaire du mois de mars mil cinq cent cinquante un.

« A Lyngrande, appoticquaire, pour cinq cierges de cire blanche qu'elle bailla le dymenche XXe de ce moys pour monseigneur, madame et aux troys petiz enffans, que fut faict à Thouars procession généralle où ilz assistèrent, aussi des bougyes pour les gentilzhommes, damoiselles et serviteurs de la maison de mesdicts seigneur et dame pour ladicte procession. Pour tout parfaict à la somme de xxx s.

« A Dorval pour despence par luy faicte et son cheval de deux disgnés à Lodun, allant et revenant de L'Isle-Bouchard, où monseigneur l'avoit envoyé à la requeste des habitans dudict lieu de L'Isle porter lettres de monseigneur à ung cappitaine conduisant IIII^c chevau légers affin qu'il divertist son passaige par aultre endroict, xii s.

« A Pierre Bordeau, orfeuvre de Thouars, pour avoir ressouldé le porte-œuf de madame de Taillebourg et racoustré, aussi pour avoir rhabillé une des couppes d'argent qu'un valet avoit rompue, pour tout, un teston, xi s. iiii d.

« A Collette, femme de chambre de madame de Taillebourg, qu'elle a paié pour avoir faict ferrer des lassetz pour madicte dame, xii d. »

Chartrier de Thouars. Orig. pap.

1552, 25 avril. — « *Roolle des parties païées par Marc Falaiseau, estant à Paris au mois d'avril mil V^c cinquante deux, tant pour marchandise de draps de soyes pour monseigneur que autres choses nécessaires pour le service dudict seigneur en son voiaige qu'il faict à la guerre en Almaigne, dont les pris et marchés ont esté faictz par messieurs le maistre d'hostel, escuier, Potin et Rozet. Lesdictes parties déclairées par le menu comme il ensuyt.*

« Et premièrement

« Pour six aulnes trois quars velours cannelle à VI liv. X s. l'aulne, pour faire cassaque et manteau à monseigneur, monte XLIII liv. XVII s. VII d. ; six aulnes taffetas tenné pour doubler lesdicts manteau et casaque à XXX s. aulne, monte IX liv. ; plus pour III aulnes velours cannelle à faire caparasson à VI liv. X s. aulne, XIX liv. X s. ; deux aulnes ung quart escarlatte à faire manteau pour monseigneur, à X liv. aulne, XXII liv. X s. ; pour deux aulnes et demye satin cramoisi à VII liv. X s. aulne, XVIII liv. V s., pour faire bandes au dedans dudict manteau ; deux aulnes un quart velours cramoisi de haulte coulleur pour faire bande audict manteau par dessus, à XII liv. aulne, XXVII liv. ; trois peaux de maroquin d'Espaigne, pour faire collet et manches pour monseigneur, à L s. chacune, VII liv. X s. ; pour ung beuffle pour faire deux colletz à mondict seigneur, XII escus sol. vallens XXVII liv. XII s. ; le tout marchandé par mesdictz sieurs le maistre et Rozet, monte le tout la somme de VIII^{xx} XV liv. LIIII s. VI d.

« Pour deux goussetz pour mondict seigneur, pris faict par les dessusdictz, à XVI escuz sol. vallens XXXVI liv. XVI s. ; pour ung quart et demy velours cramoisy à garnir lesdictz goussetz, à VIII liv. aulne, LX s.; pour ung chappeau couvert de soye cramoisie et argent faux, pris faict par mondict seigneur à C s., présent mondict sieur le maistre, pour ce, XLIIII liv. XVI s.

« Pour deux aulnes ung tiers toille d'argent, à faire croix ? tant aux saye de monseigneur, cassaque, caparasson, et bardes, à IX escuz et demy sol. l'aulne, vallens, L liv. XIX s. VIII d.

« Pour II paires bossettes dorées, XX s.; II paires esperons, une dorée et l'autre argentée, I escu sol. la paire, IIII liv. XII s,; pour une zagaye garnie de velours, LXX s.; plus pour II paires bossettes argentées, XX s., pour ce, LXI liv. I s. VIII d.

« Pour une chapelle de cuisine garnie poisant CVII liv., à II s. chacune livre, XII liv. XIII s.; pour une marmitte et II potz de cuivre, deux chaudières, ung bassin de chère, et deux poilles de fer à queue, II cueillers et ung fricquet, le tout poisant XLVI liv. et demye, à V s. VI d. la livre, monte XII liv. XV s. IX d., marchandé par monsieur le maistre, pour ce, XXIII liv. IX s. IX d.

« Pour ung coffre de bahut à porter les bardes, CXV s.; pour II aulnes velours cramoisi de haulte coulleur pour garnir ung des harnois de monseigneur, à XII liv. aulne, XXIIII liv.; pour demye aulne satin cramoisy à doubler ung acoustrement de teste, LXX s.; pour ung chappeau couvert de soye cramoisie et tannée et argent faulx, pour monseigneur, C s.; pour deux peaux de maroquin blanc à faire collet à monseigneur, LXX s. A ung brodeur qui a fourny d'argent pour eslargir d'un cartier la couverte des bardes en façon de broderie, IIII liv., pris faict par monsieur le maistre; à ung sellier pour avoir couvert lesdictes bardes, habillé une selle du courcier et mis deux contre-sangles, C s., pour ce, L liv. XV s.

« Au brodeur pour avoir cousu en façon de broderie dix croix de toille d'argent sur lesdictes bardes, fourny de II onces d'argent à LV s. once et pour façon X liv., pris faict par monsieur des Guetz ; à luy pour avoir faict dix aultres croix semblables à celles des bardes et fourny d'argent sur le saye de drap d'or de monseigneur, VIII liv., pour ce, xviii liv.

« Pour une douzaine de nappes de II aulnes chacune, IX s., CVIII s.; trois douzaines grosses serviettes à XXXVI s. la douzaine, CVIII s.; pour servir à la cuisine, trois grands sacs de treillis à XV s. pièce, XLV s., pour ce, xiii liv. i s.

« Pour VII aulnes gros bureau pour faire couvertes aux grands chevaulx VII liv.; pour du cordaige pour lier les tables et escabelles de camp et pour aller au fourraige, XXIX s. IIII d., pour ce, viii liv. ix s. iiii d. tz.

« Pour ung coquemart de Lyon pour servir à la sommelerie, C s.; pour ung pannier de service pour ladicte sommelerie, VIII s., pour ce, cviii s.

« Pour XVIII douzaines esguillettes de filozelle à II s. la douzaine, XXXVI s.; deux pannaches de plumes de cigne et esgrettes, IIII livres, pris faict par monsieur de La Guyonnière, pour ce, cxvi s.

« A un forbisseur pour ung estoc doré garny d'ung fourreau de velours noir, III escuz et demi sol., VIII liv. I s. ; à luy pour une espée d'armes dorée et une dague de mesme garniz de fourreaux de velours cannelle, V escuz sol., XI liv. X s. ; à luy pour avoir garny une alleumelle d'une garde et poingnée argentée et le bout, IIII liv. XII s. ; à luy pour III bourses pour lesdictes espées et ung fourreau pour la corcesque? XXV s.; pour le vin des valletz dudict forbisseur parce que l'on les fist besongner jour et nuict, XI s. IIII d. ; à luy pour avoir garny une autre alleumelle d'une garde et pongnée argentée, fourny d'une dague de mesmes dont les fourreaux sont de velours cramoisy, IIII escuz sol., IX liv. IIII s. ; à luy pour la façon de deux fourreaux d'espée et dague de velours cannelé, fourny d'une amboucheure et deux boutz, XXV s., pris faict par monsieur des Guetz, pour ce, xxxvi liv. viii s. iiii d.

« A ung saincturier pour une saincture de velours rouge ferrée de fers argentez pour monseigneur pour porter sur le harnois, LXX s. ; à luy pour la façon d'une autre saincture de velours cannellé garnie de fers dorez, XXX s. ; pour la façon d'une autre saincture d'espée ferrée de fers argentez et couverte de velours cannellé, XXX s. ; pour demye aulne, ung XIIe taffetas tenné à couvrir ung chappeau de paille pour monseigneur, à LXXV s. aulne, XLIII s. IX d. ; pour II onces passement de soye cramoisie et argent tant pour border ledict chappeau que pour garnir des manches de mailles, à LV s. once, CX s. ; pour demi quartier velours cannellé pour garnir lesdictes manches de mailles, XVIII s. ; pour avoir couvert ledict chappeau, façon X s., pour ce, xv liv. xi s. ix d.

« Pour III aulnes et demye velours tanné, cannellé, à faire casaque pour monseigneur, bandée d'un passement d'argent et soye cramoisie et pour couvrir une saincture et ung fourreau d'espée, à VI liv. IX s. aulne, XXI liv. XV s. ; pour II aulnes et demie taffetas raié d'argent fin pour doubler ladicte casaque à LXXV s. aune, IX liv. VII s. VI d. ; pour II pièces de canevaz de Lyon à faire pourpoinctz pour monseigneur, contenant XII aulnes et demye à XX s. aulne, XII liv. X s. ; pour IIII aulnes taffetas raié d'argent en petit lé à XL s. aulne, VIII liv. ; pour cinq paires de gans lavez à XI s. paire, LV s. ; plus pour cinq paires gans de veau et III dousaine à VI s. chacune paire, XLVIII s., pour ce, lvii xv s. vi d.

« Pour deux coffres de bahut et pour ung fourreau de cuir de baudrier pour la grant hacquebutte, XI liv., pour ce, xi liv.

« Pour l'achapt de IIII tables, douze escabelles et pour avoir racousté une autre, le tout pour porter au camp, douze escuz sol. vallans à XLVI s., pour ce XXVII liv. XII s., pris faict par monsieur le maistre, pour ce, xxvii liv. xii s.

« Pour demye aulne, demy quart velours tenné cannellé pour couvrir ung estuy de bonnet pour monseigneur à VI liv. X s. aulne, IIII liv. I s. III d., pour ce, iiii liv. i s. iii d.

« Pour une paire d'estriers dorez et une paire argentez à II escuz sol. la paire, IX liv. IIII s., pris faict par monsieur de Rozet ; à luy pour deux mors garniz de bossettes, l'unes dorées et les autres argentées XLVI s. ; à luy pour une paire estriers estamez XVI s., pour ce, xii liv. vi s.

« Au forbisseur de monseigneur qui a achapté III douzaines de clouz dorez pour porter au camp pour le harnois de monseigneur à XXV s. douzaine, LXXV s. ; II douzaines boucles dorées à XXIIII solz la douzaine, XLVIII s. ; pour une douzaine de charnières dorées XXIIII s. ; LXII clouz noirs et toille mis alentour du chanffrin pour attacher les bardes IIII s. ; pour du cuir à faire des courroyes XXVI s. ; pour la doubleure à doubler le haulce col et les tassettes du harnoys de monseigneur, VII s. ; pour IIII clouz dorez pour l'armet IIII s., pour ce, ix liv. viii s.

« A Cresse, orphevre, pour une escuelle d'argent couverte, poisant II marcs II onces et demye, XXXIIII liv. XIII s. IX d. ; pour la façon et dorreure, VI liv. X s. ; pour l'estuy XV s. ; pour le recoustrement des VI couppes d'argent, XV s. ; pour une cueillier d'argent I once II gros, XLVII s., façon X s. ; pour ce, xlv liv. x s. ix d.

« Pour deux bonnetz de velours l'un tenné et l'autre noir à LX s.

chacun, VI liv.; ung bonnet de Mantoue XII s.; une paire esperons argentez garniz de velours tenné XLVI s. ; deux escarcelles, l'une de velours tenné et l'autre de velours incarnat, LXX s.; pour sept cordons tant d'or, d'argent que soye de plusieurs coulleurs, pour monseigneur, à XX s. chacun vallens VII liv., pour ce, xix liv. viii s.

« A ung armurier pour avoir racoustré ung des harnois de monseigneur, faict forbir, garny de cuir, de boucles et de charnières, X escus sol. vallens XXIII liv.; à luy pour la despence de son cheval au moulin VIII s.; aux compaignons de l'armurier pour le vin par commandement de monseigneur, V s., marchandé par monsieur de Sansay, pour ce, xxiii liv. xiii s.

« A ung dorreur à Paris pour avoir dorré ledict harnois, XXX escuz sol. vallens LXIX liv.; à luy pour avoir doré le morion de mondict seigneur. IIII escuz sol, vallens IX liv. IIII s., pris faict par monsieur de Sansay, pour ce, lxxviii liv. iiii s.

« A ung armurier pour la frobisseure dudict morion, XXV s., demy cent de clouz dorez pour la garniture dudict morion XII s. ; pour l'estoffe dudict morion où il a esté emploié ung tiers de satin cramoisy à raison de VII liv. X s. aune, L s.; pour avoir fourni l'estoffe tant dudict morion que l'acoustrement de teste et fourny de charnières, XXX s.; pour ce, cxvii s.

« A ung saincturier pour avoir garny de boultons et de bortz touttes les courroyes de harnois de monseigneur, xxx s.

« Pour du cordaige qui a esté achapté pour servir aux tantes, poisant X liv., à II s. la liv., IIII liv. ; pour XII chevilles de fer à II s. chacune, XXIIII s.; pour ung marteau de fer et une cye, VIII s. VI d. ; deux cerpes, X s. ; une congnée, X s. ; pour ung tonneau fermant à clef pour mettre l'équippaige desdictes tantes, XXV s., pour ce, vii liv. xvii s. vi d.

« Touttes lesquelles parties cy-dessus contenues et déclairées font et montent ensemble à la somme de sept cens soixante deux livres quatre solz quatre deniers, paiées en nostre présence selon les pris et marchez que messieurs de Rozet et des Guetz et moy en avons faictz, par Marc Falaiseau ; lesquelles parties ont esté achaptées pour le service de monseigneur mesmes pour l'équippaige du voiage qu'il faict présentement à la guerre en Alemaigne, et le tout certiffions estre vray. Faict le vingt cinquiesme jour d'avril, l'an mil cinq cens cinquante deux, après Pasques. »

Chartrier de Thouars. Original papier.

1552, mai. - *Extrait d'un compte de Martin Deslandes, receveur de Thouars.*

« ..... Baillé et payé à ung nommé maistre Jacques et à monsieur
« Porteau troys pistolletz pour la deppesche des legitimacions du
« pappe pour messieurs Francoys et Loys de La Tremoille et
« pour avoir dispance de tenir deux ou troys beneffice, pour ce cy,
« VI l. XV s. »

Ch. de Thouars. Orig. pap.

1552. — « *Mémoyre à maistre Gilles Guillemin, solliciteur de monseigneur de La Trémoille.*

« Mémoyre à maistre Gilles Guillemin, soliciteur de monseigneur de La Trémoille, à Paris, de se transporter avecques le présent porteur, maistre Francoys Girard, cheux maistre René de Champdamours, armurier du Roy, demourant en la rue de la Heaulmerie, audict Paris, et luy dire qu'il délivre le harnoys d'homme d'arme de monseigneur de la Trémoille, qu'il luy a faict tout neuf, pour l'envoyer en dilligence à Orléans par le voiturier Vinot ou aultre le premier trouvé et le fayre laisser au logis de l'Autruche, audict Orléans, où mondict seigneur a acoustumé loger.

« Ledict maistre Gilles payra ledict armurier de ce qui luy reste pour la fascon dudict harnoys, qui est la somme de quatre vingtz neuf livres troys solz, restant de la somme de six vingt escuz à quoy avoyt esté marchandé pour ledict harnoys. Sur laquelle somme de VI^{xx} escuz, ledict maistre René avoyt receu lors qu'il fût marchandé, par les mains de maistre Jacques Gauvain, procureur de Thouars, la somme de LXIX liv. XII s. comme apert par sa quicttance.

« Plus luy a esté payé par ledict Gauvain, le XIXe jour de novembre dernier, la somme de cent dix sept livres, cincq solz, pour ce restent à présent ladicte somme de IIII^{xx} IX liv. III s.

« En luy payant laquelle somme ledict maistre Gilles prendra quictance dudict armurier pour ledict Gauvain, à l'acquict dudict seigneur de La Trémoille, et faissant ladicte somme le parpayé et parfaict payement de ladicte somme de VI^{xx} escuz sol.

« Et si ledict maistre René demande dix-huict escuz qu'il ny sont deuz, comme il dict, par monseigneur des comptes du Roy à

Paris, luy sera remonstré que ledict Gauvain n'en a auculne charge de les payer et qu'il prie ledict maistre René, armurier, attandre la prochenne venue de mondict seigneur, qu'il n'y fera payer ladicte partie et ne la pouroit payer sans commandement exprès et s'il est possible ne laissera pour cella à délivrer ledict harnoys, autrement mondict seigneur seroyt bien mal content de luy et jouroyt ung maulvays tour.

« Touttesfoys, s'il oppiniatroyt si fort qu'il feust impossible avoyr ledict harnoys, luy sera plus tost payé ladicte partie de dix huict escuz, de laquelle sera pareillement pris quicttances pour mondict Gauvain, à l'acquict dudict seigneur de La Trémoille.

« Sera achapté ung coffre de bahut pour mettre ledict harnoys, et s'il est besoing le couvrir de toille cirée, de peur qu'il mouille par les chemins, et qu'il n'y ayt faulte que mardy ou mercredy il soyt envoyé et marchandé audict voicturier qui sera payé à la charge de le mectre audict logis de l'Autruche.

« Sera achapté par les dessusdictz deux milliers d'espingles, des bonnes, qu'ilz metteront oudict coffre avecques ledict harnoys.

« Aussi que maistre Gilles parle à mon frère, maistre Francoys Gauvain, demeurant au logis de monsieur Pouppeau, procureur en la court, et luy die qu'il luy baille une espée que lui a laissée dernièrement laquelle il mectera oudict coffre.

« Ledict voicturier Vinot se tient en sa maison de Paris, près les halles dudict Paris, et si ledict Vinot n'est prest à partir et qu'il s'en trouve ung aultre luy sera baillé ledict harnoys. »

Chartrier de Thouars. Orig. pap.

1553, 12 juillet. Paris. — *Mandement de Louis III de La Trémoille à Marc Falaiseau d'avoir à verser à Claude Morot, son « tentier », un acompte sur ce qui lui est dû.*

« Marc Falaiseau, paiez, baillez et déclarez comptant des deniers que avez en voz mains et dont avez à compter, à Claude Morot, marchant, demourant à Paris, nostre tentier, la somme de cinquante escuz sol., sur en déduction de ce que luy povons où pourons debvoir des tentes qu'il nous a cy devant faictes et de celles qui nous faict à présent pour le voiaige que faisons à la guerre en Picardie, et en rapportant cedict mandement et quitance, ladicte somme de L escuz sol. vous sera desduicte et rabattue en la despence de voz comptes par noz audicteurs d'iceulx, ausquelz nous mandons ainsi le faire sans difficulté, et avec quictance dudict Morot.

« Faict audict Paris le douziesme jour de juillet l'an mil cinq cens cinquante troys.

« L. DE LA TRÉMOILLE. »

Chartrier de Thouars. Orig. pap.

1553, juillet. — « Parties et sommes de deniers extraordinaires paiées, baillées et délivrées comptans par Marc Falaiseau, sécrétaire et argentier de monseigneur de La Trémoille, tant par commandement dudict seigneur que par ordonnance de messieurs de La Guyonnière, maistre d'hostel ordinaire de la maison dudict seigneur, et des Guetz, son escuier d'escuirie, et ce pour l'équippaige de la guerre où icelluy seigneur va estant en Picardie, partant de Paris au mois de juillet, l'an mil cinq cens cinquante trois.... »

<small>Chartrier de Thouars. Original papier.</small>

1553, 5 octobre. Paris. — « Mandement de Louis III de La Trémoille à Marc Falaiseau, son argentier, d'avoir à payer « à m^{tre} Jacques de Raiz, maistre d'escolle de François de La Trémoille », son fils, la somme de II^c LXXI liv. VIII s., pour une demi-année de pension, à IIII^c liv. par an, pour achats d'habillements et de livres. »

<small>Chartrier de Thouars. Original papier.</small>

1555, août et septembre. — *Extrait des « Partyes pour monseigneur de La Trémoille et aultres de sa maison fournies par Jacques Paris appothicquayre.*

« Deoibt du VIe de aoust 1555, pour madame, une livre aeue de pommes de chesne et sauge ensemble, baillée à madamoyselle la Destrez, XII s.

« Plus doyt mondict seigneur pour une journée que j'ai vacqué à La Fougereuse pour visiter monsieur Loys par le commandement de mondict seigneur avecques Beauregard, xx s.

« Plus pour monsieur le prince, II onces huille amendes doulces, xx s.

« Plus pour monsieur Louys, demie livre coriendre perlée pour en uzer à chacune prise de son sirop, viii s.

« Plus demye livre resins de Damaz pour en uzer le jour de sa fiebvre, iiii s.

« Plus pour monsieur Louys, pour ung sirop magistral ou entre myrabolans, reubarbe, et plusieurs aultres ingrédiens, clarifié et aromatizé avec sandaux et pouldres cordialles, avec une livre et demie sucre fin, ordonnance monsieur Coitart, pour en uzer ès jours hors de sa fiebvre, deux heures avant le repas, pour ce, iiii liv. x s.

« Plus pour ung unguant compousé pour luy oindre le ventricule avant le repas où entre certaines huilles et poudres, contenant VI onces, xv s.

« Plus pour ung ungant pour la ratte faict sellon l'ordonnance, contenant VI onces, pour ce, xii s. vi d.

« Plus du XXIe de septembre 1555, pour troys solz poyvre longt à metre aux potaiges de la nourice pour luy augmenter le laict, iii s.

« Plus pour racine de pirettre par madamoyselle de Cephon pour son rhume, baillé à plusieurs fois, iiii s. vi d.

« Plus pour les oyzeaulx de monseigneur pour quatre dragmes pillules de reubarbe, agaric, alves et aultres ingrédiens, pour ce, xx s. »

Chartrier de Thouars. Cop. pap.

1561, mai. — *Extrait d'un compte de trésorier de Louis III de La Trémoille.*

« Le seziesme jour de may V^c LXI, recepissé de la somme de cinquante livres pour estre baillée à Tuaudi, prédicateur, tant pour le parfaict payement de la présente année V^c LXI que de l'année précédente, pour ce, L liv.

« Item, ledit jour dudit moys de may, par aultré récépissé de la somme de vingt-deux livres dix soulz pour bailler à Ferret, marchant parfumeur demourant à Tours, pour une monstre d'orloge que monseigneur a achaptée, pour ce, XXII liv. x s.

« Item, ledit jour dudict moys de may, par aultre récépissé dudict de Rocques de la somme de dix livres, pour bailler audict Ferret pour une pomme de senteur pour monseigneur, pour ce, x liv.

« Item, le premier jour de novembre, par aultre récépissé, trente pistolletz pour bailler à m^{tre} Laurens, médecin, pour ce, LXXII liv.

« A frère Martin Bouilland, prédicateur des Jacobins de Thouars, la somme de cinquante livres qu'il a pleu à monseigneur luy ordonner pour les prédications des advant et karesme tant des années V^c LX que LXI, comme apert par quictance du premier jour de may V^c LXI cy veue et rendue, pour ce cy, L liv.

« Item, à monsieur Laurens, médecin, la somme de soixante douze livres pour avoir vacqué vingt quatre journées au service des cousches de madame, comme appert par quictance du VIe novembre V^c LXI cy veue et rendue, pour ce cy, LXXII liv.

Chartrier de Thouars. Original papier. Incomplet.

1561, 9 juillet. Tours.— « Nycollas Rousseau, doreur en cuyr », reconnaît avoir reçu de monseigneur de La Trémoille « la somme de vingt escuz d'or pistolletz » à valoir sur celle de quatre vingts « pour laquelle ledict Rousseau a faict marché à mondict seigneur pour un lict de can de cuyr doré, faict à l'impérialle, garny de houppes, touffes d'or et doublé de taffetas rouge » et « pour ung tapitz de table et un tapiz de buffet, une chaize et deux carreaulx » livrables « à Tours, au retour de la court », ou quant il plaira « à mondict seigneur ».

Chartrier de Thouars. Pièce pap.

1561, 6 septembre. Paris. — « Nicolas Galampoix, m^{tre} menuisier demeurant à Paris, rue Sainct-Paul, promect à.... messire Loys de La Trémoille.... de faire une coche de boys de noyer, vernye et dorée, garnye de son train, arnoys de deux chevaulx, roues ferrées et preste à servir et esteller, fors seullement la couverture, la garniture de dedans et les mortz des chevaulx ; laquelle coche sera de pareille ou plus riche façon que celle de monsieur l'abbé de Cormeilles que ledict Galampoix dict avoir veue à ceste fin.... et de plus de faire un train neuf à la vieille coche, le tout « moyennant la somme de quatre vingtz douze escuz d'or solleil ».

Chartrier de Thouars. Pièce pap.

1564, 10 juillet. — « *Minses faictes par le commandement de monsieur le maistre d'houstel de monseigneur de La Trémoille, à compter du lundy dixiesme de juillet mil cinq cens soixante quatre, qui est le jour que monseigneur ariva à son chasteau de Montaigu* (Extraits).

« Premier, esdict jour de lundy, à cinq femmes pour avoir naytoyé les chambres et apporté de la feuillée où elles onct vacqué par ung jour, VI s. III d.

« En corde de fisselle pour tendre la tapisserie de monseigneur, IIII s.

« Plus du sabmedy cinquiesme d'aoust cinq cens LXIIII, à deux hommes qu'ay prins à Montebert pour venir jusques au mestayeries de monseigneur apporté les pastez de venaison, ay déboursé, II s. »

Chartrier de Thouars. Pièce papier.

1565, 14 juin. — *Compte de Claude Marcel, orfèvre à Paris.*

POUR MONSEIGNEUR LE DUC DE LA TRIMOUILLE

« Trente platz d'argent poisant ensemble IIII^{xx}X m.

« Trente escuelles aussy d'argent poisant LXI m. IIII gros.

    « Somme VII^{xx}XI m. IIII gros.

« Vingt assiectes doreez par le bordz et armés poisant ensemble, XXV m. IIII gros.

« Six chandeliers à flambeaux poisant ensemble, XVII m. V gros.

« Six saulcières poisant ensemble III m. II gros.

« Somme IX^{xx} XVI m. VI gros.

« Sur quoy a esté fourny en vielle vaisselle huyt vingtz sept marcz six gros.

« Reste que Monseigneur doibt XXIX m. V onces II gros, qui vallent, V^c IIII liv. III s. I d.

« Pour la fasson desdits XXX platz et XXX escuelles, à raison de XVII s. le marc, vallent VI^c VIII liv. VII s.

« Pour la fasson et doreure desdictes assiettes, à XXV s. le marc, vallent XXXI liv. VI s. VI d.

« Pour la fasson des six chandeliers et six saulcières, à XXX s. le marc, vallent XXX liv. XIX s. IX d.

« Pour [l'avantage] de la buye, IX liv.

« Pour la tare de la buye, CII s.

« Somme VII^c VIII liv. XIX s. IIII d.

« Nous confessons debvoir pour les causes cy dessus à s^{re} Claude Marcel, orfebvre à Paris, la somme de sept cens huit livres IX sols quatre deniers, que promettons luy payer dedans sabmedy prochain. Et en tesmoing de ce avons signé ceste présente de notre main, le XIIIIe jour de juing l'an mil V^c soixante et cinq.

« De La Trémoille. »

Suit la quittance de Claude Marcel, à Paris le 17 juin 1565.

Chartrier de Thouars. Pièce papier.

1565, 23 août. — *Quittance de Jacques de Marcillé, maître tapissier, à Paris.*

« Je Jacques de Marceillé, maistre tapissier à Paris, demeurant à l'ensennes du Mortier d'ort au bout du pont Nostre Dame, confesse avoir receu de maistre Francoys Bodin, argentier de monseigneur de La Tremoulles, la somme de XXXII escu sol., pour la façon d'ung lict de damas jaulne et d'ung lict de toille blanc et avoir fourny la garnytures de lict savoir, ung mathelas, ungne mente blanche couverte de lyng picquées et ung cloiet ? et la façon de la coverte de tafetas, de laquelle somme de XXXII escu me tient contens et quitte mondict seigneur et tous aultres. Faict le XXIII° jour d'aoust V° LXV.

« J. DE MARCILLÉ. »

Chartrier de Thouars. Pièce pap.

1566, 15 juin-13 septembre. — *Extraits d'un compte de Louis III de La Trémoille.*

« Receu de mondict seigneur le XXI° jour de juillet l'an mil V° soixante six, la somme de vingt troys livres, douze solz tournoiz, et ce pour payer scavoir est à ung peintre qui a faict ung tableau, dix livres huict solz, où sont les armoiryes de mondict seigneur pour mectre en sa maison de Paris, et au vitrier pour avoyr fourny des vitres pour ledict logis, la somme de treze livres deux solz tz, dont luy en promectz rendre compte.

« VOYSIN. »

« Receu de mondict seigneur, le Xᵉ jour d'aoust l'an mil Vᶜ soixante six, la somme de quarante une livres, ung sol, sept deniers, pour payer la despense de mondict seigneur qu'il a faicte au tour de ceste ville de Parys, s'allant promener avecques unze personnes.

« Voysin. »

« Receu de mondict seigneur, le Xᵉ jour de aoust mil Vᶜ soixante six, la somme de treze escuz soll., quatre escuz pour la journée de dimanche pour quinze personnes parce que mondict seigneur est allé aux champs, les neuf escuz restans pour la journée de lundy prochain pour sa despense, dont luy promectz rendre compte.

« Voysin. »

Chartrier de Thouars. Orig. pap.

PIÈCES JUSTIFICATIVES

PIÈCES JUSTIFICATIVES

I

1538, 15 novembre. Thouars. — Nomination par François de La Trémoille de deux procureurs pour traiter du futur mariage de Louis, prince de Talmond, son fils aîné, avec la fille aînée du connétable de Montmorency.

« Nous Franczois, seigneur de La Trémoille, chevalier de l'ordre, gouverneur et lieutenant général pour le Roy en Poictou, comte de Guynes, de Benon et de Taillebourg, vicomte de Thouars, prince de Thalmond, baron de Craon, de Suly, Montagu et L'Isle-Bouchard, seigneur des isles de Ré, Marans et Noirmoustiers. Comme le bon voulloir du Roy, nostre sire, et la Royne de Navarre soit que Loys de La Trémoille, nostre filz aisné, et la fille aisnée de Monsieur le connestable soient conjoinctz par mariage, savoir faisons nous avoir commis et depputez, commectons et depputons noz chers et bien amez maistre Jehan de Sainct-Avy, abbé des Pierres, Franczois d'Availloles, sieur de Ronssée et Jehan de Ravenel, sieur de La Rivière, ausquelz nous avons, de nostre plain pouvoir et commandement espécial, pour sur ledict mariage entendre le bon plaisir du Roy, nostredict seigneur, de la Royne de Navarre et dudict seigneur connestable, leurs commis et depputex, affin de traicter les articles et convenances sur ledict mariage futur o le bon plaisir dudict Seigneur et Royne de Navarre. Et, en tesmoing de ce, nous avons signé ces présentes de nostre main et faict sceller du scel de nos armes.

« Donné en nostre chastel de Thouars, le quinziesme jour de novembre, l'an mil cinq cens trante huit.

« F. DE LA TRÉMOILLE. »

Chartrier de Thouars. Orig. parchemin.

II

1541 (v. s.), 9 janvier. Fontainebleau. — « *Lectres patentes du gouvernement de La Rochelle, Poictou, Xainctonge et aultres lieulx estans le long de la rivière de la Charente, pour monseigneur Loys de La Trémoille, vicomte de Thouars.*

« Francois, par la grâce de Dieu, roy de France, à tous ceulx qui ces présentes lectres verront, salut.

« Comme nous eussions cy-devant commis et estably feu nostre cousin le seigneur de La Trémoille, derrenier décedé, nostre lieutenant-général en notre ville de La Rochelle et pays d'environ, Poictou, Xaintonge et autres lieux estans le long de la rivière de la Charente, et soit ainsi que nostre cousin soit puisnaguères allé de vye à trespas, au moyen de quoy est besoing pourveoir à ladicte charge de personnaige qui nous soit seur et féable. Savoir faisons que nous, confians à plain de la personne de nostre cher et amé cousin Loys, seigneur de La Trémoille, son filz aisné, et de ses sens, suffisance, vertuz, vaillance, loyaulté, preudommye, expérience et bonne diligence, aussi pour l'espérance que nous avons que, à l'ymitation de sondict père et de ses prédécesseurs, il sera pour bien fidellement et loyaulment s'acquitter de ladicte charge, icelluy, pour ces causes et autres bonnes considérations à ce nous mouvans, avons faict, constitué, ordonné et establi, faisons, constituons, ordonnons et establissons, par ces présentes, nostre lieutenant général esdictes ville de La Rochelle, pays d'environ, Xaintonge, Poictou et autres villes et lieulx estans le long de ladicte rivière de La Charente, et luy avons donné et donnons plain pouvoir, auctorité et mandement espécial de vacquer et dilligemment entendre à tout ce qu'il verra y estre requis et nécessaire, pour le bien, seureté et deffense desdictes villes, lieulx et pays ; et pour ce faire, selon que l'affaire le requerra, la faire pourveoir, fortiffier et remparer le mieulx que possible sera, assembler et faire venir par devers luy tous les seigneurs gentilzhommes et autres, de quelque quallité et condition qu'ilz soient, demourans esdicts lieulx et pays, pour adviser et délibérer avecques eulx ce qui sera utile, nécessaire et proffitable pour le bien et seureté desdicts lieulx, villes et pays, et leur commander et ordonner ce qu'ilz auront à faire pour nostre service, de mander aussi et faire assembler, si besoing est, noz ban et arrière ban, communaultéz, gens de villes et plat pays pour iceulx employer et exploicter au reboutement de noz ennemiz et empescher qu'ilz ne facent aucunes descentes en nostre royaulme le long de ladicte rivière de Charante, d'entrer fort et foible en nostredicte ville de La Rochelle et aultres lieux, villes et places dessusdictes, pour regarder et adviser en quel estat elles seront et commander et ordonner tout ce qu'il cognoistra que besoing sera pour la deffense et conservation d'icelles, et y, mectre telz cappitaines et nombre de gens qu'il advisera, pour le myeulx, en manière que inconvénient n'en puisse advenir, de [....] et ordonner de tous voyages, sallaires et vaccations qu'il conviendra faire pour l'effect que dessus, et sur ce bailler ses ordonnances signées de sa main et scellées de son scel, suyvant lesquelles nous ferons expédier acquictz suffisans et vallables à ceulx qui feront lesdicts payemens, et géneralement de faire en ceste présente charge, ses circonstances et deppendances, tout ce que ung lieutenant général et bon chef doit faire, en telle forme et manière que nous mesmes ferions et faire pourrions si présent y estions en personne, jaçoit que la chose requis mandement plus espécial ; et ce jusques à ce que par nous autrement en soit ordonné. Sy donnons en mandement par cesdictes présentes à tous nos lieuxtenans, bailliz, seneschaulx, gouverneurs, cappitaines et autres noz justiciers, officiers et subjectz, que à nostredict cousin le seigneur de La Trémoille ès choses dessusdictes ilz obéissent et facent obéyr et entendre dilligemment tout ainsi que à nostre propre personne, sans y contrevenir en quelque manière que ce soit, car tel est nostre plaisir. En tesmoing de ce avons signé ces présentes de nostre main et à icelles faict mectre nostre scel.

« Donné à Fontainebleau, le neufiesme jour de janvier, l'an de grâce mil cinq cens quarante et ung et de nostre règne le vingt huictième.

« Françoys.

« Par le Roy, le conte de Buzances, admyral de France, présent,

« Bayard. »

« Leues et publiées en jugement en la court ordinaire de la séneschaussée de Poictou tenue à Poictiers par nous François Doyneau, lieutenant-général, et enregistrées au greffe de ladicte court, ce requérant le procureur du Roy comparant par maistre Philippes Arembert, le derrier jour de febvrier l'an mil cinq cens quarante et ung.

« P. Robin, greffier. »

Chartrier de Thouars. Original parchemin. Sceau perdu.

III

1542. 7 mai.— « *S'ensuyt ce qui a esté dict à propous de la part de madame de La Trémoille en présence de monsieur le lieutenant général de Poictou, et des principaulx gentilzhommes, conseil et serviteurs de la maison le VII° jour de may mil V^{c}XLII.*

« Suyvant ce que monseigneur monsieur de La Trémoille veut entendre et scavoyr les droictz qui apartiennent à madame madame sa mère, qui seront icy après mys par déclaration. Item que ladicte dame aict voulloyr ne intencion départir ou diviser la maison mays icelle entretenir en son entyer et augmenter, se elle peult, et vyvre avec madame de Taillebourg, sa mère, monsieur son filz et ses aultres enffans, et du tout faire selon le bon plaisir du Roy auquel elle entièrement s'en soubzmect pour faire ce qu'il luy plaira ordonner.

« Premyèrement, appartient à madicte dame la moictié des meubles desquelz elle a commancé à faire faire inventaire par les officiers de Thouars, en présence des principaulx gentilzhommes et serviteurs de la maison, du voulloir de mondict seigneur son filz, lequel reste à parachever et le faire recoller en présence dudict seigneur ou de gens qu'il vouldra commectre. Et affin que lesdicts meubles demeurent perpétuellement à la maison, ladicte dame s'en départira vouluntiers mays qu'elle ne soit tenu aux debtes, et de ce faire prie et requiert mondict seigneur son filz bien instamment.

« Plus, appartient à ladicte dame son douayre coustumyer ou préfix par provision, tout ainsi qu'il sera advisé par les encyens serviteurs et conseil de la maison et aultres gens de bien qu'ilz verront.

« Plus, luy appartient la moictié des acquestz et conquestz faictz constant le mariage de feu monseigneur et de madicte dame, qui sont la moictié de deux mil sept cens livres de rente qui auroient esté constituez à madame de Busset pour son dot et assignation de denyers, et pour ses acquestz qui luy appartenoient par le mariage de feu monseigneur Loys de La Trémoille et d'elle, laquelle rente a esté acquise et rachaptée par feu mondict seigneur de La Trémoille constant le mariage de luy et de madicte dame.

« Plus, la moictié de la terre et seigneurie de Bourgnouveaulx qui a esté retirée au nom de madicte dame, comme parente de feu monsieur de P[......] qui l'avoit vendue.

« Plus, la moictié de la terre et seigneurie du Pressouer-Bachellier, acquise par feu mondict seigneur constant ledict mariage, et d'aultres acquestz et droictz qui seront plus aplain mys par déclaration, et d'iceulx fera aparoir par les contractz qui sur ce ont esté faictz et passez, et du tout ladicte dame s'en rapporte aux enciens serviteurs de la maison, à monsieur le lieutenant de Poictou et aultres gens de bien que mondict seigneur son filz vouldra choisir pour y veoir et le prie qu'ilz vivent ensemble comme ilz ont acoustumé.

« Et ce néantmoins pour le grand désir que ladicte dame avoyt de faire service à madame de Taillebourg, demeurer avec elle et messieurs ses enffans, offrit que tout ce qui luy apartiendroit feust receu par leur recepveur général, comme il avoit de coustume, pour contribuer à la despence de la maison, selon les gens qu'elle retiendroict, et le surplus estre amployé aux affaires de ladicte maison sans rien diviser.

« Ou bien que s'il sembloit mieulx audicte seigneur son filz que ladicte dame sa mère, feist sa despance à part, qu'elle le feroit vouluntiers pour seullement demeurer en la compagnie de madicte dame de Taillebourg et sesdicts enffans. A quoy ledict seigneur son filz aisné ne voulut entandre et déclara qu'il voulloit vyvre avec madicte dame de Taillebourg et prandre avoyr et jouyr des droictz d'icelle et des siens et faire partaige des meubles, dont ladicte dame s'en soubzmist à en croyre et accorder tout ce qui seroit advisé par mondict sieur le lieutenant, les gentilzhommes de la maison et aultres gens de bien, pendant qu'il plairoit au Roy et à la Royne de Navarre d'y faire veoir et en ordonner à leur bon voulloyr et plaisir pour le bien et entretenement de la maison.

« Et le landemain, en présance de mondict sieur le lieutenant, des gentilzhommes et damoiselles de la maison et aultres gens de conseil, en passant l'appoinctement d'entre eulx, ladicte dame en plorant requist audict seigneur son filz et le prya, puisqu'il luy avoyt desnyé vyvre en la compagnye de madicte dame de Taillebourg, de luy et de ses frères, qu'il eust considération ad ce qu'il la faisoit renuncer à son douayre costumyer à elle apartenant par la coustume du pays après le décès de madame de Taillebourg, qui se pouvoyt monter deux foys autant que son douaire préfix. Et aussi qu'on luy retenoit douze cens cinquante livres de rente que à elle appartenoient de ses acquestz, soubz coulleur de quelque reddicion de compte de l'administration des biens de ladicte dame de Taillebourg faicte par feu monseigneur, son père, qui est une invention desraisonnable, que ledict seigneur son filz luy feist quelque suplément de son douayre de huict cens ou mil livres de rente, comme feu monseigneur son père avoit faict à madame de Busset, sa belle-mère ; et toutesfoys n'eurent aulcun effaict ny la remonstrance et prière ny les pleurs de ladicte dame à l'endroict dudict seigneur son filz, ains fut au contrayre passé et ordonné, par l'appoinctement faict entre eulx, que ladicte dame fût contraincte accorder voyant que aultre raison elle n'en pouvoyt avoyr, comme du tout ladicte dame s'en rapporte à mondict seigneur le lieutenant, aux gentilzhommes, damoiselles et aultres gens de bien qui estoient présens.

« Et combien que, par ledict appoinctement, feust dict et accordé que ladicte dame auroit quatre mil cinq cens livres de rente en assiette pour son douayre, toutesfoys deppuys on ne luy a voulu faire délivrance, si non à la valleur des fermes, des terres, et plus hault que lesdictes fermes ne montent, comme du tout apert par les appoinctemens sur ce faictz, que ladicte dame a esté contraincte accorder soubz les protestacions qu'elle a faict à part voyant qu'on ne luy voulloit mieulx faire et que ledict seigneur, son filz, avoit déclaré qu'il n'en feroit aultre chose, et qu'elle le mist en procès, si bon luy sembloyt, comme du tout elle s'en rapporte aux gens de bien qui estoient présens, combien que ladicte dame eust faict offrir audict seigneur, son filz, qu'elle prandroit voluntiers, néanmoins qu'elle ne fust tenue, l'assiette de sondict douaire, scelon la valleur des terres à estre compté et calculé par les comptes de neuf années ainsi qu'il avait esté faict à ladicte dame de Busset.

« Et bientost après ledict seigneur emmena ladicte dame de Taillebourg et les aultres enfans à Berrye, délaissa ladicte dame, sa mère, seulle audict lieu de Thouars et feyt fermer le Parc Chalon, où l'on prend le boys pour la provision de la maison.

« Et quelques jours après ledict seigneur de retour de Berrye audict Thouars pour ses affaires, ladicte dame sa mère luy remonstra comme il avoit faict fermer ledict parc et qu'elle ne scavoit ou prandre de boys, d'autant que le pays en est stérile, et que c'estoit ung estrange traictement faict du filz à la mère; à quoy ledict seigneur feyt responce que cela n'estoit poinct en son contract, et a convenu à ladicte dame jusques à son partement dudict Thouars achepter le boys et ses aultres provisions au marché et vivre à part toute seulle car ledict seigneur de La Trémoille faisoyt aussi sa despence à part, et a esté ladicte dame ainsi toute seulle ung moys et demy en assez piteux estat, comme peuvent scavoir les gens de bien et d'honneur qui la peurent veoir ausquelz elle s'en rapporte.

« Et encores auparavant avoyt ledict seigneur deffendu à son recepveur de

Thouars de ne bailler aucune chose de sa recepte fors audict seigneur seullement et par son commandement et non à aultre.

« Et deppuys ledict seigneur feyt faire partage des meubles et manda quérir ung orfevre à Tours pour faire extimer les bagues, et contragnyt ladicte dame sa mère, inventorier et représenter ses abillemens combien qu'elle voulut et offrit que les abillemens dudict seigneur, son filz, qui estoyent de plus grande valleur luy demeurassent, en délaissant aussi à ladicte dame, sa mère, ses abillemens sans les faire inventorier, ce néanmoins fut proceddé, à l'instance et refus dudict seigneur, à l'inventaire, exibicion et représentation desdicts abillemens et fut contraincte ladicte dame de La Trémoille de exiber jusques à ses manchons.

« Et en faisant partage desdicts meubles fut à ladicte dame reproché par Jacques, certain serviteur dudict seigneur son filz, et en sa présence et en grande et bonne compagnie, que icelle dame ne aymoit poinct ses enfans, qui est une trop grande injure à elle faicte par le soustien et souffrance dudict seigneur son filz.

« Item, et comme au moyen de la division, aulcunes des damoyselles de la compagnye de ladicte dame se retirassent et fussent emmenez les coffres de leurs abillemens et aultres besognes, après ce que les coffres de la dame du Cluzeau furent chargez et jà charroyez jusques au meillieu de la ville de Thouars, furent en la place publicque du marché, par les gens dudict seigneur, arrestez, sequestrez, ouvertz, visitez et detenuz jusques au lendemain pour veoir si ladicte dame de La Trémoille y avoit rien faict mectre de meubles de la maison pour les receller.

« Item, et non content de ce ledict seigneur envoya toute suicte de Berrye à Thouars troys gentilzhommes pour faire le guet au chasteau, lequel feyrent par deux ou troys jours et nuictz en habitz dissimulez que aultrement, néanmoins que dez le premier jour que ladicte dame en feust advertye eust offert aux gens et officiers dudict seigneur, son filz, ouvrir ses coffres qui de faict furent ouverts et ses meubles mys en évidence pour veoir s'il y avoit aultre chose que ce qui luy estoyt tombé en son lot.

« Item, et nonobstant tout ce, fut reproché à ladicte dame que sans avoir faict faire ledict guet et y avoir bien prins garde elle eust faict tout emporter et emmener lesdicts meubles, dont ladicte dame requist acte qu'elle ne peut avoyr.

« Item, et pour faire plus grande injure à ladicte dame, comme elle eust, par l'advis du conseil et anciens serviteurs de la maison, affermé la terre de Craon, ledict seigneur son filz, estant à la court, pour luy sourvenir tant pour ses despenses et à ses aultres affaires, icelluy seigneur, de retour de la court, envoya audict lieu de Craon et feyt à cry public inhibitions et desfenses de non payer les droictz de ladicte seigneurie au fermier et à luy de ne se ingérer en sadicte ferme, et ce néanmoins deppuys luy a baillé ladicte ferme à mesmes pris et à plus grands avantages que ne avoit faict ladicte dame.

« Item, et oultre, a envoyé ledict seigneur ès terres de madame la contesse de Taillebourg et faict faire à son de trompe et cry public inhibition et desfenses que les subjectz n'eussent à payer les devoirs aux fermiers à qui feu monseigneur de La Trémoille avoit affermé lesdictes terres et ausdicts fermiers de non plus se ingérer et entre mectre ès lesdictes fermes.

« Et à la fin commença ladicte dame s'en aller toute seulle à chevaulx d'empructz et de louage, sans ce que ledict seigneur, son filz, luy ayt faict raison des siens et de ceulx dudict feu seigneur de La Trémoille, son père, ny luy avoir offert de luy en ayder et en prester aucun d'eulx, ny de l'argent, si elle en avoit deffault, ainsi la laissa aller toute seulle avec les gens d'elle seullement de la ville de Thouars, et après la trouva à une lieue de Thouars et la conduisit jusques à Berrye et non oultre, ouquel lieu ladicte dame de La Trémoille alla prendre congé de ladicte dame contesse de Taillebourg et dire adieu à son petit filz le jeune.

« Et où ledict seigneur, filz de ladicte dame, se vouldroict plaindre de ce que les gens d'elle auroient vendu sa part des meubles, de boys, du chasteau de L'Isle-Bouchart, ce a esté après que ladicte dame auroict offert de les laisser audict seigneur, son filz, en les prenant pour le prix qu'ilz avoient esté extimez par les officiers dudict lieu, officiers dudict seigneur, et encores de luy en bailler rescompense en aultres meubles qu'il ne voulut accepter, ains feyt escripre à ses gens estans audict lieu de L'Isle Bouchard, qu'il n'en vouloit poinct.

« Et ou par le semblable il se vouldroict plaindre et faire [.....] comme ladite dame du partage qui a esté faict du manteau de l'ordre dudict feu seigneur, ladicte dame l'eust voluntiers quicté, n'eust esté l'injure qui luy avoit esté faicte de luy faire exiber et représenter ses propres habillemens et jusques à ses manchons et abillemens de teste, et davantage que ladicte dame n'en sceut jamais avoir récompense en aultres meubles, comme elle n'en a poinct eu de la pluspart des meubles, de boys, des chevaulx dudict feu seigneur de La Trémoille et dudict seigneur, son filz, ensemble de ses abillemens, ains quant il veyt que sesdicts habillemens estoient de plus grande valeur [.....] et oultre la moictié, feyt rapporter à ladicte dame sa mère [.....] luy avoit faict exiber et inventorier ses robbes et abillemens n'estoit pour en avoir sa part et n'en peult avoyr aultre raison ladicte dame de La Trémoille. »

Chartrier de Thouars. Pièce papier.

IV

1543 (v. s.), 3 février. — Enquête au sujet d'un combat naval entre Olonnais et Espagnols.

« Faict par nous Jehan Chambret, escuyer, licencié es loix, senneschal de Noirmoustier, prins pour adjoinct avecques nous Jacques Gaillard, greffier de Thouars, le tiers jour de feubvrier, l'an mil cinq cens quarente troys.

« Honneste personne Lucas Droyneau, l'esné, demeurant à Noirmoustier, aagé de cinquante cinq ans ou environ, après ce que luy avons faict faire serment de dire vérité, a esté par nous interrogé et oy sur les charges et informations contre luy faictes ainsy qu'il est cy après. Confesse ledict Droyneau libérallement qu'il est natif dudict ysle de Noirmoustier et y avoir demeuré la plus grande partie du temps, comme encores faict à présent, et dict qu'il y a eu ung an, dès la feste de sainct Jehan, dernière passée, que Monseigneur luy bailla la garde du chasteau dudict ysle de Nermoustier, ainsi qu'il dit aparoir par une lectre ou deux, signées dudict seigneur, qu'il a en sa maison, et ad ce moyen a prins la garde dudict chasteau, et durant la guerre qui y a esté durant ledict temps a donné ordre audict chasteau par manyère que les Espaignolz ne aultres adversaires n'y ont entrez, combien que ordynairement y eust gallyons d'Espagne, challouppes qui alloyent par mer et passoyent tout le long de la couste dudict isle qui estoyent esquippés en guerre. Et encores dit que y en a de présent nombre de gallions parce qu'ilz se retirent à l'isle Dieu, qui n'est que à quatre lieues dudict hisle de Nermoustier, et que de la terre dudict hisle l'on voyt ledict lieu de l'isle Dieu et gallyons y estans et en [.....] en ceste ville qui est despuys quatre ou cinq jours aperceut ung gallion qui estoyt au travers de sainct Jehan de Mons, en mer.

« Sur les informations enquys

« Dict que six ou sept jours auparavant la feste de sainct Mychel dernière, ne scet quel jour, luy estant au chasteau apersceut en mer du cousté devers l'isle du Pillier, deux grandes challouppes, qui sont navyres de guerre, avecques deux gallyons d'Espaigne qui estoyent près ledict Pillier en mer à l'ancre en actandant s'ilz trouveroyent quelque prinse, et dit que cedict jour apersceut, environ mydi, une flotte de navyres qui estoyent jucques au nombre de dix-huit qui venoyent en mer par ung lieu que l'on appelle Belles-Eaux, droict à la Cheze qui est la terre dudict Nermoustier et où abordent les navyres quant les gens viennent en ladicte hille. A ceste cause, feit dilligence de faire assambler là, comme pour aller au davant desdicts navyres, parce qu'ilz ne scavoyent si elles estoyent francoyse ou du party au contraire. Et s'en alla ledict confessant, ensemble le commun des habitans de ladicte ville avecques luy, jusques au nombre de cinq cens et plus enbastonnez, audict lieu de la Chèze, où illecques par lesdicts navyres leur fut montré une ensigne de France, au moyen de quoy les lessèrent aborder et congnurent que c'estoyent Aullonnoys, et vindrent les maistres des navyres jucques au nombre de sept ou huyt en leurs petis bâteaux qui descendirent à terre, dont il congneut ung nommé Gendron et aultres qui estoyent d'Aullonnoys, lesqueulx maistres des navyres disoyent qu'ilz voulloyent aller descharger à Sainct Paol en Bretaigne et qu'ilz estoyent chargez de vins, mays qu'ilz voulloyent venir à la ville pour eulx repatrier, aussi que le temps estoit maulvays pour aller leur rotte. —

« Dict que sur ce il commença à leur dire qu'il y avoit au Pillier, qui est à deux lieux de là, deux challuppes et deux gallions d'Espaigne qui actendoyent et que pour ce s'en prinssent garde, et qu'il y avoit ung des gallyons qui suyvoit une petite barcque dudict hisle pour la prandre, toutesfoys qu'elle avoyt gaingné terre. A ceste cause, lesdicts maistres de navires parlementoyent ensemble et aussi luy confessant et advisoyent pour le myeux qu'ilz retourneroyent en leursdictz navires et n'oteroyent la voille, ce qu'ilz firent, et, en leur départant, luy dirent lesdictz maistres aullonnoys : si par fortune nous touchons à terre, qu'ilz eussent à leur secourir. Ce que ledict confessant dist qu'il le feroyt et actendroyent tout le jour, luy et lesdictz habitans, ce que aussi firent. Dict que ainsi que lesdictz Aullonnoys eurent drissé leurs voilles et qu'ilz s'en alloyent, apersceut lesdicts deux gallyons d'Espaigne qui s'en venoyent droyt ausdicts Aullonnoys, et lors il commença à dire à sesdictes gens que lesdicts Aullonnoys et Espaignolz se baptroyent voulluntiers. Et dit aussi que deux ou troys heures après aperceurent les deux challuppes qui s'en venoyent à ladicte flotte et estoyent du cousté du lieu que l'on appelle le Vieil, au moyen ledict confessant et ses gens s'en allèrent audict lieu du Vieil où illecques virent comment l'une desdictes challouppes se baptoit avecques lesdictz Aullonnoys, lesquelz ilz [...] et estoient sur les rochiers de distance d'une portée d'arbaleste où ils se baptoyent. Et dit que l'autre challouppe ne peult venir au secour de l'autre au moyen des rochiers qui y estoyent et n'estoyt si bonne à la voille comme l'autre. Dict qu'ilz furent plus de deux heures à leurs combatres et finablement lesdictz Aullonnoys gaingnèrent ladicte chappelle à La Chèze où ilz retournèrent où pareillement ledict confessant et sesdictes gens allèrent. Et dict que incontinant amenèrent les blessez à terre pour les faire panser, dont entre aultres y en eut deux Aullonnoys, que ledict confessant fit porter oudict hille pour les pensser dont l'ung mourut le lendemain au matin et l'autre dix ou douze jours par après. Et quant est desdictz Espaignolz estans en ladicte challuppe ne furent mys à terre. Et parce qu'il estoyt tart s'en retira et sesdictes gens et s'en alla coucher audict chasteau. Dict que le landemain au matin, il s'en retourna en ladicte Cheze et trouva que jà lesdicts Aullonnoys avoyent mis à la terre lesdicts Espaignolz en ladicte hille, que voyant et aussi maistre Martin Moreau, procureur de la court, et plusieurs aultres qui estoyent allez avecques luy, gardoyent lesdicts Espaignolz ne vinssent en la ville parce qu'ilz ne voulloyent qu'ilz y vinssent. Au moyen de quoy lesdicts Aullonnoys lhouèrent une barcque d'ung nommé Turcquet et luy baillent demy pipe de vin et deux cens pains pour emmener lesdicts Espaignolz d'un aultre cousté à la grande terre. Et dit que lesdicts Espaignolz furent mys en la grand barcque dudict Turcquet, ne scet quelles voyes ilz prinsdrent ne quelle part, car tout incontinant qu'ilz furent en ladicte barcque ledict confessant et plusieurs s'en allèrent disgner et estoyt près de deux heures après mydi. Et dit quant il fut de retour en la ville qu'il sceut que les maistres des navyres desdicts Aullonnoys avoyent envoyez dès le matin ung desdicts Espaignolz, que l'on appelloit le cappitaine, en ladicte ville et qu'il estoyt blessé et estoyt cheuz le barbier où ilz se faisoyent pensser. A ceste cause, il s'en alla et plusieurs aultres avecques luy et entrèrent cheuz ledict barbier que l'on appelle André Veillet où il veyt ledict cappitaine espaignol et lesdictz Aullonnoys qui avoyent esté pencez. Et ce faict, s'en retourna ledict confessant en la maison pour disgner. Et est ce qu'il confesse.

« L'avons interrogé si ledict cappitaine parloit bon françoys. Dict qu'il parloit quelque peu françoys et qu'il parla à luy lorsqu'il fut chez ledict Veillet et que de dix parolles on n'en entendoyt pas deux et oncques puyts ne parla à luy.

« Si ledict cappitaine luy dist qu'il estoyt filz d'un marchand qui avoit achapté des bledz du recepveur de Noirmoustier, filz dudict Droyneau, en l'an mil cinq cens quarente et ung, et dict qu'il ne luy en parla oncques, aussi dit que lesdicts bledz en ladicte année furent par luy venduz à deux marchans, l'un de Bayonne, l'autre de Bourdeaux, lesqueulx il avoyt achapté de monseigneur ladicte année.

« Quelz propoux il eut doncques avecques ledict cappitaine espaignol ?

« Dict qu'il luy demanda dont il estoit, lequel luy dist qu'il estoyt de Sainct Sebastiano et ne meut aultres parolles ne propoux avecques luy.

« Si ledict cappitaine luy dist qu'il fournyroit de mil escuz de ransson et qu'il avoyt troys prinses à l'isle-Dieu tant de bledz que de vins ?

« A dict que ledict cappitaine ne luy en parla oncques et n'en sceut rien et ne luy en veit oncques tenir propoux.

« Quant ledict cappitaine alla hors de ladicte hille ?

« A dict que ce fut le jour de Sainct Mychel ensuyvant et qu'il l'apersceut sur ung cheval devant la porte dudict barbier, sur lequel il estoyt monté, mays ne parla à luy et qu'il y avoyt plus de quarente personnes autour de luy et que ledict barbier y estoyt.

« S'il y avoit deux hommes de l'isle Dieu ?

« A dict que ledict barbier s'en vint par devers luy qui luy dist que le greffier Faultrard, qui est contrerolleur, l'empeschoyt qu'il n'enmenast ledict cappitaine et qu'il y avoyt deux hommes de l'isle Dieu qui l'estoyent venu quérir.

« Lequel luy dist qu'il n'en avoit poinct de charge et ne s'en mesloyt et que monsieur du Boys-Catus estoyt illecques présent qui avoit la charge pour mondict seigneur pour la mer et qu'il se retirast à luy.

« S'il veyt que ledict Faultrard parloit audict Villet et se oppousoyt à sa délyvrance ?

« A dict qu'il n'en veyt riens et ny estoit présent.

« S'il sceut que ledict Faultrard dist audict Villet pourquoy il emmenoyt ledict cappitaine hors ladicte hille et que ledict Villet dist que ledict Droyneau luy avoyt baillé en garde comme lieutenant du chasteau.

« A dict que non et que jamais il ne le bailla en garde audict Villet ; aussy qu'il n'y estoyt lorsqu'il fut amené chez ledict barbier et estoyt à la Cheze comme dessus a dit.

« S'il avoyt baillé ung passeporte audict Villet ou cappitaine pour l'emmener ?

« A dict que non.

« Où il trouva lesdicts Faultrard et Villet qui partoyent ensemble et ledict Faultrard dict audict Droyneau qu'il se oppousoyt à la délyvrance dudict cappitaine et qu'il dist audict Faultrard qu'il ne scavoyt qu'il disoyt ?

« A dict qu'il ne parla audict Faultrard et ne luy feit responce et ne luy dist lesdictes parolles ains qu'il apersceut seullement ledict Faultrard après le différant de luy et dudict Villet et que l'on emmenoyt ledict cappitaine et ne parla audict Faultrard aultrement.

« S'il dist audict Faultrard qu'il [......] à faire brusler ladicte hille comme par cy devant avoyt esté ?

« A dit qu'il n'en parla jamais, aussi ledict Faultrard ne parla à luy.

« Si lors que ledict Faultrard disoyt que ledict cappitaine estoit ung larron qui avoit desrobé plusieurs marchans et pillé et voulloyt rendre les navyres en l'isle qui estoyent chargez de bledz, ledict Droyneau luy dist qu'il vouldroyt qu'il n'y en fust dessendu un grain de bled ne aultre chouse et qu'il ne scavoit qu'il disoyt.

« A dict qu'il n'en oyt jamais parler, ne n'en parla audict Faultrard.

« Luy avons remonstré que en son dire ny avoyt propoux et qu'il y avoit plus de trente personnes, le sieur de Laubrays et aultres.

« Lequel a dit que véritablement il veyt ledict sieur de Laubroys sur le cay et parla audict de Laubroys et y estoit Jehan Duillard et aultres et furent assez long temps ensemble, mays ne oyt parler, ne feyt responce audict Faultrard, ne tint propoux soyt de dire qu'il ne vouldroyt qu'il y eust bleds ne aultres choses.

« S'il a eu de l'argent pour la délyvrance dudict cappitaine?

« A dit que non et jamays ledict cappitaine ne luy bailla ne feyt bailler ung denier, aussi n'en vouldroyt-il avoir.

« Si de l'Isle-Dieu furent apportées deux rondelles, et deux espées en la maison dudict Veillet qui despuys ont estez portées en sa maison?

« A dict qu'il n'a eu ne receu rondelles ne espées et n'en a esté porté chez luy et ne sceit si on en a porté chez ledict Veillet.

« Si ledict cappitaine bailla six escuz audict Veillet?

« A dict qu'il n'en scet riens et qu'il n'y estoyt.

« S'il a bien sceu que ledict cappitayne fut mené à l'Isle-Dieu?

« A dict qu'il n'en sceut riens au vray parce qu'il ne sortit hors ladicte ville, toutesfoys dit avoir oy dire qu'il avoyt esté mené en l'Isle-Dieu, ne scet en quel bapteau ne par quy.

« S'il a sceu que ledict Lucas, son fils, lors dist qu'il seroit paié du reste du bled que luy debvoit le père dudict cappitaine pour le reste dudict bled vendu?

« A dict qu'il n'en scet riens et ne le croyt que sondict filz l'eust dit parce qu'il avoyt vendu lesdicts bledz comme dessus a dit.

« S'il s'en veult rapporter audict Faultrard?

« A dict que non et qu'il aymeroyt myeulx avoir perdu mil escuz.

« Pourquoy a dit qu'il ne vault riens d'avoir dit ce qu'il a dit car jamays il n'en parla et s'en vieult rapporter à tous aultres gens de bien en ladicte hille et aultres tant grands que petits et plus n'en dict.

« Ainsi signé :

« J. Chambret, et L. Droyneau. »

Chartrier de Thouars. Cop. Pap.

V

1544, 28 avril. Rouen. — *Lettres patentes de François Ier ordonnant la réduction du nombre des notaires dans la vicomté de Thouars et autres seigneuries de Louis III de La Trémoille.*

« Françoys, par la grâce de Dieu roy de France, au premier de noz amez et féaulx maistres des requestes de nostre hostel et premier des conseillers de nostre grant conseil trouvez sur les lieux, sénéschal de Poictou ou ses lieux-tenans, à chascun de ses sièges, juge de Lodun ou son lieutenant, et chascun d'eulx premier sur ce requis, salut.

« De la partie de nostre cher et amé cousin Loys, seigneur de La Trémoille, viconte de Thouars, nous a esté exposé que ledict viconté de Thouars est de belle et grande estendue soubz laquelle y a plusieurs baronnyes, chastellenyes et autres seigneuries audict exposant appartenans ; pareillement luy appartiennent plusieurs autres belles baronnyes, terres et seigneuries, situées et assises tant en nostre pays de Poictou, gouvernement de La Rochelle, duché de Bretaigne que pays d'Anjou, et soubz umbre d'un article de la coustume dudict pays de Poictou, où seroit assise ladicte viconté et autres terres et seigneuries à luy appartenans, qui permect aux seneschaulx et juges chastellains des seigneuries subalternes de créer notaires pour passer et recevoir contractz, ont par cy davant lesdicts seneschaulx et chastellains des baronnyes, chastellenyes et seigneuries, estans soubz ladicte viconté et autres, appartenans audict exposant faict, et créé desdicts notaires en si grant nombre et esfrené qu'il seroit intollérable, et mesmes que la pluspart desdicts notaires sont laboureurs et pouvres gens de mestier, imbécilles et ignorans qui ne scavent lyre ne bonnement escripre leur nom, dont plusieurs faultes et abbuz sont advenuz et adviennent de jour en jour tant par la contrariété des actes et contractz que falsiffication d'iceulx, et de ce sourdent plusieurs procès et différends entre les subjectz et justiciables desdictes seigneuries qui par ce moyen sont grandement vexez et travaillez, et vouldroit bien nostredict cousin, pour obvier aux faultes et abbuz dessudicts et pour le bien desdicts subjectz, faire réduction suyvant noz ordonnances à nombre certain et compectant desdicts notaires esdicts baronnyes, chastellenyes et autres terres et seigneuries à luy appartenans, tant oudict pays de Poictou que gouvernement de La Rochelle, duché de Bretaigne et d'Anjou et y commectre gens scavans, ydoines et capables pour exercer lesdicts offices, mais il doubte, pour la grande multitude de ceulx qu'il conviendra destituer et qui résident en plusieurs et divers ressortz, jurisdictions et pays susdict ausquelz y a plusieurs sièges royaulx, que s'il vouloit faire ladicte réduction de son auctorité qu'il feust pour ce contrainct de souffrir et soustenir plusieurs et divers procès par davant divers juges, qui feroit tomber le négoce en grande langueur, et luy conviendroit faire de grands fraiz à la poursuicte, humblement requérant sur ce luy estre par nous pourveu de nostre provision et remède de justice à ce convenable.

« Pour quoy nous ce considéré, désirans subvenir à nostredict cousin selon l'exigence des cas et pour ce que le négoce et matière dessusdicts requiert célérité et concerne le bien et utilité publicque de tous les habitans et subjectz de ladicte viconté de Thouars, terres et seigneuries dessusdictes, et autres qui contractent et négocyent sur les lieux de jour en jour, vous mandons et de nostre plaine science, plaine puissance et auctorité royal, commectons, par ces présentes, que appellez par davant vous en certain lieu de ladicte viconté et tous autres lieux desdicts pays de Poictou, gouvernement de La Rochelle, duchez de Bretaigne et d'Anjou, que adviserez pour le myeulx, tous et chascuns les notaires et autres qui s'entremectent et se disent avoir povoir de passer et recevoir contractz soubz les sceaulx desdicts viconté, baronnyes, chastellenyes et seigneuries appartenans à nostredict cousin, ensemble les officiers d'icelluy nostredict cousin ; vous enquérez du nombre effrené desdicts notaires et des sens suffisans d'iceulx, pour ce faict estre par vous pourveu, par l'advis et délibération desdicts officiers et du vouloir et du consentement de nostredict cousin, à la réduction desdicts notaires à tel nombre qu'il sera par vous et lesdicts officiers advisé et délibéré et que verrez estre expédient pour le bien et utillité des subjectz et habitants de ladicte viconté et autres seigneuries dessudictes ; et ce nonobstant oppositions ou appellations quelzconques et sans préjudice d'icelles, pour lesquelles ne voulons estre différé. Et faictes expresses inhibicions et deffenses, de par nous, sur certaines et grosses peines à nous à appliquer et sur peine de nullité des actes et contractz, à tous ceulx qui seront par vous trouvez incapables de faire et exercer tel estat et qui ne seront du nombre qui aura pour vous ainsi esté réduict et lymité, de ne doresnavant se ingérer de passer ou recevoir aucuns actes ou contractz ou autrement s'entremectre en aucune manière dudict estat et office de notaire esdict viconté, baronnyes, chastellenyes et seigneuries. Et en cas d'opposition ou contredict lesdictes inhibicions et deffenses tenues, renvoyez en nostre grant conseil, à certain jour, les opposans et contredisans pour dire les causes de leur opposition et contredict et sur ce procedder comme de raison ; auquel nostredict conseil, de nostre grâce et auctorité que dessus avons commis et attribué, commectons et attribuons, par ces présentes, la congnoissance, jugement et décision desdictes oppositions, circonstances et deppendances, et icelle avons interdicte et deffendue, interdisons et deffendons à tous autres juges. Car tel est nostre plaisir, nonobstant us, stille, coustume et quelzconques lectres, ordonnances, mandemens et restrinctions à ce contraires.

« Donné à Rouen, le XXVIIIe jour d'avril, l'an de grâce mil cinq cens quarante quatre et de nostre règne le trentiesme.

« Par le Roy en son conseil.

« DE LAUBESPINE. »

Chartrier de Thouars. Original, parchemin, scellé.

VI

1545, 15 octobre, Paris. — Lettres de François Ier *autorisant le sénéchal de Poitou à décharger, après information, Louis III de La Trémoille de la tutelle de ses frères et sœur puînés.*

« Françoys, par la grâce de Dieu, Roy de France, au seneschal de Poictou ou son lieutenant salut. De la partie de nostre cher et amé cousin Loys, seigneur de La Trémoille, viconte de Thouars, nous a esté exposé que, puis quatre ans en ça, feu nostre cher et amé cousin Françoys, seigneur de La Trémoille, en son vivant, chevalier de nostre ordre et viconte dudit Thouars, est allé de vie à trespas, délaissé nostre bien amée cousine Anne de Laval, sa vefve, nostre dict cousin exposant, leur filz aisné et princippal héritier, et cinq autres enfans tous mineurs, desquelz la tutelle et administration auroit esté baillée à nostredict cousin exposant qui l'auroit acceptée par certain accord faict entre luy et ladicte de Laval, sa mère, et a exercé et continué icelle tutelle et charge jusques à présent; et pour ce qu'il congnoist qu'elle luy est onéreuse et pourroit tourner à grand préjudice il requerroit vouluntiers en estre deschargé et que autre soit en son lieu pourveu et créé tuteur et curateur desdictz mineurs, mais il doubte que feissez difficulté de ce faire ou qu'on le voulsist empescher s'il n'avoit sur ce noz lettres de provision convenable, humblement réquérant icelles. Pourquoy, nous, ce considéré, vous mandons et, pour ce que estes nostre juge ordinaire desdictz enfans et que le domicille dudict deffunct seigneur de La Trémoille estoit situé en vostre jurisdiction et y est décédé, commectons par ces présentes, que appellez par devant vous ceulx que pour ce seront à appeller, mesmement ladicte vefve et aucuns parens tant du costé paternel que maternel desdictz enfans mineurs, et autres qu'il appartiendra et lesquelz nous y voullons estre adjournez à certain jour par le premier nostre huissier ou sergent que à ce faire commectons, s'il vous appert summairement de ce que dict est, mesmement dudict contract ou accord faict et passé entre nostredict cousin exposant et nostredicte cousine Anne de Laval, sa mère, par lequel ladicte charge, tutelle et administracion de sesdictz frères luy ayt esté baillée, que lors qu'il l'accepta il feust myneur de vingt cinq ans, comme il est encores de présent, et partant n'ait peu prendre vallablement telle charge par laquelle tous ses biens sont affectz et obligez à la reddiction du compte et paiement du reliqua qui est allienacion de ses immeubles ou de tant que suffice doye; vous, oudict cas, proceddez à nouvelle élection, créacion et dation d'autre tuteur et curateur desdictz enfans mineurs, frères et seur de nostredict cousin exposant, par l'advis et conseil desdiciz parens et amys assemblez, ainsi qu'il est requis et acoustumé faire en tel cas, et deschargez icelluy exposant de la tutelle et charge qu'il en a eue par cy-devant en rendant par luy compte audict nouvel tuteur et curateur de ce qu'il a receu et administré et payant le reliqua, si aucun est deu, en recepvant oultre nostredict cousin exposant, et lequel de grâce spécialle voullons par vous estre receu à faire et prandre contre qui il appartiendra, pour raison de ce que dict est et les deppendances, telles demandes et conclusions qu'il verra estre affaire par raison, et aux parties oyes en cas de débat faictes raison et justice, car ainsi nous plaist-il estre faict nonobstant ledict accord ainsi faict et passé, comme dict est, par nostredict cousin exposant par lequel il a accepté la charge et tutelle que ne luy voullons au cas dessusdict, actendu sadicte mynorité, nuyre ne préjudicier en aucune manière, ains en tant que besoing seroit l'en avons rellevé et rellevons, de grâce spécial, par ces présentes, us, stil, rigueur de droict et quelzconques lettres à ce contraires, pourveu que des foys et sermens par luy sur ce faictz et prestez il soit dispencé de son prélat ou d'autre ayant pouvoir à ce.

« Donné à Paris, le XVe jour d'octobre, l'an de grâce mil cinq cens quarante cinq et de nostre règne le trente et ungiesme.

Par le Conseil. »

Chartrier de Thouars. Original parchemin.

VII

1549, 29 juin. — Contrat de mariage de Louis III de La Trémoille, fils de François de la Trémoille et d'Anne de Laval, avec Jeanne de Montmorency, fille d'Anne, baron de Montmorency, connétable de France, et de Madeleine de Savoie, par lequel celui-ci donne à sa fille « la somme de cinquante mil livres..... Et a ledict seigneur de La Trémoille doué et doue icelle damoiselle Jehanne de Montmorency, sa future espouze, de six mil livres tournoys de rente viaigière de douaire préfix...... » Fait « en la présence et par l'advis de monseigneur le révérendissime cardinal de Chastillon, arcevesque de Thoulouse, évesque et conte de Beauvais, per de France, cousin de ladicte damoiselle future espouze, de hault et puissant prince François de Clèves, duc de Nyvernois, conte d'Eu, aussi per de France, de noble seigneur messire François Olivier, chevalier, chancellier de France, de révérend père en Dieu messire Mathieu de Longuejoë, évesque de Soissons, conseiller du roy en son privé conseil, de haulx et puissans seigneurs messire François de Humières, seigneur dudict lieu aussi chevalier de l'ordre et chambellan ordinaire du roy, conseiller en sondict privé conseil et gouverneur de monseigneur le daulphin, de messire Honnorat de Savoye, chevalier, conte de Villars, gentilhomme de la chambre du roy, oncle d'icelle damoiselle de Montmorency, de François de La Tour, aussi chevalier, viconte de Turaine, gentilhomme ordinaire de la chambre du roy, nostre dict seigneur, beaufrère d'icelle damoiselle, de François de La Trémoille, conte de Bénon, frère puisné dudict seigneur de La Trémoille, de messire François de Colligny, pareillement chevalier, seigneur d'Andelot, gentilhomme de la chambre du roy, son cousin, de nobles hommes et saiges messires Jehan Bertrand, aussi chevallier, conseiller du roy en sondict privé conseil et président en sa court de parlement, de maistres Thibault de Longue Joë, seigneur d'Iverny, conseiller du roy et maistre des requestes ordinaire de son hostel, de René Baillet, seigneur de Seaulx et de Tresmes, conseiller du roy en sadicte court de parlement, de Bernard Prévost, seigneur de Morsans, aussi conseiller du roy en sadicte court et président es requestes du Palais à Paris, de Charles de Barbezières, escuyer, seigneur dudict lieu, et de Charles d'Availloles, aussi escuyer seigneur de Roncée, maistre d'hostel dudict seigneur de La Trémoille..... »

Chartrier de Thouars. Pièce parchemin.

VIII

1550, 7 mai. Paris. — Lettres de surséance pour les affaires de Louis III de La Trémoille pendant son séjour comme ôtage en Angleterre.

« Henry, par la grâce de Dieu, roy de France, à noz amez et féaulx conseillers les gens tenantz et qui tiendront nostre court de parlement, les gens tenans les requestes du palais, séneschaulx de Poictou et Fontenay-le-Comte, ou leurs lieutenans, et à tous les aultres justiciers de nostre royaulme ou à leurs lieuxtenans salut et dilection. Nous vous mandons et commectons, par ces présentes, et à chacun de vous, sy comme à luy appartiendra, que toutes les causes et querelles, debtes et négoces meues et à mouvoir, tant en demandant que en deffendant, de nostre cher et amé cousin Loys, seigneur de La Trémoille, vicomte de Thouars, lequel est de présent en oustaige en Angleterre pour la républicque, vous teniez ou faictes tenir en estat de surcéance du jour de la date de ces présentes jusques à troys moys ou quinze jours après son retour, se plus tost retourne, et ce pendant ne actemptez ou innovez, ne faictes ou souffrez aulcune chose estre faicte, actemptée ou innovée en sesdictes causes et querelles, mais ce qui seroit faict, actempté ou innové seroit au contraire reparez ou faictes réparer et remectre incontinant et sans délay au premier estat et deu, car tel est nostre plaisir.

« Donné à Paris le septiesme jour de may l'an de grâce mil cinq cens cinquante et de nostre règne le quatriesme.

Par le conseil. »

Chartrier de Thouars. Pièce parchemin.

IX

1550, 6 novembre. Poitiers. — Partages entre Louis III de La Trémoille et ses frères et sœur des biens laissés par François de La Trémoille, leur père.

« Sur les procez et différends pendants en la court de parlement à Paris, en matière de partage et par devant Mtre René Berthelot, conseiller en ladicte court et commissaire de par icelle sur l'exécution dudict arrest, pour faire partage de la succession et biens demeurez du décedz de feu de bonne mémoire messire Francoys de La Trémoille, chevallier de l'ordre, en son vivant seigneur dudict lieu de La Trémoille, conte de Benon, vicomte de Thouars, prince de Thalmond, baron de Craon et de Sully, seigneur de L'Isle-Bouchard, et de Berrie, et autres collatéralles, obvenues depuis son trépas, entre noble et très-puissant seigneur messire Loys de La Trémoille, chevallier, filz aisné et principal héritier dudict defunt feu messire Francoys, demandeur audict partage et réquérant l'exécution dudict arrest, d'une part, et très-nobles et puissants seigneur, Francoys, Charles, Georges, Claude de La Trémoille, messire Loys de Bueil, chevallier de l'ordre et dame Jaqueline de La Trémoille, sa compagne, lesdictz de La Trémoille, enfans et héritiers dudict deffunct messire Francoys. Lesdictz seigneurs pour obvier à grande involution de procez en laquelle ilz pouroient tomber sur l'exécution dudict arrest et partages de la succession dudict feu seigneur de La Trémoille et successions collatéralles obvenues et aussy sur la succession qui est prochainne à venir de dame Loyse de Coitivy, comtesse de Taillebourg, leur ayeulle, et pour l'indisposition de sa personne pour laquelle le gouvernement de ladicte dame et de sesdictz biens avoit par le Roy esté octroyé audict seigneur de La Trémoille, et pour le bien de paix et le désir qu'ilz ont d'entretenir leur maison en tranquillité, union et fraternelle amitié, et aussy pour plus commodément et proffitablement pour chacun d'eux faire ledict partage et division, sur ce bien conseillez, par l'adviz et délibération de leurs amys et conseil pour ce assemblez en bien grand nombre, et après avoir par eux entendu et cogneu, tant par les comptes par cy devant renduz desdictes seigneuries, papiers de receptes, qu'autres enseignements concernants lesdictz biens immeubles et héritages commungs entre eux, que autrement, deuement avoir esté informez de la quallité et valleur des terres et seigneuries communes et qui sont à partir entre eulx desdictes successions, ont sur ce et différents estants entre eux faict l'accord, transaction, appointement et partage qui s'ensuit, tant de ladicte succession paternelle que collatéralles jà obvenues que obvenir de ladicte dame de Taillebourg, o le bon plaisir et voulloir d'elle ou curateur qui à icelle pour cest effect luy sera ordonné, et aussy o le bon plaisir et authorité de ladicte comtesse.

« Pour ce est-il que en droict en la court du sceel estably aux contratz à Poictiers pour le Roy, nostre sire, et Royne, douairière de France, pardevant nous soubscriptz notaires jurez soubz la court dudict sceel, ont esté présentz et establiz en leurs personnes ledict très-noble et très-puissant seigneur messire Loys, seigneur de La Trémoille, demeurant en son chastel de Thouars, messire Francoys de La Trémoille, demeurant au chasteau de Brenezay, pays de Loudunois, messire Charles de La Trémoille, prothenotaire du Sainct-Siège appostolique, abbé des abbayes de Sainct-Laon et de Nostre-Dame de Chambonx demeurant en ladicte abbaye de Chambonx, M^{tre} Martin des Landes, demeurant audict Thouars, au nom et comme procureur spéciallement fondé de messire Georges de La Trémoille, o l'authorité de M^{tre} Jehan Perignard, son curateur, demeurant ledict seigneur Georges et ledict Pérignart à Paris, messire Claude de La Trémoille, demeurant à Craon, païs d'Anjou, lesdictz seigneurs

François, Charles et Claude, o l'aucthorité de M^tre Guilleaume Cossin, licentié ès droitz, leur curateur ordonné en ladicte matière d'exécution d'arrest, demeurant ledict Cossin audict Thouars, et honorables M^tres Francoys Chauvet, licentié ez droictz et lieutenant général au païs de Loudunois, demeurant à Loudun, et Claude d'Orléans, licentié es droictz, bailllif dudict Bueil, et demeurant à Villedieu, païs d'Anjou, procureurs et chascun d'eux spéciallement fondez de noble et puissant messire Loys de Bueil, chevallier de l'ordre, comte de Sanxerre, et de ladicte dame Jacqueline de La Trémoille, son expouse, comme appert par les procurations des dessusditz procureurs cy-après insérées, et d'abondant ont promis faire ratiffier et approuver ces présentes ausdictz seigneurs et dame dedans la feste de Noël prochainement venant ; ont tous les dessudictz seigneurs et procureurs et curateurs présents et chascun d'eux, voullu, consenty et accordé, veullent, accordent et consentent les partages, divisions et accords qui s'ensuyvent.

« C'est à scavoir que pour tous droitz successifs, parts et portions contingentes et légitimes appartenants et qui pourroient appartenir esdictz seigneurs frères et sœur en la succession dudict messire Francoys de La Trémoille et autres successions collatéralles aussy obvenues et de ce qui leur en pourroit appartenir, aussy de la succession à obvenir de ladicte dame, contesse de Taillebourg, ayeulle paternelle desdictes parties, leur est et demeure à perpétuité.

« Scavoir est audict messire Francoys, le chastel, baronnie terre et seigneurie de Montaigu et la chastellenie, terre et seigneurie de Curzon, en Poictou, la terre et seigneurie de Chamdollant, en Sainctonge, avecques leurs appartenances, appendances et dépendances quelconques.

« Audict messire Charles, le chastel, terre et seigneurie de l'isle de Marans, en Aulnis, le chastel, baronnie, terre et seigneurie de Mauléon en Poictou, le chastel, baronnie, terre et seigneurie de Doué en Anjou, leurs appartenances et droitz quelconques qui en dépendent, chargées lesdictes baronnies de Mauléon et Doué des assignations faictes sur icelles seigneuries par les prédécesseurs desdictes parties envers les trésorier, chanoines et chappitre de Nostre-Dame du Chastel de Thouars.

« Audict messire Georges, la baronnie, terre et seigneurie d'Aullonne, le chastel, chastellenie et seigneurie de Gençay en Poictou, le chastel, terre et seigneurie de Royan sur Gironde, païs de Sainctonge, la terre et seigneurie de Saugeon, leurs appartenances et dépendances quelconques.

« Audict messire Claude est et demeure le chastel, terre et seigneurie de l'isle de Noirmoustier en Poictou, le chastel, terre et seigneurie de Mornac, païs de Xainctonge, leurs appartenances et droitz quelconques qui en dépendent.

« Et ausdictz messire Loys de Bueil et dame Jaqueline de La Trémoille, son espouse, à cause d'elle, est et demeure la terre et seigneurie de l'isle de Rhé, la baronnie de Brandois, le chastel ou chastelz terres et seigneuries de La Motte-Achard, Falleron, Fredefont, Le Chesne, La Mauritée, le fief Masqueau et le bourg commung d'Angle, leurs appartenances et dépendances quelconques, estants des successions susdictes.

« Pour desdictes terres et seigneuries jouir en plainne propriété et seigneurie par les dessusdictz seigneurs et dame puisnez de ladicte maison de La Trémoille, ainsy qu'elles seroient demeurées desdictes successions et que ledict feu messire Francoys, leur père, en jouissoit luy vivant, et lesquelles seigneuries lesdictz seigneurs Francoys, Charles et Claude, par l'advis de leur conseil et ô l'authorité dudict Cossin, leur curateur, ledict des Landes, procureur dudict Perignard, curateur dudict Georges, et lesdictz Chauvet et d'Orléans pour lesdictz seigneur et dame de Sanxerre, ont acceptées et prises pour tous leursdictz droictz, légitimes parts et portions à eux appartenans et qui leur pourroient appartenir, tant en ladicte succession paternelle que collatéralle obvenues, que de ladicte dame de Taillebourg, leur ayeulle, à obvenir, et s'en sont tenuz bien apportionnez et partagez, ceddant et exportant ledict messire Loys aux dessusdictz Francoys, Charles, Georges, Claude, seigneur et dame de Sanxerre, ses frères et sœur, respectivement, tous et chascuns les droitz, portions et prérogatives qui luy appartenoient et appartenir pourroient comme aisné et principal héritier dudict feu messire Francoys, à cause des successions susdictes obvenues et à obvenir à cause de ladicte dame de Taillebourg, son ayeulle, en icelles terres et seigneuries demeurées et délaissées respectivement à sesdictz frères et sœur par cesdictes présentes, sans en icelles seigneuries aucune chose réserver ne retenir par ledict messire Loys, fors ce qui est réservé cy-après, ains dès à présent en jouiront les dessusdictz seigneurs et dame puisnez respectivement en la manière cy après déclarée, à la charge toutesfoix de servir et faire les hommages desdictes seigneuries aux suzerains seigneurs et de porter et acquitter tous devoirs féodaux fonciers et antiens et qui ont accoustumez estre paiez sur ou à cause desdittes seigneuries respectivement.

« Et audict messire Loys, seigneur de La Trémoille, filz aisné tant pour les préciputz et droitz d'ainesse que pour ses droitz et légitimes parts et portions à luy appartenans en la succession et biens dudict feu messire Francoys que esdittes successions collatéralles obvenues que en la succession à obvenir à cause de ladicte dame de Taillebourg, son ayeulle, que pour tous autres droictz par luy prétenduz esdictz biens, est et demeure scavoir est : le chastel, vicomté, terre et seigneurie de Thouars, païs de Poictou, le chastel, comté, terre et seigneurie de Taillebourg, païs de Xainctonge, le chastel et principaulté, terre et seigneurie de Talmond, en Poictou, le comté, terre et seigneurie de Benon, en Aulnix et gouvernement du païs de La Rochelle, la baronnie, terre et seigneurie de L'Isle-Bouchard, en Thourainne, le chastel, baronnie et seigneurie de Berrie, païs de Loudunois, le chastel, baronnie, terre et seigneurie de Sully, avecq la terre et seigneurie de Moulinfrou, au bailliage d'Orléans, la baronnie de Briollay, en Anjou, la chastellenie, terre et seigneurie de La Trémoille, les terres, chastellanies et seigneuries de Cause, Didonne et Meschery, au païs de Xaintonge, avecq cinquante livres de rente deubz sur le domainne du Roy audict païs de Xainctonge, les terres, seigneuries et immeubles scituez au païs et duché de Bretagne et comté de Nantes, et générallement toutes et chascunes les autres terres et seigneuries, rentes, revenuz et possessions, domainnes, héritages et biens immeubles quelconques et de quelque quallité et condition qu'ilz soient, estants desdictes successions obvenues en la manière susdicte que à obvenir à cause de ladicte dame de Taillebourg, sans aucune chose y réserver ne retenir et qui seroient oultre lesdictes choses demeurées par partage à sesdictz frères et sœur puisnez, sont et demeurent audict messire Loys, seigneur de La Trémoille, pour en jouir à perpétuité, et des droitz et portions que y avoient et pourroient prétendre lesdictz seigneurs Francoys, Charles, Georges, Claude, seigneur et dame de Sanxerre, s'en sont desmis, desvestuz et dessaisiz pour et au profict dudict messire Loys de La Trémoille, leur frère aisné, et de leursdictz droitz en ont faict cession et transport audict messire Loys, comme aussy des droitz qui leur seroient à escheoir ès biens de ladicte maison de Taillebourg, par la future succession de ladicte dame de Coittivy, leur aieulle, mins hors ce qui seroit demeuré au partage susdict desdictz puisnez, selon que dessus, à la charge de faire les hommages, supporter et payer les devoirs féodaux fonciers et antiens deubz et accoustumez estre paiez sur ou à cause d'icelles seigneuries et choses qui demeurent audict messire Loys. Est entendu que les hommages et devoirs féodaulx qui seroient deubz par aucunes des seigneuries demeurées aux puisnez à aucunes des seigneuries demeurées audict messire Loys, comme les baronnies de Montaigu, Brandois, La Motte-Achard et autres, seront faitz et paiez à icelluy messire Loys et à ses successeurs, sans qu'on puisse dire lesdictz seigneurs et dame puisnez tenir lesdictes choses en parage dudict messire Loys de La Trémoille, ains les tiendront dudict messire Loys de La Trémoille, esdictes fois, hommages et devoirs féodaulx et y entreront comme de fief servy sans paier aucuns devoirs, rachapts ne autres, pour ceste foy, et dès à présent les a receuz et reçoit ledict seigneur de La Trémoille esdittes foys et hommages ; et ne sont comprises en ce présent accord et partage les terres et seigneuries de ladicte maison de La Trémoille tenues en douaire par dame Anne de Laval, vefve dudict feu messire Francoys et mère desdictz seigneurs contractants, aussy par dame Loise de Vallentinois, vefve de feu messire Loys de La Trémoille, les decedz desquelles advenuz et de chascune d'elles, seront divisées lesdictes terres et seigneuries, par elles respectivement tenues en douaire entre lesdictz messire Loys et les dessusdictz seigneurs et dame puinez selon les coustumes des païs esquelz sont scituées lesdictes seigneuries, et pour les droitz et portions qui en appartiendroient à chascun d'eux, et au regard des grâces et facultés de retirer les terres, droitz et dommainnes estans des appartenances de la baronnie de Briollay vendus et alliénez par ledict feu messire Françoys, aussy de retirer des seigneur et dame de Mirepoix les terres et seigneuries de Rochefort, La Possonnière et leurs appartenances estants en Anjou, sont et demeurent lesdictes grâces et facultéz audict messire Loys ; toutesfoix au caz que ledict messire Loys ne les voudroit retirer, lesdictz seigneurs et dame puisnez ou aucun d'eux les pourra retirer o la charge du retraict que par après en voudra et fera faire ledict messire Loys, suyvant les facultez contenues par les contratz et accords sur ce faitz. Aussy demeure audict messire Loys les arrérages des rentes et autres devoirs escheuz et obvenuz du temps précédent de toutes lesdictes seigneuries, d'icelles successions jusques à huy, sauf des terres qui seroient par cy devant demeurées par partage provisoire ausdictz seigneurs et dame puisnez, aussi la provision ordonnée audict messire Claude, dont le terme de paier la somme de cinq cens livres seroit escheu au mois d'octobre dernier, laquelle sera païée par mondict seigneur de La Trémoille audict Claude. Pourront lesdictz seigneurs et dame puisnez dès à présent entrer en la jouissance des chasteaux et seigneuries dessusdictes à chascun d'eux par ces présentes respectivement demeurées et délaissées, sans toutes foix qu'ilz en prennent et lèvent aucuns fruitz et emolluments des revenuz d'icelles seigneuries jusques au premier jour de janvier prochain venant, dès lequel jour ilz commenceront à jouir des fruictz et revenuz desdictes terres respectivement sans ce que cependant aucuns hauts bois soient couppez ne démolliz ne aucuns bois taillīz accélérés, sauf aussy desdictes terres, dont chascun d'eux jouissoit par provision, dont ilz prendront respectivement les fruitz, revenuz, fermes et émolluments jusques audict premier jour de janvier prochainement venant selon que dessus. Et en tant que toutes les fermes qui auroient esté faictes par ledict messire Loys d'aucunes desdictes seigneuries dont le temps ne seroit expiré, tiendront les baulx à fermes qui en avoient esté par luy ou par son commandement et adveu faitz ; toutes foix sera ledict messire Loys tenu et a promins satisfaire et rendre ausdictz seigneurs et dame puisnez les deniers qui luy auroient esté avancez et par luy receuz ou autres de par luy, et ce pour le regard du temps qui resteroit desdictes fermes, en manière que lesdictz seigneurs et dame puisnez pourront jouir paisiblement de leursdictes terres selon lesdictes fermes sans aucun retardement ou diminution pour lesdictes avances, ausquelles ledict sieur de La Trémoille satisfera et ainsy l'ha promins faire, à peine de touz intéretz et dommages, dedans ledict premier jour de janvier prochain. Semblablement tiendront les arrentementz et baulx perpétuelz qui auroient esté faictz par ledict messire Loys des appartenances des choses demeurées aux lotz et partages desdictz seigneurs et dame puisnez, aussy s'il se trouvoit que esdictz baulx ledict messire Loys eust receu quelques deniers en faisant lesdictz baulx qui exceddassent le proffit du revenu desdictz baulx et arrentements, en ce cas et non autrement ledict seigneur sera tenu les rendre ; et aussy sy lesdictz seigneurs et dame puisnez trouvoient esdictz baulx perpétuels y avoir lézion ou déception notable s'en pourront respectivement pourvoir comme de raison, sans toutesfoix qu'on s'en puisse adresser par recours de garentie ne autrement contre ledict seigneur Loys de La Trémoille qui de ce demeurera eximé et deschargé envers toutes personnes quelconques. Et quant aux offices des seigneuries demeurées respectivement ausdictes parties, les officiers qui auroient esté pourveuz d'iceulx offices, pour cause de mérites et bienfaicts et obligations nécessaires, demeureront en leursdictz estatz et offices sans qu'ilz puissent estre muez et révocquéz par lesdictz seigneurs respectivement. Et au regard des autres officiers muables et révocables pourront estre muez et changez à vollonté d'ung chascun desdictz seigneurs en leursdictes seigneuries, demeurées par cesdictes présentes. Et quant ès biens meubles de ladicte succession paternelle et aussy de ladicte dame de Taillebourg, demeurent audict messire Loys, seul, pour et à son proffict singullier, sauf de la vaisselle d'or et d'argent, or et argent monnoyé et à monnoyer, dont mondict seigneur Loys seroit chargé par l'inventaire et partage faict avecq madame sa mère, pierreries et joyaulx précieux, lesquelz seront divisez également entre lesdictes parties. Et aussy quant ès meubles qui se trouveroient ès chasteaux, maisons et seigneuries du partage desdictz seigneurs et dame puisnez et choses à eux demeurées, respectivement leur demeurent. Et en tant que touche les debtes personnelles et charges mobiliaires, hippothèques et rentes constituées à prix de deniers qui seroient de ladicte paternelle succession et collatérale obvenues et dont n'auroit esté baillé assiette perpétuelle, aussy de celles qui concerneroient ladicte dame de Taillebourg, seront paiées, sollues et acquittées par toutes lesdictes parties, par ésgalles portions, comme debtes et charges héréditaires entre tous les dessusdictz, réservé que quant à celles desdittes debtes et charges personnelles et mobilliaires qui auroient esté paiées ou acquittées par ledict messire Loys pour lesquelles ledict seigneur n'en pourra aucune chose répéter desdictz seigneurs et dame puisnez. Et sy l'ung d'eux en est mins en procez, à cause des debtes et charges susdittes, tous les autres seront tenuz le descharger chascun pour son regard. Et en tant que touche les procez de ladite hérédité paternelle et collatéralles obvenues et de ceux de ladite maison de Taillebourg, tous lesdictz seigneurs seront tenuz les soustenir, en porter le faiz et charge chascun en son regard et comme de raison, et iceulx reprendre et eux faire et rendre partiés et s'en descharger l'ung l'autre, chascun pour son regard, et en faire les fraiz par commung, et aussy le proffict et émollument sera commung, sauf que les terres et choses demeurées par ces présentes demeurent à perpétuité à chascune desdictes parties selon que dessus. Et quant aux procès qui seroient intentez pour raison des rentes ou autres droitz particulliers dépendants desdittes seigneuries particullières, celuy desdictz seigneurs ausquels telle seigneurie seroit demeurée sera tenu seul prendre la poursuitte où deffences desdictz procez et en descharger les autres ses frères et aussy en prendre les proffitz, sauf des arrérages qui seroient demeurez à mondict sieur Loys ci-dessus; demeure par ces présentes ledict messire Loys deschargé et quitte de toute reddition de compte, en quoy il estoit, pouvoit et pourroit estre tenu du gouvernement, curatelle et administration à luy ordonnée par le Roy de la personne et biens de ladicte dame de Taillebourg, aussy de la restitution de tous et chascuns les fruitz qu'il auroit prins et levez des domaines et héritages et biens immeubles estants desdictes successions et des ventes de bois et demollitions d'iceulx que de toutes autres choses en quoy il seroit ou pourroit estre tenu envers lesdictz seigneurs et dame puisnez, ou aucuns d'iceulx, et sans que lesdictz seigneurs et dame puynez puissent à l'advenir en faire audict messire Loys, pour quelconque cause que ce soit, question ou demende. Et, moyennant ce, demeure ledict messire Loys chargé de la nourriture et tout entretenement de ladicte dame de Taillebourg, sans que lesdictz seigneurs et dame puisnez, pour le partage qui leur est faict des biens de ladicte dame, soient tenuz y contribuer aucune chose; et est par exprès dit et accordé que lesdictes parties seront respectivement tenües et obligées se porter et faire bon et loyal gariment l'une envers l'autre desdictes seigneuries et choses à chascune d'elles respectivement demeurées, ainsy que cohéritiers sont tenuz. Et si aucunes desdictes terres et seigneuries demeurées par cesdictes présentes estoit évincée par manière que l'une desdictes parties en fust effectuellement dépossédée, audict caz seront lesdictes autres parties tenues incontinent et sans délay luy remplir sondict partage en pareille quallité que seroit ladicte seigneurie évincée ou aussy bonne, et l'en faire et rendre effectuellement jouissant sauf de la portion qui en luy seroit confuse. Et s'il advenoit que ladicte dame de Mirepoix, sœur germaine desdictz seigneurs, vousist prétendre aucune part ou portion par droit successif après le decedz de ladicte dame de Taillebourg ès terres et seigneuries de ladicte maison de Taillebourg, en ce cas lesdictz seigneurs et dame puisnez seront tenuz porter le faix et charge de la part et portion que y pourroit avoir et prétendre ladicte dame de Mirepoix avecques ledict seigneur Loys, leur frère, chascun pour son regard et portion. Et telle charge sera et demeurera commune entre lesdictes parties comme dessus, sans ce que aucunes desdittes parties puissent de nouvel prendre le droit que voudroit ou pourroit prétendre ledict seigneur et dame de Mirepoix en ladicte succession de Taillebourg, sinon que ce fust par retraict dudict droit qu'elle auroit transporté, auquel caz il viendroit au proffit commung sans pour ce que dessus approuver en aucune manière ladicte dame de Mirepoix y avoir droit, comme ayant cy devant renoncé à toutes successions en faveur de son mariage, à laquelle renontiation apposée par le contract dudict mariage n'est aucunement préjudicié par ces présentes ; et aussy n'entendent lesdictes parties par cesdictes présentes faire aucun préjudice pour l'advenir es droitz respectivement cy-devant prétenduz au comté de Benon, lequel estoit prétendu par mondict seigneur Loys de La Trémoille, par le moyen du don autresfoix fait par dame Françoyse d'Amboise, duchesse de Bretagne, et clauses y apposées ; et au contraire estoit prétendu par lesdictz seigneurs et dame puisnez devoir venir en partage, néantmoings ledict comté et ses appartenances demeurant à mondict seigneur Loys, comme dessus, et sera tenu ledict seigneur de La Trémoille bailler ou faire bailler et délivrer à chacun desdictz seigneurs et dame puisnez les tiltres et enseignements qu'il auroit concernants le partage de chascun d'eux, lesquelz les prendront par inventaire et en bailleront acquit et descharge ; et demeurent moyenant ces présentes tous procez et différents qui estoient entre lesdictz sieurs et dame, frères et sœur, tant en la court de Parlement, par devant ledict Berthelot, commissaire et exécutteur susdict, et tous autres différents qui se fussent peu mouvoir, appointez et assouppis et quittes de tous despens, fraiz, mises, dommages et interetz ; et ont accordé lesdictes parties ces présentes estre emollogées par ladicte court de Parlement entre lesdictes parties et curateurs desdictz mineurs ; et pour en icelle requerir et consentir ladicte émollogation, ont constitué, nommé et establi leurs procureurs généraulx et spéciaulx scavoir est ledict messire Loys : m^tre Guillaume Martin, son procureur en ladicte court de Parlement, et lesdictz seigneurs Françoys, Charles et Claude et ledict Cossin, leur curateur : m^tre Jehan Jodoin, aussy procureur en ladicte court, et ledict des Landes pour ledict des Landes pour ledict messire Georges, m^tre Victor Lozon, aussy procureur en ladicte court, et lesdictz Chauvet et d'Orléans pour lesdictz seigneur et dame de Sanxerre, m^tre Pierre L'Allemant, aussy procureur en icelle court, promettants lesdictes parties et chascunes d'elles garder et entretenir tout ce que par leursdictz procureurs et chascun d'eux sera en ce fait, géré, et négotié; aussy sera à la requeste de toutes lesdictes parties supplié le Roy, nostre sire, de auchtoriser cesdictes présentes et de pourveoir et ordonner par ledict seigneur de curateur à ladicte dame de Taillebourg, pour en ladicte quallité prester consentement ou ratiffier cesdictes présentes ; et à tout ce que dessus faire, tenir, garder et accomplir de point en point, sans aucunement y contrevenir, lesdittes parties et chascune d'elles se sont obligées et soubzmises, ont stipullé et accepté, respectivement promins de bonne foy et juré par foy et serment de leurs corps, le livre du St Évangille, Nostre-Seigneur, touché corporellement à ceste fin, qu'ilz et chascun d'eux entretiendront tout le contenu cy-dessus sans jamais y contrevenir, soit par voye de restitution ou autrement en quelque manière que ce soit, et à ce ont soubzmis, obligé et hippothéqué tous et chascuns leurs biens présents et futurs quelconques, renonceantz à toutes exceptions de dol et fraude, déception et lézion et à tous les bénéfices, droitz et moyens par lesquelz directement ou indirectement pourroit estre contrevenu à l'effect de ces présentes, dont icellesdictes parties, à leurs requestes, consentement et vollontez ont esté jugez et condamnez par le jugement et condamnation de ladicte court par nousdictz notaires soubzcriptz jurez de ladicte court, à la jurisdiction de laquelle ilz se sont supposées et soubzmises et leursdictz biens ; lesquellesdictes présentes ont esté signées desdittes parties establies et de nousdictz notaires.

« Fait et passé audict Poitiers, le sixiesme jour de novembre, l'an mil cinq cents cinquante. Signé en la minutte: L. de La Trémoille. F. de La Trémoille; Charles de La Trémoille; Claude de La Trémoille ; Cossin ; F. Chauvet; D'Orléans ; et des Landes. Ainsy signé : Marrot au lieu de feu m^tre Sébastien

Mesjureau, par commission à moy donnée après qu'il m'est apparu de la cedule de ces présentes estre de luy signée, et Mousseau, comme à la minutte. »

<small>Chartrier de Thouars. Copie sur papier, collationnée à l'original, le 21 mars 1606 et signée Du Tillet.</small>

X

1551 (v. s.), 22 janvier. Thouars.—Mandement de Louis III de La Trémoille aux gens de ses comptes.

« Genz de noz comptes, allouez et passez en la mise du compte prochain de René Delaville, la somme de quatre cens escus soleil qu'il a délivrée par nostre commandement pour nous acquitter de pareille somme envers l'abbé de Ferrières que luy devyons, à cause de prest qu'il nous avoit faict pour nostre voyage d'Angleterre, en lan MVC cinquante, dont ledict sieur de Ferrières avoit cédulle de nous en datte du XXVI° mars MVC cinquante, laquelle a esté de luy retyrée et mise en noz mains que nous avons cancellée.

« Aussi allouez audict Delaville la somme de XXIII liv. XV s. tz pour une part pour le payement d'une couppe d'argent que avons faict prandre et achaptée pour Madame, nostre espouze, et IIII liv. X s. par autre pour ung coffre de nuyct de cuyr pour madicte dame, le tout en ce présent moys de janvier 1551. Et pour ce ne faictes difficulté à tout ce que dessus en rapportant par ledict Delaville ces présentes que nous avons signées de nostre main. En nostre chastel de Thouars, le XXII° jour dudict moys de janvier oudict an MV° cinquante et ung.

« L. de La Trémoille.

« Par Monseigneur :

« Gauvain. »

<small>Chartrier de Thouars. Pièce papier.</small>

XI

1560, 3 janvier. Orléans. — Charles IX abandonne tous les droits seigneuriaux qu'il peut avoir sur les terres de Louis III de La Trémoille en considération des services rendus par lui et ses prédécesseurs à la couronne.

« Charles, par la grâce de Dieu roy de France, à noz amez et féaulx conseillers et trésoriers de France establiz à Tours et Poictiers, et à chascuns d'eulx si comme à luy appartiendra, salut et dilection. Nous voullons et vous mandons que par ceulx de noz receveurs ordinaires qu'il appartiendra et à qui ce pouvoir touche, vous faictes paier, bailler et délivrer comptant à nostre cher et amé cousin Loys, seigneur de La Trémoille, chevalier de nostre ordre et cappitaine de cinquante hommes d'armes de noz ordonnances, la somme de trois mil deux cens trente deux livres, treize solz, quatre deniers tournois, à quoy se montent les lotz et ventes et autres droictz et devoirs seigneuriaulx à nous advenuz et escheuz et qui nous sont deuz pour raison des venditions, alliénations et arrentemens faictz par nostredict cousin à diverses personnes de certains membres et portions de son domaine, à plain contenuz et déclairez au mémoire signé de sa main, que nous avons pour ce cy faict attacher soubz le contre scel de nostre chancellerie, et généralement tout ce à quoy se pourront monter les autres droictz de lotz et ventes qui nous sont et peuvent estre deuz pour raison d'autres arrentemens ou venditions de terres que peult avoir faictes nostredict cousin depuis vingt ans ença en ses comté de Taillebourg, pais de Xainctonge, chastellenies et seigneuries de Cozes, Didonne, conté de Benon, au païs d'Aulnys, viconté de Thouars, chastellenyes de Saincte-Hermyne, la principaulté de Thalmond et autres ses terres de Poictou, et ce jusques à la somme de deux mil escuz d'or soleil pour une foys, vallans à cinquante solz tz pièce, cinq mil livres ; desquelles deux sommes de III m. XXXII liv. XIII s. IIII d., d'une part, et de V m. livres, d'autre, nous avons à nostredict cousin faict et faisons don, par ces présentes, en faveur et considérations de tous agréables et recommandables services qu'il et ses prédécesseurs nous ont par cy-devant faict et à la maison et couronne de France, tant au faict des guerres que en plusieurs et maintes autres manières, faict et continue chascun jour et espérons qu'il fera encores cy-après, et ce oultre et pardessus les autres dons, gaiges pensions et bienffaictz qu'il a cy devant euz de noz prédécesseurs et pourra encores cy après avoir de nous pour semblable cause et sans aucune diminution d'iceulx. Et en rapportant par l'un de nosdictz receveurs cesdictes présentes, signées de nostre main, et par les autres le vidimus d'icelles, faict soubz scel royal, avec les quictances de nostredict cousin sur ce suffisantes seullement, nous voullons tout ce que par nosdictz receveurs et chascun d'eulx luy aura esté paié desdictes deux sommes jusques à la concurrence d'icelles estre passé et alloué respectivement en la despence de leurs comptes et rabbattu de leur recepte par noz améz et féaulx les gens de noz comptes, ausquelz nous mandons ainsi le faire sans difficulté, car tel est nostre plaisir, nonobstant que telz dons ne deussent estre faictz, passez ne vériffiez que pour la moictié ou le tiers, les ordonnances tant anciennes que modernes faictes sur l'ordre et distribution de noz finances et l'apport des deniers d'icelles en noz coffres du Louvre, mesmes l'écdict faict ou mois de décembre MVC cinquante sept, par lequel il est expressément dict que tous dons, récompenses et bienfaictz seront paiez et acquictez par le trésorier de nostre espargne et non par autre ; ausquelz ecdictz et ordonnances nous avons, pour ce regard et sans préjudicier en autres choses, dérogé et dérogeons, ensemble aux derogatoires des derogatoires cy contenues et à quelzconques autres ordonnances, restrinctions, mandemens ou desfences à ce contraires.

« Donné à Orléans, le troysiesme jour de janvier l'an de grâce mil cinq cens soixante de nostre règne le premier.

« CHARLES
« Par le Roy, La Royne, sa mère, présente,
« BOURDIN. »

Chartrier de Thouars. Orig. parchemin, scellé.

XII

1563, 25 février. Louis III de La Trémoille reconnaît avoir reçu de maître Paulin, banquier à Rouen, par les mains de Jacques Magance, les bulles de provision des abbayes de Brignon, Saint-Laon de Thouars et Chambon.

« Hault et puissant seigneur messire Loys, seigneur de La Trémoille, chevallier de l'ordre du roy, duc de Thouars, conte de Guygnes, de Benon et Taillebourg, prince de Tallemont et cappitaine de cinquante hommes d'armes des ordonnances du roy, confesse avoir eu et receu de Me Jacques Paulin, banquier, demourant à Rouen, par les mains de sire Jacques Magance, marchant millannoys demourant à Paris, à ce présent, les bulles de provision de l'abbaye de Brignon, ordre de Sainct-Benoist, au diocèse de Poictiers, que ledict Paulin avoit promis audict seigneur faire expédier, avec deux aultres bulles de provision des abbayes Sainct-Laon de Thouars et de Champbon, ou nom des personnes nommées par certain contract passé entre ledict seigneur duc, d'une part, et ledict Paulin par devant Jehan Le Myre et Francoys des Champs, tabellions en la ville de Rouen, en dacté du jeudi douzeiesme jour d'aoust an présent mil cinq cens soixante trois et dernier passé ; et en ce faisant a ledict seigneur duc baillé et païé audict Magance, à ce présent, pour et au nom dudict Paulin et comme porteur desdictes bulles d'icelle abbaye de Brignon, la somme de deux cens soixante trois escuz d'or au soleil, scavoir est deux cens soixante escuz soleil sur et tant moings de l'expédition que ledict Paulin est tenu faire desdictes trois abbayes portées et mentionnées par ledict contract dessus dacté ; et trois escuz soleil pour l'expédition d'une signature du prieuré de La Chaise Le Viconte en Poictou, laquelle signature a présentement esté par ledict Magance baillée et délivrée audict seigneur duc, et laquelle somme de II[c] LXIII escuz a esté audict Magance paiée et délivrée, présens les notaires par les mains de M[e] François Bodin, argentier dudict seigneur duc, et dont chacune desdictes parties se sont respectivement tenues contantes, sans préjudicier toutesfoys par ledict seigneur ne aulcunement innover audict contract, dessus dacté, qu'il veut et entend demourer en son entière force et vertu, d'aultant que ledict Paulin n'a pas encores faict expédier les bulles desdictes deux abbayes de Sainct-Laon de Thouars et Champbon ; et a ledict seigneur duc déclairé que le paiement cy-dessus faict audict Magance est à la charge que si ledict Paulin ne pouvoit faire expédier lesdictes deux aultres abbayes et qu'il y eust empeschement légitime, que en ce cas ledict seigneur pourra contraindre ledict Paulin à venir à compte avec luy, tant de ladicte somme de deux cens soixante trois escuz soleil cy dessus receue par ledict Magance pour et au nom d'icelluy Paulin et comme porteur d'icelles bulles, que de ce que ledict Paulin a cy devant receu dudict seigneur promectre, obliger, renoncer. Faict et passé l'an mil cinq cens soixante troys, le vendredi vingt cinquiesme jour de febvrier. Ainsi signé : Boreau et Cayard.

« Les an et jour dessus derniers dictz a esté faicte collation de ceste présente coppie à l'original d'icelle par nous notaires jurez du roy, nostre sire, en son chastellet de Paris soubzsignéz

« BOREAU. CAYARD. »

Chartrier de Thouars. Pièce papier.

XIII

1563, juillet. Gaillon.— Érection du vicomté de Thouars en duché en faveur de Louis III de La Trémoille.

« Charles, par la grâce de Dieu, roy de France, à tous présens et advenir salut. Savoir faisons que nous mectans en considération combien les grandes vertuz et proesses d'aucuns excellens personnages qui ont esté auprès de noz prédécesseurs roys, comme leurs principaulx serviteurs et ministres, a aydé à la conservation, accroissement et augmentation de ce royaume et que, par leurs vertueux, dignes et très recommandables services, ilz ont tant mérité de ceste couronne que nosdictz prédécesseurs les ont bien voulu honorer de plusieurs grandes charges et estatz et approcher d'eulx par aliance de mariage, aucuns de ceulx qu'ilz congnoissoient si dignes et fidèles serviteurs qu'ilz se pouvoient reposer sur eulx de la direction de leurs principaulx affaires, laissans à leurs successeurs la mesme affection et devotion qu'ilz ont porté à ceste couronne; lesquelz continuans de temps en temps méritent d'estre par nous recongneuz et gratifiez d'honneurs, tiltres et dignitez respondans à la grandeur de la maison dont ilz sont yssuz et aux mérites de leurs prédécesseurs et d'eulx. Au moien de quoy, aiant égard à l'antiquité, grandeur et noblesse de la maison de La Trimoille et aux vertueux et grands personnages qui en sont yssuz, avec quelle vertu et magnanimité ilz se sont employez à la tuition et défense de ceste couronne, tellement que feu Loys, seigneur de La Trimoille, chevalier de l'ordre, s'estant trouvé en plusieurs batailles, rencontres et journées et mesmes en celle de Sainct-Aulbin, où il estoit lieutenant général du roy Charles huictiesme, nostre bisayeul, et aussy en celle de Marignan, enfin auroit esté tué à la journée de Pavye, en combattant auprès de feu nostre très honoré seigneur et ayeul le feu roy Francoys, premier de ce nom ; et semblablement Charles de La Trimoille, prince de Thalmont, son filz, seroit décédé à ladicte journée de Marignan, ayans tous deux, et aussy ceulx qui depuis sont descenduz d'eulx, laissé très-grand temoignage de la grande et fervante affection qu'ilz ont porté au bien et grandeur de ce royaume, et pour ce que nostre très cher et amé cousin Loys, seigneur de La Trimoille, qui est à présent chevalier de nostre ordre, capitaine de cinquante hommes d'armes de noz ordonnances, prince de Thalmont, conte de Guysnes, Taillebourg et Benon, viconte de Thouars, baron de Craon, Sully, l'Ysle-Bouchart, Berrye, Montagu, Mauléon, Saincte-Hermine, La Cheze-le-Viconte, Doué et Didonne, suivant le chemyn de ses prédécesseurs, a, dès l'aage de dix ans, tousjours suyvy nostredict ayeul et feuz noz très honorez seigneurs père et frère, les roys Henry et Françoys derniers décédez, et nous en toutes les guerres, entreprises, expéditions qui ont esté faictes, esquelles il s'est tellement employé, sans y espargner sa personne et biens, que nous avons très-grande occasion de l'honorer et gratifier de grâce especial, telle que mérite sesdictz services et ceulx de ses prédécesseurs, et semblablement la proximité de lignage dont il nous attouche, estant descendu de la contesse de Taillebourg, seur aisnée du conte d'Angoulesme, nostre bisayeul, considérans aussi que ledict viconté de Thouars est une des plus grandes vicontez de ce royaume, consistant en une belle ville close où il y a chasteau de belle et ancienne marque, de très-grand revenu, dont despendent plusieurs beaux fiefz, arrière-fiefz et vassaulx jusques au nombre de troys mil et plus, aucuns desquelz sont possédez par nostredict cousin, qui reviennent à ung grand revenu annuel, suffisant et capable de recevoir, maintenir et entretenir le nom, tiltre et dignité de duché.

Pour ces causes et autres grandes considérations à ce nous mouvans, avons des vouloir et consentement de nostredict cousin le seigneur de La Trimoille et par l'advis et délibération de la reyne, nostre très honorée dame et mère, des princes de nostre sang et autres grands et notables personnages de nostre conseil privé, de nostre propre mouvement, certaine science, grâce et libéralité spécialle, plaine puissance et auctorité royal, ledict viconté de Thouars avec ses appartenances et dépendences situé au pays et ressort de Poictou, horsmis Mauléon, créé et érigé, créons et érigeons en tiltre, nom, dignité et préeminence de duché, voulons et nous plaist ledict viconté de Thouars, y comprinses toutes et chacunes ses appartenances et dépendences, estre doresneavant dicte et appellée duché de Thouars, pour en cette qualité l'avoir et en jouir et user par nostredict cousin le seigneur de La Trimoille, ses hoirs, successeurs et ayans cause, tant masles que femelles, descendans et collatéraulx perpétuellement et à tousjours, à telz et semblables droictz, honneurs, auctoritez, privilèges, prérogatives et préeminences dont ont accoustumé de jouir et user les autres ducz de nostre royaume, par création et érection de nosdictz prédécesseurs roys et de nous, tant en justice, séance et jurisdiction, faict d'armes, assemblées de nobles que autrement, dessoubz le ressort seulement de nostre court de parlement à Paris; et laquelle viconté de Thouars, ainsi que dict est, érigée en duché avec toutes et chacunes ses appartenances et dépendences, nous avons distraictes et exemptées, distraions et exemptons de nostre seneschal de Poictou, ses lieuxtenans généraulx et particuliers et de tous autres juges et ressortz en tous cas, fors et excepté des cas royaulx dont la congnoissance appartiendra aux juges par devant lesquelz elle auroit accoustumé ressortir auparavant ceste création et érection, et doresenavant voulons la justice estre administrée audict Thouars et autres villes dépendentes dudict viconté érigé en duché par les juges et officiers de nostredict cousin et autres, comme ilz ont accoustumé de faire, et les appellations dudict seneschal de Thouars ressortir directement en nostre court de parlement à Paris, sans que nostredict seneschal de Poictou ou sesdictz lieuxtenans puissent prétendre aucune jurisdiction ou ressort sinon es cas royaulx comme dict est. Et tiendront nostredict cousin de La Trimoille, ses hoirs, successeurs et ayans cause, tant masles que femelles, dessendans et collatéraulx, ledict duché de Thouars, sesdictz appartenances et dépendences, à foy et hommage de nous à cause de nostre couronne de France et nostre chasteau du Louvre à Paris, aux charges deues et anciennes sans autre mutation et accroissement de charges quelzconques. Et seront les vassaulx dudict duché et subjectz tenans noblement et roturièrement dudict duché de Thouars, baronnies, terres et seigneuries dépendans d'icelluy, en faisant leurs hommages et baillant par escript leurs dénombremens, adveuz et déclarations et en tous actes génerallement quelzconques, tenuz et astrainctz doresenavant de nommer, advouer et recongnoistre nostredict cousin de La Trimoille, ses hoirs et ayans cause, tant masles que femelles, descendans et collatéraulx, ducz dudict Thouars, et reprendront d'eulx leurs fiefz à cause dudict duché ; et nostredict cousin, ses successeurs et ayans cause, tenans et qui tiendront ledict duché de Thouars seront intitulez et denommez ducz ès lettres, actes, instrumens de foy et hommage qu'ilz presteront et pareillement en leurs papiers censiers et autres actes. Si donnons en mandement, par ces présentes, à noz amez et féaulx les gens de noz courtz de parlement et de noz comptes à Paris, trésoriers de France et généraulx de noz finances establiz à Tours et Poictiers, aux seneschaulx de Poictou et Anjou, bailly et juge de Touraine et de Lodun, gens tenans les sièges présidiaulx desdictz lieulx et à tous noz autres justiciers et officiers et à chacun d'eulx, si comme à luy appartiendra, que noz présentes création, érection et establissement dudict duché, ses appartenances et dépendances et tout le contenu en cesdictes présentes, ilz entretiennent, gardent et observent de poinct en poinct inviolablement, facent lire, publier et enregistrer, entretenir, garder et observer et d'iceulx nostredict cousin Loys, seigneur de La Trimoille, ses enfans masles et femelles, leurs successeurs descendans collatéraulx et ayans cause, ensemble sesdictz vassaulx et subjectz d'icelluy duché de Thouars, baronnies, terres et seigneuries qui en dépendent, leurs successeurs et chacun d'eulx facent, seuffrent et laissent respectivement jouir et user plainement, paisiblement et perpétuellement, ainsi et par la forme et manière que dessus est dict, cessans et faisans cesser tous troubles et empeschemens au contraire, et à ce faire, souffrir et obéir contraignent et facent contraindre tous ceulx qu'il appartiendra par toutes voyes deues et raisonnables et en tel cas requises et accoustumées, car tel est nostre plaisir, nonobstant quelzconques edictz, ordonnances, restrinctions, mandemens, statutz et autres choses à ce contraires, ausquelles avons dérogé et dérogeons de nostre grâce spécial par ces présentes; et afin que ce soit chose ferme et stable à tousjours, nous avons signé ces présentes de nostre propre main et à icelles faict mettre et apposer, sauf en autres choses nostre droict et l'autruy en toutes.

« Donné à Gaillon ou moys de juillet, l'an de grace mil cinq cens soixante troys et de nostre règne le troisiesme. Ainsi signé soubz le reply : Charles. Et sur le reply : Par le Roy, la Royne, sa mère, présente : de L'Aubespine.

« Lecta, publicata et regestrata, audito procuratore generali regis quoad titulum honoris, dumtaxat et prout in arresto judicialiter hodie lato continetur, Parisiis, in Parlamento, vicesima prima die octobris, anno Domini millesimo quingentesimo sexagesimo tertio. Sic signatum : Du Tillet. Collation est faicte à l'original. Ainsi signé : Du Tillet.

« Extraict des registres des ordonnances royaulx registrées en la court de Parlement.

« Du Tillet.   G. Martin. »

Chartrier de Thouars. Copie sur parchemin.

XIV

1563, 31 mars. — « *Inventaire des armes estans au cabynet de Monseigneur (Louis III de La Trémoille) en son chastel de Thouars, faict le dernier jour de mars l'an mil V^c soixante trois.*

« Et premyèrement ung harnois d'homme, d'errain doré avecques les ba[rdes] d'acier de mesme, garny de chernyères et de chanfrain.

« Item, plus, un autre harnoys à bande aussi doré.

« Item, deux plastrons dorez et gravez.

« Item, ung autre plastron noir tout plain le davant.

« Item, une paire de barde de toille d'or bandé d'une bande en brodrye d'argent estant alentour, garnyé par dessus de croix blanche de toille d'argent.

« Item, une curasyne de velloux cramoisi garnye de petits cloux blancs argentez par le dessus.

« Plus, le morion et la rondelle de pareille parure.

« Plus, une autre rondelle d'acyer à bande dorées et gravées et garnye alentour d'une frange cramoysie et fil d'or.

« Plus, deux autres rondelles l'une garnye de soye alentour et en plusieurs lieulx par dessus, et l'autre gravée et faicte à personnages.

« Item, deux autres rondelles faictes en faczon de pavoys estans de plusieurs coulleurs.

« Plus, ung bouclier barcelonnoys.

« Item, une petite targue de cuyr et dorée par le dessus où sont les armoyries de Monseigneur.

« Item, quatre chemises de mailles.

« Item, huict espées d'armes desquelles y en a deux argentées et les autres dorées.

« Item, une autre espée à deux mains.

« Item, huict hacquebuttes desquelles y en a troys à rouet et les autres à serpentynes.

« Item, ung pistollet qui est cornaillé de blanc.
« Plus, quatorze halbardes garnyes de plusieurs coulleurs.
« Plus, une pertuzane derein garnye de franges jaulnes et vertes.
« Plus, un rancoy garny de tresse de veloux et de franges de plusieurs coulleurs.
« Item, quatre javelynes, aucunes garnyes de franges.
« Item, cinq aultres bastons garnyz de plusieurs coulleurs de franges.
« Item, troys demyes picques garnyes de franges verte et rouge. »

Chartrier de Thouars. Pièce pap. incomplète.

XV

1564, 30 avril. — *Ordonnance de Louis III de La Trémoille, défendant de tenir « presche ou aultre exercice de la relligion reformée » dans la ville de Talmond.*

« Loys, seigneur de La Trémoille, chevallier de l'ordre du Roy, duc de Thouarssais, prince de Talmond, savoir faisons que, suyvant l'édict de la passification des troubles ayans eu cours en ce royaulme et déclaration d'iceulx faictz par le Roy, nostre sire et souverain seigneur, désirant y satisfaire, nous n'avons entendeu et n'entendons que en nostre ville dudict Talmond et hors les lieulx désignés par ledict édict il se face presche ne aultre exercice de la relligion qu'on appelle refformée, ains que librement et sans empeschement les curés et leurs vicaires et aultres personnes eclésiastiques y facent et cellèbrent le service divin des lieulx, heures et prières acoustumées estre faictes par les constitutions synodalles de l'évesché de Luçon, au diocèse duquel est nostredicte ville et principauté, enjoignant à tous noz subjectz d'observer et entretenyr icelluy édict, vivre et soy contenir en paix, au désir et intention de la majesté du Roy, et sur les paynes contenues par ledict édict, ce que nous voullons estre faict par attache de ses présentes mises et affichées ès lieulx publicqz et accoustumez de nostredicte ville et estre proclamées en la forme accoustumée et enregistrées ès registre du greffe de ladicte principauté.

« Faict soubz nostre seing, le dernier jour d'apvril, l'an mil V⁰ soixante et quatre, et faict signer à nostre secrétaire et greffier affyn que personne n'en prétende cause d'ignorence. Ainsi signée en la mynute : L. de La Trémoille, et par commendement de Monseigneur :

« Bodyn.

« Le mandement cy dessus par le commandement de Monseigneur a esté leu et publié en la halle de Talmond et mis et affiché au pal de ladicte halle où l'on a acoustumé mettre telz exploictz et enregistrée au greffe de ladicte principaulté les jour et an que dessus.

« J. C. Gaignières. »

Chartrier de Thouars. Copie papier.

XVI

1565, 1ᵉʳ mars. Toulouse. — Lettres patentes de Charles IX prohibant tout exercice du culte de la religion réformée dans les terres et seigneuries de Louis III de La Trémoille.

« Charles, par la grâce de Dieu, roy de France, aux bailliz d'Orléans, Touraine et Berry, seneschaulx d'Anjou, Poictou, Xainctonge, ville et gouvernement de La Rouchelle et à tous noz aultres justiciers et officiers ou leurs lieutenans et à chacun d'eulx endroict soy et si comme à luy appartiendra, salut et dilection.

Nostre très cher et amé cousin Loys, seigneur de La Trémoille, chevalier de nostre ordre et cappitaine de cinquante hommes d'armes de noz ordonnances, prince de Thalmond, comte de Guynes, de Benon et de Taillebourg, baron de Craon, Sully, L'Isle-Bouchard, Berrye, Montagu, Moléon, Saincte-Hermyne, La Chaize-le-Vicomte, Mareuil, La Vieille-Tour, Didonne, Mesche, Mornac, Bommyers, Neufvy-Palioux et Doué, nous a faict dire et remonstrer que, combien que par noz ecdictz et ordonnances et déclarations sur icelles, soit expressément porté que l'exercice de la prétendue religion que l'on dict réformée ne ce fera ny pourra faire ès terres et seigneuries de noz vassaulx seigneurs haulx justiciers, si ce n'est de leur consentement, toutesfoys aucuns ministres de ladicte prétendue religion et aultres, n'aians aucun droict de haulte justice ny fief de haubert en sesdictes terres, à son desceu, contre sa volunté et les deffences qui leur a faict faire par ses officiers, font de jour à aultres exercice de ladicte religion esdictz lieux et en leurs maisons et domicilles scituez et assis au dedans desdictz duché, princippaulté, contez, baronnies, terres et seigneuries à luy appartenans et mouvans d'icelles, comme presches, baptesmes, cènes, mariages et aultres, ou abordent et recoivent ung grand nombre d'hommes subjectz et tenans sans moien de nostredict cousin et aultres, qui est le premier du fruict et effectz de nosdictz eedictz, pour l'exécution et observation desquelz il nous a très-humblement requis et supplyé vous faire plus ample déclaration de nostre volunté.

« Nous, à ces causes, désirans nosdictz eedictz estre gardez et entretenuz et maintenir noz vassaulx et subjectz en leurs droictz et préhémynences sans qu'ilz en soient privez par affections et voulloirs désordonnés, vous avons dict et déclaré et de nostre certaine science, grâce espécial, plaine puissance et autorité roial, disons et déclairons que nous n'avons entendu, comme encores n'entendront, que esdictes terres et aultres quelconques appartenans à nostredict cousin et desquelles il est seigneur en toute justice, il y ait ny puisse avoir aucun exercice de ladicte prétendue religion sans son exprès consentement, ainsi qu'il est porté par nosdictz ecdictz, suyvant lesquelz nous avons faict et faisons et voullons estre par vous et chacun de vous, si comme à luy appartiendra, faict expresses inhibitions et deffences, de par nous, ausdictz ministres et aultres de ladicte prétendue religion de plus eulx immiscer de faire les assemblées, conventiculles et exercice susdict esdictes terres de nostredict cousin, leurs fains, limittes, maisons et habitations d'icelles, leurs appartenances et deppendances en quelque sorte et manière que ce soit, et moings de y recepvoir ses hommes, vassaulx et subjectz sans son exprès consentement, congé et permission, mais se retirer si bon leur semble ès lieux par nous ordonnez et destinez à faire l'exercice de ladicte prétendue relligion, de vosdictz bailliages et séneschaulcées, sur peine d'estre pugnis comme cédicieulx, rebelles et désobéissans, infracteurs et contenteurs de nosdictz eedictz et ordonnances. Sy vous mandons, commectons et très-expressément enjoignons, par ces présentes, que ceste nostre déclaration, voulloir et intention, vous faictes et chacun de vous lire, publier et enregistrer où il appartiendra et besoing sera, mesmes à son de trompe et cry publicq à ce que nul n'en puisse prétendre cause d'ignorance, icelle garder et inviolablement entretenir de point en point, selon sa forme et teneur, contraignant à ce faire, souffrir et obéyr tous ceulx qu'il apartiendra et que pour ce faire seront à contraindre par toutes voies deues et raisonnables, nonobstant oppositions ou appellations quelconques, pour lesquelles et sans préjudice d'icelles ne voullons estre différé, en proceddant au surplus par vous contre ceulx qui depuis la publication de nosdictz edictz, ordonnances et deffences, ont faict et feront contre le gré et consentement d'icelluy nostredict cousin en sesdictes terres et seigneuries où il est hault justicier, lesdictes assemblées, conventiculles et exercice de ladicte prétendue religion, et à la punition d'iceulx comme infracteurs de nosdictz eedictz, ordinairement ou extraordinairement, par les voies et peines indictées par iceulx, en sorte que leur dicte pugnition puisse servir d'exemple et trémeur aux aultres, car tel est nostre plaisir, nonobstant comme dessus et quelconques ordonnances, restrictions, méndemens, deffences et lettres à ce contraires; et pour ce que de ces présentes l'on pourra avoir affaire en plusieurs et divers lieulx, nous voullons que au vidimus d'icelles, faict par l'ung de noz aymez et féaulx notaires et secrétaires ou soubz scel roial, foy soit adjoustée comme au présent original.

« Donné à Thoulouse, le premier jour de mars, l'an de grâce mil cinq cens soixante cinq et de nostre règne le cinquiesme; ainsi signé: Par le roy en son conseil.

« L'original ces présentes a esté ytérativement publyé en ceste ville de Sully, ès lieux acoustumez à faire crys et proclamations, par moy Jehan Robert, sergent de monsieur, soubzsigné, et une coppie collationnée à l'original affichée au lieu acoustumé à mectre affiche, le dixneufiesme jour de may, l'an mil cinq cens soixante sept, ès présences de Jehan Fournier, Pierre Dignard, Pierre Louvet et austres tesmoings.

J. ROBERT. »

Chartrier de Thouars. Pièce papier.

XVII

1567, 2 octobre. Paris. — Charles IX nomme Louis III de La Trémoille capitaine de cinquante hommes d'armes de ses ordonnances.

« Charles, par la grâce de Dieu roy de France, à tous ceulx qui ces présentes lettres verront, salut. Comme pour obvier à l'exécution des desseings et entreprinses d'aucuns noz sugectz qui se sont fraischement eslevez et mis en armes avec grande troupe et assemblée, nous ayons advisé et résolu d'augmenter et renforcer entre autres choses nostre gendarmerie de quelzques compagnies nouvelles de cinquante hommes d'armes d'ordonnances, de chacune desquelles il est besoing de bailler la charge et conduicte à quelques bons et vaillans personnaiges expérimentez au faict de la guerre et à nous féables qui soient pour les bien conduire et exploicter en nostre service. Scavoir faisons que, pour la bonne et entière confiance que nous avons de la personne de nostre amé et féal cousin le duc de Touars, seigneur de La Trimouille, chevalier de nostre ordre, et de ses sens, suffisance, vaillance, dextérité, expérience au faict des armes, fidélité, bonne conduite et dilligence, et en considération aussi des bons, vértueux et recommandables services qu'il nous a par cy devant faictz au faict des guerres et autres louables manières, comme encores il faict chacun jour et espérons qu'il continuera de bien en myeulx cy après; à icelluy pour ces causes et autres à ce nous mouvans, estans bien adverty du bon moien et crédict qu'il a de faire et dresser promptement une bonne et belle compagnie de gendarmerie pour l'employer et exploicter en nostredict service, avons baillé et baillons par ces présentes la charge et conduite d'une compagnie de cinquante hommes d'armes faisant le nombre de cinquante lances fournies de noz ordonnances, pour icelle lever et mectre sus par luy le plus promptement que faire se pourra et des plus vaillans hommes, mieulx aguerryz, montez, armez et équippez qu'il luy sera possible de choisir et assembler, la conduire et exploicter pour nostredict service, et ladicte charge et conduicte avoir, tenir et exercer par luy aux honneurs, auctoritez, prérogatives, prééminences, franchises, libertez, gaiges, droictz, estat et entretenement, prouffictz, revenuz et esmolumens qui y appartiennent, telz et semblables que les ont et prennent les autres cappitaines ayans de nous semblable charge de cinquante hommes d'armes de nosdictes ordonnances. Si donnons en mandement, par ces mesmes présentes, à noz très-chers et bien amez cousins les connestable et mareschaulx de France que dudict seigneur de La Trimouille, prins et receu le serment en tel cas requis et acoustumé, icelluy mettent et instituent en possession de ladicte charge et capitainerie et d'icelle le facent joyr et user plainement et paisiblement, ensemble des honneurs, auctoritez, prérogatives, prééminences, franchises, libertez, gaiges, droictz, estat et entretenement, prouffictz, revenuz et esmolumens dessusdictz, et à luy obéyr et entendre par les hommes d'armes et archers de ladicte compagnie et par tous ceulx et ainsi qu'il appartiendra ès choses touchans et concernans ladicte charge et capitainerie. Mandons en oultre à nostre amé et féal le trésorier ordinaire de nos guerres, présent et advenir, que, des deniers qui luy seront ordonnez et assignez pour le paiement de nostre gendarmerie, ilz facent, par celluy qui sera pourveu ou commis au paiement de ladicte compagnie, paier, bailler et délivrer audict seigneur de La Trimouille lesdictz gaiges, estat et droictz appartenans à ladicte charge et capitainerie doresenavant par chacun an aux termes et en la manière acoustumez, et par rapportant le vidimus de cesdictes présentes pour une fois et quictance dudict capitaine sur ce suffisante seullement, nous voullons iceulx gaiges et droictz ou tout ce que paié, baillé et délivré aura esté à la cause dessusdicte, estre passé et alloué ès comptes et rabatu de la recepte dudict trésorier ordinaire de noz guerres ou dudict paieur qui délivré les aura, par noz amez et féaulx les gens de noz comptes, ausquelz nous mandons ainsi le faire sans difficulté, car tel est nostre plaisir. En tesmoing de ce nous avons faict mettre nostre scel à cesdictes présentes.

« Donné à Parys, le 11ᵉˢᵐᵉ jour de octobre, l'an de grâce mil cinq cens soixante et sept, et de nostre règne le septiesme.

« Sur le repli : Par le Roy :

ROBERTET.

« Le vendredy, XVIᵉ jour d'octobre Vᵉ LXVII, sur l'heure de cinq heures du soir, entre Angiers et Les Pontz de Seez, furent les présentes baillées audict seigneur de La Trémoille par ung nommé Ravel, demeurant à Amboyse, naguères fourrier de la compaignie dudict seigneur, dont ledict seigneur me commanda faire et signer le présent acte comme l'ung de ses secrétaires.

« Par commandement de mondict seigneur,

BODIN ».

Chartrier de Thouars. Original parchemin. Sceau perdu.

XVIII

1568, 13 septembre. Saint-Maur-des-Fossés. — Charles IX mande au général de ses finances de payer la solde des garnisons mises par son ordre dans les châteaux et places fortes de Louis III de La Trémoille.

« Charles, par la grâce de Dieu roy de France, à nostre amé et féal conseiller le général de noz finances en la charge de Languedoil estably à Poictiers, salut et dillection. Pour ce que en nostre païs de Poitou, nostre cher et amé cousin le seigneur de La Trimouille, chevalier de nostre ordre et cappitaine de cinquante lances de noz ordonnances, a plusieurs chasteaulx et places fortes qui nous sont d'importance et dont la garde et conservacion d'icelle nous est utille et nécessaire, parce que sy ceulx qui ont naguères prins les armes contre nous y faisoient retraicte et s'en emparoient, ilz pourroient par le moien d'icelles grandement nuire et incommoder noz subjectz circonvoisins, et voullans y obvier avons ordonné faire mectre par nostredict cousin en chacune d'icelles places quelque nombre de soldatz et ung cappitaine à leur commander dont la solde et entretenement, selon l'estat que en avons faict arrester et signer de nostre main, monte par mois la somme de trois mil deux cens vingt deux livres, laquelle dicte somme de III^m II^c XXII livres pour le prochain mois d'octobre et autres ensuivans tant qu'il en sera besoing et que les troubles dureront; et d'aultant que pour le présent noz finances ne la pourroient suporter, obstant les autres charges et execives despences que nous sommes contrainctz faire et suporter en plusieurs et divers lieulx de nostre royaulme, nous voullons et vous mandons que icelledicte somme vous faictes asseoir, despartir et imposer par les esleuz des ellections de vostredicte génerallité ès lieulx où sont lesdictz chasteaux et places, s'il y a ellection, sinon par les plus prochains des lieulx où lesdictz chasteaulx et places sont scituez et assis et esquelz lesdictz soldatz seront establiz pour y tenir garnison, et ce sur tous et chascuns les manans et habitans desdictes ellections qui ont acoustumé contribuer à noz tailles, chascun en son regard, au sold la livre, sur ce qu'ilz portent du principal de nosdictes tailles, le fort portant le foible, et le plus justement et égallement que faire ce pourra, et au payement d'icelle contraindrez ou ferez contraindre réaulment et de faict, comme est acoustumé faire pour noz propres deniers et affaires, tous les cottisez à l'assiette et département qui en sera ainsy faict que dict est par nosdictz elleuz, chascun en son regard, nonobstans oppositions ou appellations quelzconques pour lesquelles et sans préjudice d'icelle ne voullons l'exécution des présentes estre aucunement différée, et laquelle dicte somme vous ferez incontinent mectre ès mains du recepveur de noz tailles en chascun des lieulx où lesdictz soldatz seront establiz ou au plus prochain d'iceulx, pour par eulx en faire payement, par chascun desdictz mois, tant que lesdictes affaires le réquerront; et pour ce que lesdictz deniers ne pourront estre sitost assis, imposez et levez, comme sera besoing que lesdictz soldatz soient esdictes places et chasteaulx, nous voullons et entendons, en attendant ladicte levée, que par les habitans des lieulx où lesdictz soldatz et gens de guerre seront establiz pour tenir garnison, il leur soit fourny et livré pain, vin, pitance et autres choses nécessaires pour leurs vivres, selon les taux qui y seront mis par nostredict cousin, appellez noz officiers esdictz lieulx, aiant esgard à ce que monte leurdicte solde à chascun d'eulx par mois et à combien elle leur peult revenir par jour, pour selon et leur en estre faict distribution affin que, après lesdictz deniers levez, ceulx qui leur auront fourny lesdictz vivres et d'iceulx faict les advances nécessaires, lesdictz habitans qui en auront faict l'advance et fournissement puissent en estre satisfaictz et rembourcez comme il est raisonnable. De ce faire vous avons donné et donnons povoir, auctorité, commission et mandement spécial, mandons et commandons à tous noz justiciers, officiers et subjectz que à vous et eulx respectivement soit obéy et entendu dilligemment, car tel est nostre plaisir, nonobstant quelzconques ordonnances, restrictions, mandemens, deffences et lectres à ce contraires. Donné à Sainct-Maur des Fossez, le XIIIe jour de septembre, l'an de grâce mil cinq cens soixante huict et de nostre règne le huictiesme,

Par le Roy en son conseil,
ROBERTET. »

Chartrier de Thouars. Pièce parchemin.

XIX

1568, octobre. — « *Estat de ce que monte par mois le paiement des gens de guerre à pied qu'il est nécessaire mectre aux chasteaux et places fortes estans au pays de Touraine et Anjou appartenans au seigneur de La Trémoille.*

« Premièrement. TOURAINE. A cinquante hommes à L'Isle-Bouchart à raison de cinquante livres pour le cappitaine, vingt-cinq à dix livres, chacun, et vingt-cinq aultres à huict livres, la somme de cinq cens livres.

« Anjou. A trente autres hommes au chasteau et ville de Craon à la raison que dessus, cy : trois cens vingt livres. A vingt-cinq autres au chasteau de Rochefort, à la raison que dessus, la somme de deux cens soixante et seize livres, et escript au dessoubz en ceste nombre : cent cinq hommes, et au dessoubz est escript : Desquelz le payement monte pour ung mois entier : mil quatre vingtz seize livres. . . . .

« Guillaume du Val, sieur de Vaugrigneuse, conseiller du roy, général de ses finances estably à Tours, aux esleuz et contrerolleur pour ledict seigneur sur le faict de ses aydes et tailles en l'élection d'Angiers et recepte de Chasteaugontier, salut. En accomplissant le contenu ès lettres patentes et estat signé de sa main à Saint-Maur-des-Fossez, le treiziesme jour de septembre dernier passé, les originaulx desquelles lettres et estat sont cy-attachez soubz nostre signe, nous vous mandons asseoir, despartir et imposer, tant en l'estendue de vostredicte élection que recepte de Chasteaugontier, sur tous les manans et habitans de vostredicte ellection et recepte contribuables aux tailles chacun en son regard et au sold la livre sur ce qu'ilz portent du principal de taille, le fort portant le foible et le plus justement et esgallement que faire ce pourra, la somme de cinq cens quatre-vingtz seize livres tournois, à laquelle monte par mois le payement des gens de guerre à pyed que Sadicte Majesté veult et ordonne estre mis par monsieur de La Trémoille en ses maisons et chasteaulx de Craon et Rochefort, à commencer du premier jour de ce présent moys d'octobre et continuer tant qu'il en sera besoign et que les affaires le requerront, lesquelz deniers vous ferez mettre ès mains des recepveurs des tailles desdictes ellections d'Angiers et recepte de Chasteau-Gontier, assavoir ce qui sera levé pour ledict chasteau de Craon ès mains du recepveur des tailles estably audict Chasteaugontier et ce qui sera levé pour ledict chasteau de Rochefort ès mains du recepveur desdictes tailles estably à Angiers, pour en faire le payement dedicts gens de guerre par chacun desdictz mois, selon ledict estat, et suyvant les roolles de monstre que ledict seigneur de La Trémoille en fera faire en présence des officiers de Sadicte Majesté ou par celuy ou ceulx qui seront à ce commis par monsieur le gouverneur ou lieutenant général pour Sadicte Majesté oudict pays d'Anjou, ainsi qu'il est plus au long déclaré esdictes lettres patentes et estat ; de ce faire vous avons donné et donnons pouvoir, mandons à tous qu'il appartiendra que à vous en ce faisant soyt obéy. Donné soubz nostredit signe le quinziesme jour d'octobre l'an mil cinq cens soixante et huict. Ainsy signé : Du Val.

« A tous ceulx qui ces présentes lettres verront, le garde sceel estably pour le roy nostre sire et monseigneur le duc d'Anjou, filz et frère de roy, aux contratz royaulx d'Angiers, salut. Scavoir faisons que maistres Jehan Huot et Marc Toublanc, notaires jurez desdictz contractz, nous ont rapporté soubz leurs seings manuelz avoir veu, leu et dilligemment regardé de mot à mot les originaulx des lettres cy-dessus transcriptes, lesquelz ilz ont trouvez sains et entiers en seings, sceaulx et escripture, non cancellés, vitiez, malmys, ne en aucune partye d'iceulx corompuz, ausquelz notaires en ce et plus grandes choses adjoustans pleine foy, à la relacion desquelz avons, pour plus grande approbation et confirmation des choses dessusdictes, mys et apposé en ce présent transcript ou vidimus ledict sceel estably ausdictz contractz, le vingt et ungiesme jour d'octobre, l'an mil cinq cens soixante et huict.

Toublanc.   Huot. »

Chartrier de Thouars. Pièce parchemin. Sceau mutilé.

XX

1569, 17 août. — Extraict des registres du parlement relatif à la sûreté des places fortes.

« Sur la requeste faicte par le procureur général du Roy tandant à ce qu'il soyt enjoinct à toutes personnes ayans et possédans places et maisons fortes de commettre gens pour la garde d'icelles affin qu'elles ne soyent surprinses par les rebelles, et, ou ilz n'obéyront, qu'il soyt enjoinct aulx baillifs, séneschaulx, gouverneurs et juges royaulx plus prochains desdictes places fortes d'y pourvoir et commettre gens et sordars de la religion catholicque, apostolicque et rommaine, de sorte qu'il n'en puisse advenir inconveniant.

« La Cour, en enthérinant ladicte requeste, a ordonné et ordonne que commandement sera faict à toutes personnes soyent ecclésiasticques, gentilz hommes ou aultres, de quelque quallité ou condition qu'ilz soyent, de la religion catolicque, apostolicque et rommaine, ayans et possédans chasteaulx et maisons fortes en et au dedans de ce ressort, de mettre cappitaines et soldars en icelles de ladicte religion, en nombre suffisant, pour la garde d'icelles et empescher que lesdictes places ne soyent surprinses par les rebelles et ennemys du Roy, et ce dedans troys jours après la publiccation du présent arrestz, aultrement à faulte d'avoyr ce faict dedans ledict temps en seront mins à leurs despens par les gouverneurs et baillifz, seneschaulx ou juges royaulx des villes plus prochaines desdictes places ; et quant à ceulx qui sont notoyrement diffamez d'estre de la prétendue religion nouvelle, tenans et possédans maisons et places fortes, a enjoinct et enjoinct ladicte court ausdictz gouverneurs et baillifs, seneschaulx et juges royaulx d'y commettre incontinant et en toutte diligence cappitaines et soldars en nombre suffisant, de la religion catholicque, appostolicque et rommaine, aulx despens des propriétayres et possesseurs desdictes places et fayre en sorte qu'elles soyent asseurées pour le Roy et qu'il n'en puisse advenir inconvéniant, et ausdictz cappitaines et soldars qui seront commis esdictes places de se contenir modestement et de se contenter de leurs saillayres qui leurs seront ordonnez, sans fayre aulcune démolition et degastz esdictes places ny mal et desplaysir aulx propriaytayres desdictes places, ains les garder et conserver, ausquelz propriaytayres enjoinct ladicte court d'obeyr à ceulx qui seront commys à la garde desdictes places.

« Et oultre enjoinct ladicte court aulx subjectz desdictz seigneurs ayans places et maisons fortes de ayder à fayre le guet nuict et jour esdictes places, quant il leur sera commendé et ordonné par lesdictz seigneurs et cappitaines desdictes places, le tout par manière de provision et jusques à ce que aultrement par le Roy ou ladicte court en ayt esté ordonné.

« Faict en parlement, le diseptiesme jour d'aoust, l'an mil cinq cens soyxante neuf.

« Signé : Mallon.

« Le contenu cy-dessus a esté leu et publié à son de trompe et cry public, par les carrefours de ceste ville et fobourgs de Paris ès lieux acoustumez, par moy Pierre Gaudin, sergent à verge au Chastelet, prévosté et viconté de Paris, commys de Pasquer Rossignol, crieur juré du Roy, nostre sire, acompaigné de troys trompettes commys de Michel Noyret, commys par le Roy pour trompette, le mercredy dix septiesme jour d'aoust mil cinq cens soixante neuf.

« Signé : Gaudin. »

Chartrier de Thouars. Pièce papier.

XXI

1574, 19 mai. Rochefort. — *Louis III de La Trémoille nomme Philippe de Montours capitaine de Rochefort et de La Poissonnière.*

« Louys de La Trimolle, duc de Thouars, prince de Taillemont, conte de Guynes, Benon et Taillebourg, baron de Craon, Seully, L'Isle-Bouchard, Montagu, Mauléon, La Chèze-le-Viconte, Sainte-Hermine, Mareuil, Mornac, Bommiers, Berrye, Doué, Rochefort, chevallier de l'ordre du Roy et cappitaine de cinquante hommes d'armes des ordonnances de Sa Majesté, à tous ceulx qui ces présentes lettres verront, salut. Scavoir faisons que nous avons eu entierre congnoissance de deffunct noble homme Jouachin de Montours, sieur dudict lieu, luy vivant, cappitaine des chasteaulx de noz baronnies de Rochefort et chastellenye de La Possonnière, et pour les bons et agréables services qu'il nous a faictz, en faveur et rémémoration d'iceulx, desquelz nous nous tenons contens, et que nous espérons que nous fera Phelippes de Montours, escuyer, filz dudict deffunct, à icelluy Phelippes, pour lesdictes causes et aultres bonnes considérations à ce nous mouvantz, avons donné et octroyé et, par ces présentes, donnons et octroyons lesdictz estatz et offices de cappitaine et cappitaineryes de nosdictz chasteaulx et barronnye de Rochefort et seigneurie de La Possonnière, vacquante entre noz mains par le décès dudict feu Jouachin de Montours, pour desdictz estatz et cappitaineryes, droictz et auctoritez, prérogatives, honneurs, préminances, fruictz, profictz, revenuz et émolumentz d'iceulx jouyr et user, par ledict Phelippes, playnement et paysiblement tout ainsy que ledict feu Jouachin de Montours, son père, et les aultres prédécesseurs cappitaynes auroyent acoustumé jouyr et user soubz nostre puissance, authorité et permission, à la charge de bien et fidellement garder ou faire garder lesdictz chasteaulx et places de Rochefort et La Possonnière pour le service du Roy, nostre souverain seigneur, et de nous, en manière qu'il n'en arrive aulcun inconvéniant, perte ny dommaige par la faulte, coulpe et négligence dudict Phelippes de Montours ou ses commys, gentilzhommes, suffisantz, fidelles et catholicques, en quelque manière que ce soyt. Sy mandons à tous justiciers, officiers et subjectz desdictes barronnye de Rochefort et chastelenye de La Possonnière lesser et souffrir ledict Phelippes de Montours ou ses commys, le serment de luy prins en tel cas requis par nosdictz officiers ou l'ung d'eulx, en chacune desdictz terres, estatz et offices de cappitaine, droictz et profictz, revenuz et esmolumentz d'iceulx, luy obéyr et entendre diligemment en ce qui conserne lesdictz estatz, sans luy bailler aulcun trouble ne empeschement. Faict audict Rochefort, soubz nostre seing, scel de noz armes, et par nostre commandement faict contre signer nostre secretayre, le dix neufiesme jour du moys de may mil cinq cens soixante et quatorze. Ainsi signé : de La Trimoulle, et plus bas, par le commandement de monseigneur : Gauvain, et scellé de sire rouge. »

Chartrier de Thouars. Pièce papier.

XXII

1574, 4 juin. Angers. — Conseil tenu à l'hôtel de ville d'Angers pour l'approvisionnement le château de Rochefort en cas d'attaque.

« Au conseil tenu en l'hostel et maison commune de la ville d'Angiers, le quatriesme jour de juing l'an mil cinq cens soixante et quatorze, où estoient plusieurs des gens de l'estat ecclesiasticque, officiers de la justice, maire, eschevins et plusieurs aultres des manans et habitans de ladicte ville.

« Sur la remonstrance à nous faicte par le procureur du Roy, maire et eschevins de la ville d'Angiers, que le chasteau de Rochefort, sis sur la rivière de Loire apartenant au seigneur de La Trémoille, est place forte de telle importance que, si elle estoit prise par ennemys de Sa Majesté, le grand chemin de la rivière amenant vivres et munitions tant en ceste ville d'Angiers que ailleurs de ce pais et des environs pouroit estre empesché, et la vecture du tout faict cesser, pourquoy requéroit que oudict chastel fussent mis, aux fraiz et despens dudict seigneur de La Trémoille, vivres, munitions de farines, vins et autres nécessaires avecques armes offensives et deffensifves pour la deffence de ladicte place et y mettre gens d'asseurance et de deffence.

« Après avoir traicté dudict négoce au conseil tenu en l'hostel de la ville, où estoient plusieurs des gens de l'estat ecclesiasticque, officiers, gens de la justice, maire et eschevins, et après avoir ouy Jacques de La Porte, soldat, ayant, comme il a dict, la garde dudict chastel par commandement porté par une missive du seigneur de Puygaillard, gouverneur et commandant en ce pais, qui a rapporté que oudict chastel n'y avoit vivres ne munitions de guerres et que si par vingt hommes de cheval il estoit assiégé, il seroit contrainct rendre, pour ledict deffault, ladicte place trois jours après ; avons ordonné que les fermiers dudict sieur de La Trémoille seront contraincts et lesquelz nous avons condampnez et condampnons fournir et mettre oudict chastel le nombre de six pippes de vin et douze charges de farine, cinq cens de fagotz, trante chartées de gros bois, avecques la chair d'un beuf sallé et d'ung porc et quatre septiers de febves, cinquante livres de pouldre à canon, demye douzaine de harquebouses à mèche et aultant de halbardes et pareil nombre de picques, avecques cent livres de plomb, et pour ce achapter seront contraincts, nonobstant oppositions ou apellations quelconques et sans préjudice d'icelles, ausquelz fermiers sera sur les deniers de leur ferme alloué ce qu'ils auront mis et impensé pour ce que dessus, soit qu'ilz aient advancé ou non ; et au sourplus ordonnons commandement estre faict aux manans et habitans dudict lieu de Rochefort choisir par entre eulx huict ou dix des habitans dudict lieu, gens d'asseurance et de fidelitté, pour la garde dudict chasteau ; et pour exécuter les présentes avons commis et commectons chacun de maistres Jacques Ernault, conseillier, et François Bitault, l'un des eschevins de ladicte ville, pour se transporter sur les lieux, veoir et visiter ledict chasteau, exécuter ce que dessus, selon sa forme et teneur, pourquoy faire enjoignons à tous subjectz du Roy d'y obéir et leur prester conseil, confort et aide. Faict à Angiers audict conseil tenu audict hostel et maison de ville ledict quatriesme jour de juin, l'an mil cinq cens soixante et quatorze.

« ALEXANDRE. »

Chartrier de Thouars. Pièce papier.

XXIII

1575, 19 octobre. Paris. — Lettres patentes de Henri III en faveur de Louis III de La Trémoille.

« Henry, par la grâce de Dieu, roy de France et de Polloigne, au seneschal d'Angiers ou son lieutenant et gens tenans le siège présidial audict lieu, salut. Nostre cher et bien amé cousin Lois de La Trémoille, sr dudit lieu, duc de

Thouars, chevalier de nostre ordre et cappitaine de cinquante hommes d'armes de nos ordonnances, nous a faict remonstrer que de toute antienneté ses prédecesseurs et luy se sont vertueusement emploiés au services des defunctz roys, nos prédecesseurs, et de nous, au faict des guerres qui ont eu cours en ce royaulme, comme encores il désire continuer, et que à cause desdites guerres huyt ans sont ou environ qu'il n'a jouy de la tierce partie du revenu de ses terres pour estre par force d'armes occupées par nos subjectz qui portent les armes contre nous et nostre aucthorité; et néantmoings que vous, sans à ce avoir esgard, auries, à la requeste de nos chers et bien aymés les manans et habitans de la ville d'Angers, ordonné que nostre dit cousin ou les fermiers de ses terres de Craon, Rochefort et La Possonnière, estans soubz vostre ressort, seroient contrainctz de mettre en icelles places certaine quantité de munitions, d'armes, pouldres et vivres, avecques nombre de soldatz, laquelle fourniture revient à si grande et excessive dépence que le receveur des dictes terres ne seroit à beaucoup près suffisant pour y satisfaire, tellement qu'en ce faisant il n'auroit moien de vivre et entretenir sa maison, nous suppliant à ceste cause de l'en vouloir descharger et pourveoir à ce que pour l'advenir luy et sesdictz fermiers ne soient travaillés ne empeschez pour semblables occasions de jouir des revenus des dites terres, en luy donnant pleine et entière main levée d'icelles terres qui ainsi saisies ont esté, et de ce luy octroier toutes les lettres requises nécessaires.

« Pour ce est-il que nous, désirans en cest endroict pourveoir à nostre dit cousin et favorablement le traicter pour l'affection qu'il demonstre porter à nous faire service, vous mandons et enjoignons, par ces présentes, que toutes et chacunes les saisies et mainmises faictes et apposées sur les terres susdites appartenantes à iceluy nostre dict cousin, de vostre ordonnance, pour les occasions susdites, vous levés et ostés, ainsi que par ces présentes nous les levons et ostons en luy baillant et faisant bailler et à ses dicts fermiers plaine et entière main levée des revenuz d'icelles, et d'icy en avant les laisser et souffrir jouir entièrement, plainement et paisiblement, remectant et faisant remettre et reparer le tout au premier estat et deu et plaine et entière delivrance ; et où les dictz fermiers auroient fourny aulcuns deniers à l'occasion susdicte, nous vous mandons d'abondant les faire rendre et restituer incontinant et sans delay par les recepveur et autres qui les auroient touchés sans qu'il y soit faict aucune difficulté, car tel est nostre plaisir.

« Donné à Paris, le XIXᵉ jour d'octobre l'an de grâce mil cinq cens soixante quinze et de nostre règne le deuxiesme.

« Par le roy : DE NEUFVILLE. »

Chartrier de Thouars. Copie papier.

XXIV

Sans millésime, 6 mars. Paris. — Lettre de Louis III de La Trémoille et de Nicolas d'Anjou à François de La Trémoille.

« Monseigneur, nous nous recommandons très-humblement à vostre bonne grâce. Monsieur le prince et moy nous sommes tousjours bien portés, fors que sommes ung peu enrumez, mais monsieur maistre Gabriel nous a visités, qui nous a dit que ce ne sera rien, si Dieu plaist. Monsieur d'Angoulesme est demeuré par pareille cause. Messieurs le daulphin et d'Orléans sont allez à Saint-Denys avec toute la compaignye des dames. Nous espérons veoir l'antrée qui sera mardy, comme l'on dit. Perséverans tousjours en bonne volenté de bien servir à Dieu, d'obéir à monsieur de La Rivière et de bien estudier, monseigneur, nous prions Nostre Seigneur vous donner en santé très-bone et longue vie. De Paris, ce VIᵉ mars.

« Vos trez humbles et obéisans filz et nepveu

« L. DE LA TRÉMOILLE. N. D'ANJOU. »

Chartrier de Thouars. Original papier.

XXV

Sans millésime, 22 novembre. Paris. — Lettre de Louis III de La Trémoille à sa mère Anne de Laval.

« Madame, je me recommande à vostre bonne grâce tant et si très-humblement comme je puys.

« Madame, j'ay receu les lettres qu'il vous a pleu m'escrire par lesquelles vous me mandez que je serve bien Dieu et Nostre-Dame, ce que j'espère de faire si bien que serez contante. Je vous supply, madame, m'envoyer des chemises et ma cappe et aussi à mon cousin qui est allé à matin voir sa grant mère, et faisons luy et moy très-bonne chères et suis bien guéry de mon rume. Monsieur d'Angoulesme et mesdames ses sœurs me font la plus grant chère du monde. Madame de Montreul met bien peine de me tenir en leurs bonnes grâces, dont pour ce vous supplye luy escrire et l'en remercier.

« Madame, je supplye le Créateur vous donner très-bonne vie et longue. De Paris, ce XIIe jour de novembre.

« Madame, je me suis oblié de vous escrire commant j'ay sceu que m'aviez faict ung petit frère quy a non Guy. Je vous supplie, madame, faictes le bien nourir, car je l'aime bien. J'ay dict à monsieur d'Angoulesme que je donneroys monsieur le comte, mon frère, à monsieur d'Orléans, et mon frère Charles à luy, et ay dict à madame Madalène que je luy donneroys ma sœur Loise et à madame Marguerite ma seur Charlotte.

« Vostre très-humble et très-obéissant filz

« L. DE LA TRÉMOILLE. »

Chartrier de Thouars. Original papier.

XXVI

Sans millésime. 11 mai, Thouars. — Lettre de Louis III de La Trémoille à Anne de Laval, sa mère.

« Madame, j'ay receu les lectres qu'il vous a pleu m'escripre par mon frère ensuyvant l'entreprinse que vous avez entendue de luy. Il s'en va en la meilleure dilligence qu'il pourra pour trouver monsieur d'Anguyen à Lyon, qui depuys son arryvée en ce lieu luy a faict entendre qu'il y seroit dymanche prochain. Je luy ay faict ce qu'il m'a esté possible et désire à mon pouvoir qu'il ait l'honneur si grand que je vouldroys pour moy, affin que vous en eussiez l'aise que vous espérez qui n'est moindre de ma part.

« Et quant ès affaires de noz debtes et aultres chouses dont il vous plaist m'escripre, je n'ay eu moindre poursuicte que vous de Bastonneau et Gohory ; et de me charger les satisfaire sur ce que j'ay receu de Craon, vous savez, Madame, que je suys chargé d'aultres chouses à acquitter et dont je ne me pourroys bonnement descharger, et davantaige l'on faict adresser pour le tout sur moy ceulx ausquelz nous sommes tenuz par moictié contre ce qui en a esté advisé par le départ de noz debtes, et ne say, madame, par quel moyen se conduict ceste affaire, mais je le voys chacun jour ainsi, ce que je ne vouldroys souffrir de la part de mes gens et le povez bien scavoir de la debte de monsieur l'archidiacre du Bellay et de monsieur de Mézières, dont vous savez que vous estes tenue pour la moictié, qui me faict vous supplier m'en descharger et de faire veoir par voz gens à l'affaire de monsieur de Mézières, tant en ceste ville que à Paris, et je leur feray monstrer tout ce qui en est céans. Aussi vous plaira de pourveoir à ce qui est assigné sur ma terre de Gençay pour m'en descharger de la moictié affin que j'en puisse joyr, et des aultres affaires, où vous prétendez n'avoir eu ce qu'il vous appartient, mes gens seront tousjours prestz d'y faire veoir avecques les vostres, et de ce qui en sera advisé par le conseil je n'yré jamais au contraire. Vous supplyant, madame, me commander ce qu'il vous plaira pour vous obéyr d'aussi bon cœur que je vous présente mes très-humbles recommandations à vostre bonne grace. Et pour fin de ma lectre, je supplye à nostre Seigneur, madame, vous donner très-bonne et longue vie. Escript à Thouars, ce XIe de may,

« Votre très humble et très obéissant filz

« L. DE LA TRÉMOILLE. »

Chartrier de Thouars. Pièce papier.

XXVII

Sans millésime, 12 mars. Fontainebleau. — Lettre de Louis III de La Trémoille à Anne de Laval, sa mère.

« Madame, le Roy a advisé d'envoyer armée sur la mer du Levant, dont il a faict chef monsieur d'Anguien, et pour le conduire en ceste affaire, monsieur le prince de Melphe entreprent ce voyage et beaucoup de gens de bien et des bonnes maisons de ce royaulme, qui a esté le moyen que mon frère a supplyé le Roy estre de ceste compagnye, qu'il a eu très-agréable, dont je me tiens heureux, voyant par ce moyen le continuement de la volonté des nostres. Toutesfois, madame, avant son partement de ce lieu, nous avons advisé ensemble qu'il vous yroit veoir et prendre congé de vous affin que chacun de nous ait plus d'aise et contentement de cest affaire, dont je ne puys espérer aultre chose que nostre bien et honneur, et pour sa despence je luy forniray ce qu'il me sera possible, et de vous, madame, je vous supplye luy faire l'aide et secours que vous pourrez, car luy et moy avons tant de mises à faire que à bien grande payne pourrions fornir à tout. Il vous dira le surplus des nouvelles de ceste court, qui me gardera vous faire plus longue lettre que de vous présenter tousjours mes très humbles recommandations à vostre bonne grâce d'aussi bon cueur que je supplie Nostre Seigneur vous donner très bonne et longue vie. Escript à Fontainebleau, ce XIIe jour de mars,

« Votre très humble et très obéissant filz

« L. DE LA TRÉMOILLE. »

Chartrier de Thouars. Pièce papier.

XXVIII

Sans millésime, 15 avril. Thouars. — Lettre de Louis III de La Trémoille à Anne de Laval, sa mère.

« Madame, mes frères s'en vont par devers vous, lesqueulx je n'ay voulu lessez partyr sans vous faire entendre de mes nouvelles affin qu'il vous plaise, madame, me faire tant de bien que de me mander des vostres.

« Madame, mesdictz frères vous diront comme il a pleu à la Royne de Navarre me faire tant honneur que de passer par ce lieu, dont j'ay esté très-ayse et pourrez entendre par eulx la bonne voulenté que elle nous porte, qui me gardera vous faire plus longue lettre.

« Madame, je me recommande très-humblement à vostre bonne grâce, supplyant le Créateur, madame, vous donner en bonne santé longue vie. De Thouars, ce XVe jour d'apvril,

« Vostre très humble et très obéissant filz

« L. DE LA TRÉMOILLE. »

Chartrier de Thouars. Pièce papier.

XXIX

« *Inventaire des pièces que mect et produict par devers vous Nosseigneurs les généraulx conseillers du Roy sur le faict de la justice et de ses aydes à Paris, messire Loys, seigneur de La Trémoille, chevalier, viconte de Thouars, seigneur et baron de Sully et de L'Isle-Bouchard, demandeur et requérant main levée luy estre faicte des droictz de péage de sel à luy appartenans en ses baronnies et seigneuries de L'Isle-Bouchard, de Sully et Marans, saisiz suivant l'édict général du Roy.*

« Et premièrement, pour monstrer par ledict seigneur de La Trémoille comme il a droict et est en bonne possession à cause de sadicte baronnie de L'Isle-Bouchard de prandre sur les marchants voicturans sel par eaue et par terre et icelluy descendants aux ports de Chinon, à la raison du muy la mine, deux minotz par myne et gecté en myne comme pour le Roy, est à entendre et véritable que auparavant l'érection des gabelles qui furent mises sus par le Roy Phelippes-le-Bel, en l'an mil troys cens quarente sept, y avoit audict lieu de L'Isle-Bouchard grenier a sel, auquel lieu tous marchants tant de Poictou, Anjou, Touraine que du Maine amenoient sel et payoient au seigneur ou dame de L'Isle-Bouchard qui lors estoient, pour le droict de péage, à la raison du muy la mine, vallant deux mynotz mesure de Paris et gectez en myne comme le sel du Roy.

« Item, lesquelles gabelles érigées par ledict Phelippes oudict temps et le grenier establyaudict Chinon auroit esté accordé entre ledict roy Phelippes et lesdictz seigneurs de L'Isle-Bouchard, lors estants, que ledict seigneur de L'Isle-Bouchard seroit payé de sondict droict de sel sur les marchans voicturans sel par eaue et par terre et icelluy descendans audict Chinon depuis que les challans estoient entrez en la rivière de Vienne et estoient passez la pierre de Baudiment, estant située près Sainct-Germain-des-Prez, à demye lieue de Candé.

« Item, que en confortant et approuvant ledict accord par lesdictz marchants, ilz auroient payé ledict droict au seigneur ou dame de L'Isle-Bouchard et icelluy continué par temps plus que immémorial et ledict roy Phelippes et ses successeurs, roys de France, approuvé ledict droict en souffrant les payemens qui ont esté faictz audict seigneur ou dame de L'Isle-Bouchard, ainsi que cy-après sera déduict.

« Item, et contre les marchants qui auroient reffusé payer ledict droict de sel audict seigneur ou dame de L'Isle-Bouchard, auroient esté données sentences et arretz confirmatifz d'icelles au proffict desdictz seigneur et dame dudict lieu de L'Isle-Bouchard.

« Item, et mesmement auroyt esté donné une sentence au proffict de dame Katherine de L'Isle, en son vivant dame dudict lieu de L'Isle-Bouchard, contre ung nommé Pierre Foullon et le prévost général des marchants, et par icelle ladicte dame auroit esté maintenue en ses droictz, possessions et saisines, mentionnées par ladicte sentence ; laquelle sentence ledict seigneur de La Trémoille produict pour vous informer dudict droict de sel à la raison dudict muy la myne vallant deux mynotz, et est récitative du péage de sel que ledict seigneur ou dame de L'Isle-Bouchard avoient audict lieu auparavant ladicte érection de gabelle et qu'ilz avoient acoustumé prandre et percepvoir pour chacun muy de sel, amené et mesuré au port dudict lieu de L'Isle-Bouchard, une myne vallant deux mynotz, dactée ladicte sentence du vingt deuxiesme jour de janvier mil quatre cens soixante deux, signée : Desnard et Pothaire et coctée par A.

« Item, produict la coppie deuement collationnée et signée d'une sentence de coustumace donnée entre les seigneur de La Trémoille, baron de L'Isle-Bouchard, demandeur, d'une part, et Mathurin Gonzy, défendeur, d'autre part, par laquelle fut dict par les grenetier et contrerolleur à sel de Chinon que l'arrest faict sur ledict sel, mentionné par ladicte sentence à la requeste dudict seigneur de La Trémoille, baron dudict lieu de L'Isle-Bouchard, avoit esté bien et deuement faict et en ce faisant que une myne de sel par chacun muy de sel entrant ou grenier de Chynon luy seroit baillée et délivrée selon la teneur de ladicte sentence qui est dactée du vingt cinquiesme jour de may l'an mil cinq cens et dix, signée : Famé et Sueur, coctée B.

« Item, produict une autre sentence donnée audict lieu de Chinon, le dix septiesme jour de may l'an mil cinq cens trente troys, signée : de La Barre et Corbineau, entre ledict seigneur de La Trémoille, baron de L'Isle-Bouchard, demandeur et compleignant, d'une part, et Mathurin Censier, garant d'un nommé Martinet, opposant, d'autre, par laquelle appert que ledict seigneur de La Trémoille a esté maintenu et gardé en ses possessions et saisines de prandre et lever sur les marchants voicturans sel par eaue sur la rivière de Vienne, de chacun muy une myne, vallant deux mynotz, ladicte sentence coctée C.

« Item, pour une autre coppie, deuement collationnée et signée, d'une sentence ou condempnation par les grentier et officiers du grenier à sel de Chynon, signée Bourges et Le Sueur, dactée du vingt huictiesme jour de décembre mil cinq cens dix, contre ung nommé René Egron, qui est condamné payer audict seigneur de La Trémoille, baron de L'Isle-Bouchard, le droict de péage à la raison d'un muy la mine et deux mynotz pour mine et oultre condempné payer le sallaire du sergent qui feist l'arrest sur ledict sel, coctée D.

« Item, produict une autre sentence, donnée le dixiesme juillet mil cinq cens quarante deux, entre luy demandeur et compleignant en cas de nouvelleté d'une part, et Loys Malescou, Estienne Petit, Jehan et Jullian Lebœuf, défendeurs et opposans, d'autre part, pour raison dudict droict appartenant audict seigneur de La Trémoille sur chacun muy de sel descendu au grenier de Chinon, par laquelle ledict seigneur, en la présence et du consentement du procureur du roy audict Chynon, auroit esté maintenu et gardé en possession et saisine d'avoir et prandre par chacun batteau chargé de scel descendu en la ville de Chinon et port d'icelle à raison du muy la myne, signée ladicte sentence : de Racinay, coctée E.

« Item, produict ung extraict des registres de la Chambre des comptes de Paris, contenant cinq feuilletz et demy de parchemyn escriptz, signé : Teste, par lequel appert que le seigneur de La Trémoille a droict de prandre par ses mains sur chacun muy de sel entrant au grenier de Chinon, une myne, coctée F.

« Item, produict ledict seigneur de La Trémoille la coppie, deuement collationnée aux originaulx et signée par monsieur le greffier de ladicte court, en la présence de monsieur le procureur général du roy ou de son substitut, de troys extraictz faictz par m° Jehan Minoys, l'un des esleuz de Tours, en la présence du substitut de mondict sieur le procureur général en l'élection de Tours :

« Par le premier desquelz appert Bouchard, lors seigneur baron de L'Isle-Bouchard, avoir aulmosné et donné aux abbesse et couvent de l'abbaye de Beaumont troys septiers une myne de sel, payable chacun an au jour de Noel, prins à son port dudict lieu de L'Isle-Bouchard.

« Par le second commencant : Noticie et memorie, à cette date : anno millesimo CC° VII° ab incarnatione Domini, Philippo rege Francorum, Johanne rege Anglorum, Gofrido de Lande, archiepiscopo, regnantibus, appert que Bartholomeus, seigneur baron de L'Isle-Bouchard, a confirmé ausdictz abbesse et couvent de Beaumont le don faict par ses prédécesseurs, des troys septiers myne de sel, mentionnez par ledict extraict cy-dessus produict, pour vous informer que auparavant ladicte érection de gabelle y avoit audict lieu de L'Isle-Bouchard grenier à sel et pour la grande quantité qu'il avoit de son péage en fut donné par ledict Bouchard de L'Isle à ladicte abbesse de Beaulmont le nombre de troys septiers myne par chacun an.

« Par le tiers, appert comme ung nommé Pierre du Four, procureur et recepveur dudict lieu de L'Isle-Bouchard, certiffie aux officiers du grenier à sel de Tours, comme présentement, qui estoit le quinziesme jour de mars l'an mil quatre cens soixante quatre, il envoyoit aux religieuses de Beaumont pour et en acquit de dame Katherine de L'Isle, dame de La Trémoille et de L'Isle-Bouchard, six septiers myne de sel à elles deu pour certain droict de sel qu'elles ont droict de prandre audict lieu de L'Isle-Bouchard.

« Et par le quatriesme extraict appert ledict du Four, recepveur de L'Isle-Bouchard, certiffier le treiziesme jour de décembre mil quatre cens soixante et treize, comme sur et en déduction du sel que l'abbesse de Beaumont a droict d'avoir et prandre chacun an sur le revenu et péage de sel de monseigneur de L'Isle-Bouchard, icelluy recepveur a cedict jour envoyé à ladicte abbesse troys septiers myne de sel et que le surplus à elle deu il le payera de sa recepte de sel à icelle abbesse plustost qu'il pourra.

« Après lesquelz extraictz est inséré et escript le procès-verbal dudict Minoys, éleu de Tours, qui a faict iceulx extraictz, les sollempnitez en tel cas requises gardées, par quoy y doibt estre foy adjouxtée comme aux originaulx, et conséquemment actendu qu'il appert que troys cens ans a les seigneurs de L'Isle-Bouchard ont droict de salage audict lieu de L'Isle-Bouchard, doibt estre audict seigneur de La Trémoille, demandeur, faict et octroyé la main levée par luy requise ; lesdictes coppies collationnées, signées et coctées G.

« Item, produict ung cahier de pappier ouquel sont la coppie d'unes lettres royaulx du pénultiesme jour d'apvril l'an mil quatre cens quatre vingts unze, signées : Provost, ung rellief en cas d'appel de certain reffus, tors et griefz faictz audict [.....] par les grenetiers, contrerolleurs et officiers du grenier de Chynon de livrer audict seigneur de La Trémoille et de L'Isle-Bouchard la myne de sel mentionnée, ausquelles est actachée la rellation de Jehan Morin, sergent royal au bailliage de Touraine, de l'exécution desdictes lettres, qui est pour montrer que ledict seigneur a esté et est en ce droict de prandre le nombre et quantité de sel susdict sur le sel entrant audict grenier à sel de Chinon.

« Item, produict une autre coppie, deuement collationnée aux originaulx et signée par m^{tre} Guillaume Houtouau, eslu pour le roy à Tours, en la présence du substitut de monsieur le procureur général audict lieu de Tours, de certaines lettres royaulx impétrées de la partie des religieuses abbesse et couvent de Beaumont, le vingtiesme septembre mil quatre cens vingt cinq, par lesquelles a esté mandé aux généraulx des finances et aux grenetier et contrerolleur du grenier à sel de ladicte ville de Tours de délivrer et faire délivrer ausdictes religieuses de Beaumont le sel mentionné par lesdictes lettres, qui est pour monstrer que lesdictes religieuses ont don desdictz seigneurs de La Trémoille du nombre et quantité de sel mentionné par lesdictes lettres sur le proffict du péage que prend ledict seigneur de L'Isle Bouchard, en la rivière de Vienne, sur le sel descendu au grenier de Chynon, lequel soulloit estre descendu audict lieu de L'Isle Bouchard avant que en ladicte ville de Chynon eust esté estably grenier à sel par le roy, et partant actendu le long temps qu'il y a que ledict seigneur de L'Isle Bouchard joyt dudict droict de péage sur le sel, vous plaira luy octroyer et faire ladicte main levée ; lesdictes deux pièces cottée H.

« Item, produict ledict demandeur cinq pièces actachées ensemble. La première est ung adveu ou dénombrement par lequel appert, entre autres choses, que Agnès de Blanqueffort, dame de Champlivault, tant en son nom que comme ayant le bail, gouvernement et administration des enfans myneurs d'ans de feu Guillaume de La Porte, son mary, auroyt congneu, confessé et advouhé à tenir en fief de son frère messire Loys de La Porte, en son vivant chevallier, seigneur de Veaugues, la tierce partie du péage qu'elle avoit à Sully au long de Loire, ainsi qu'elle se part avec la dame de Sully et la mère de Pierre de Surie, laquelle tierce partie dudict péage valloit bien par chacun an de rente à ladicte Angnès trente livres parisis ou environ, pour plus ou moings, et autres choses contenues oudict adveu, lequel est dacté du lundi d'après la saincte Luce, l'an mil IIIe XLIII, Signé : Guillaume Feme.

« La seconde est ung autre adveu ou dénombrement en parchemyn, dacté du premier jour de janvier l'an mil troys cens soixante dix-neuf, signé : Raoulet Bourdin, et scellé de cire rouge, par lequel appert que feu Hervée de Sully, dame de La Salle et de Sarroy, recongneut et confessa tenir en fief à une foy et à ung homaige lige du seigneur de Sully, à cause de son chastel et chastellenye dudict Sully, ses dommaines et héritaiges et entre autres son péage appellé le péage du Long qu'elle avoit acoustumé prendre de sel, de toutes denrées et marchandises et choses, tant de monter que de besser par ladicte rivière de Loire par toute la chastellenie de Sully et tous les endroictz et exploictz d'icelluy péage.

« La troisiesme est ung autre adveu aussi en parchemyn par lequel appert que, en ladicte année mil troys cens soixante et dix neuf, ung nommé Estienne Guéret, bourgeois de Jargueau, auroit aussy confessé et advouhé tenir en fief à une foy dudict seigneur de Sully, à cause de sondict chastel dudict Sully, entre autres choses le péage du Lons endroict Sully, que valloit bien par an trente livres parisis de rente ou environ, sur lequel péage messire Phelippes Gaucher, vicaire perpétuel de la chappelle Sainct Jehan en l'église de Sainct Ydier dudict Sully, y prenoit pour la fondation d'icelle chapelle douze livres parisis de rente, chacun an perpétuellement, à deux festes, c'est assavoir six livres à la sainct Jehan et six livres à Noel, lesquelles douze livres parisis avoient esté amorties comme disoit icelluy Guéret. Ledict adveu signé : J. Le Faulconnier, en dacte du vingt deuxiesme jour de janvier audict an mil trois cens soixante et dix-neuf et scellé de cire vert.

« La quatriesme est ung autre adveu ou dénombrement aussi en parchemyn par lequel appert que ung nommé Jehan Guesdat, bourgeoys de Chastillon-sur-Loire, auroyt aussi en son vivant recongneu, confessé et advouhé à tenir en fief et à une foy et à ung seul hommaige de monseigneur de La Trémoille et de Sully, à cause de son chastel et chastellenye dudict Sully, dix livres treize solz quatre deniers parisis de rente par chacun an : aux termes de Toussaincts, cent six solz huict deniers parisis et au terme de la feste de Pasques chacun an cent six solz huict deniers parisis sur le péage du long de Loire appellé la myne franche, et sur les fermes, yssues, revenuz, proffictz, exploictz et esmolumens d'iceulx, comme plus à plain appert par ledict adveu qui est dacté de l'an troys cens quatre vingts six, du douziesme jour de décembre, signé : Estienne Moté et scellé de cire vert sur simple queuhe.

« La cinquiesme et dernière desdictes pièces est ung autre adveu ou dénombrement en parchemyn par lequel appert que ung nommé Estienne Guéret, escuyer, demourant au lieu de Jargneau, avoyt recongneu, confessé et advouhé tenir de feu messire Guy de La Trémoille, chevalier, seigneur de Sully et de Craon, à cause de sa femme, le tiers du péage dudict Sully qui se prend et est enlevé sur le sel et autres denrées montans et dévalans du long de ladicte rivière de Loire, vallans le tiers dudict péage pour la part et portion dudict Guéret vingt quatre livres parisis par communes années ou environ, et des appartenances dudict chastel et chastellenye dudict Sully ; ledict adveu dacté du vingt et uniesme jour de juing mil troys cens quatre vingts XIIII, signé : G. de Milly, sellé en cire vert. Lesdictes coppies desdictes pièces coctées J.

« Item, oultre pour monstrer que ledict seigneur de La Trémoille et ses prédécesseurs ont tousjours joy des droictz de péage audict Sully et que, quant aucuns marchants ont passé oultre ledict lieu sans payer, ilz en ont esté poursuyviz et mis en procès et contre eulx ont esté obtenues sentences et jugements, produict icelluy seigneur de La Trémoille la coppie deuement collationnée à l'original, présent mondict sieur le procureur général ou son substitut, et signée de monsieur le greffier de ladicte court, d'une sentence donnée par le bailly de Montargis ou son lieutenant, par laquelle appert que ung nommé Jehan Sévin et Pierre Branger, au moyen de ce qu'ilz avoient passé et traversé en descendant aval cinq batteaulx chargez de marchandises, à eulx appartenans, sans avoir payez les droictz de péages audict lieu de Sully et de Sainct-Gondon, à la requeste du procureur dudict seigneur de Sully et du fermier dudict péage, ilz auroient esté arrestez et la main dudict lieu de Sully apposée sur iceulx, et depuis pour icelle main conforter auroient esté arrestez à la requeste du procureur du roy ; à quoy lesdictz Sevyn et Brangier se seroient opposez et pour dire leurs causes d'opposition jour leur auroyt esté assigné par devant ledict bailly de Montargis ou son lieutenant tellement que, par sentence de luy donnée, auroit esté dict que lesdictz arrestz et empeschemens estoient bons et vallables et ladicte opposition tortionnaire, et iceulx Sevin et Brangier condempnez à faire remonter et conduire à leurs despens lesdictz cinq bapteaulx jusques audict lieu de Sully où l'on acoustume branler pour appeler les péagiers dudict Sully et Sainct-Gondon et condempnez à faire l'acquit et payement d'iceulx péages, et oultre auroient esté déclairez estre encoreuz ès amendes de péage brisé, telles que on a coustume payer, et ès despens faictz tant à la poursuicte desdictz bapteaulx que du procès, dont ne fut appellé ne réclamé, comme appert par ladicte sentence qui est dactée du cinquiesme jour de septembre mil quatre cens trente sept, signée : de Buges et de Maubodet, et scellée en cire rouge, coctée au doz par K.

. . . .

« Item, pour monstrer par ledict seigneur de La Trémoille, comme il est seigneur de la baronnye et seigneurie de Marans qu'il tient en foy et hommaige du Roy à cause de son chastel de La Rochelle, du droict de sel à luy appartenant et qu'il a acoustumé prandre et parcevoir sur les navires, batteaulx et nacelles passants par ce lieu et seigneurye de Marants, produict deux pièces ensemble actachées.

« La première desquelles est ung mandement de messieurs de la chambre des comptes à Paris, signé : Riveron, dacté du vingtiesme jour d'apvril après Pasques mil cinq cens dix sept, adressant au gouverneur de La Rochelle ou son lieutenant, contenant narracion des foy et hommaige faictz au Roy ès mains de monsieur le chancellier par monseigneur Loys, seigneur de La Trémoille, pour raison de sa conté de Benon et seigneurye de Marans et de l'isle de Ré, et dont icelluy seigneur de La Trémoille avoyt ledict jour baillé ses adveuz et dénombrementz.

« La seconde est l'adveu et dénombrement baillé à ladicte chambre des comptes par ledict seigneur Loys de La Trémoille, qui advouhe tenir du Roy à cause de son chastel de La Rochelle à foy et hommaige lige, son chastel et ysle de Marans, appartenances et deppendances, à cause duquel il a droict de naufrage tant en la mer que eaue doulce, droict de péages, coustumes, passages, portages et mesuraiges de sel et autres droictz mentionnez en icelluy dénombrement qui est signé : de La Trémoille et Riveron, et scellé de cire rouge, cocté L. »

Chartrier de Thouars. Pièce papier, non signée.

TABLES

TABLE DES DOCUMENTS

Charles de La Trémoille v
François de La Trémoille vii
Louis III de La Trémoille ix

Charles de La Trémoille

Extraits des comptes .... 1 à 10
Pièces justificatives .... 11 à 21

    I. — 1485 (v. s.), 11 avril. — *Baptême de Charles de La Trémoille* 13
    II. — 1501 (v. s.), 7 février. Château de L'Ile-Bouchard. — *Contrat de mariage de Charles de La Trémoille, prince de Talmond, avec Louise de Coëtivy* 13
    III. — 1502 (environ), 1ᵉʳ mai. Thouars. — *Lettre de Charles de La Trémoille à son père, sur la bonté des oiseaux pour la chasse au vol qu'ils ont en Bas-Poitou* 14
    IV. — 1507, 2 mai. Gênes. — *Lettre du même à son oncle le cardinal Jean de La Trémoille* 15
    V. — 1512 (environ). Le Plessis. — *Lettre de Louise de Coëtivy à sa belle-mère Gabrielle de Bourbon* 15
    VI. — 1512 (environ), 6 mars. Blois. — *Lettres patentes de Louis XII nommant Charles de La Trémoille à la capitainerie du château de Vergy, en Bourgogne* 16

VII. — 1513, 11 mai. Blois. — *Lettres patentes de Louis XII nommant Charles de La Trémoille, prince de Talmond, lieutenant-général du duché de Bourgogne en l'absence de son père Louis II de La Trémoille*... 17

VIII. — 1541 (v. s.), 26 janvier. Paris. — *Nomination d'Anne de Laval pour gouverner et administrer la personne et les biens de Louise de Coëtivy, sa belle-mère*... 20

François de La Trémoille

Extraits des comptes .... 23 à 58
Pièces justificatives .... 59 à 88

I. — 1524, 24 septembre. Craon. — *Copie de lettre relative aux guerres d'Italie*....................... 61

II. — 1527 (v. s.), 4 avril. Annet. — « *Provision de lieutenant pour le roy ès gouvernemens de La Rochelle, Xaintonge et Poictou à monseigneur de La Trémoille* »... 62

III. — 1528 (v. s.), 10 février. Paris. — « *Commission du roy pour loger les compaignies de messeigneurs de Laval et de Rieux et celle de Monseigneur* » .. 64

IV. — 1528 (v. s.), 24 février. Berrye. — *Mandement de François de La Trémoille au sujet d'un navire échoué à Olonne*....................... 65

V. — 1528 (v. s.), 9 avril. Thouars. — *Mandement de François de La Trémoille à ses officiers de Marans, au sujet de la prise d'un corsaire*................ 66

VI. — 1529, 15 décembre. — *Les officiers d'Olonne rendent compte à François de La Trémoille de certains bateaux naufragés*....................... 67

VII. — 1529. — *Supplique de frère René Martin, prêtre, à François de La Trémoille, pour obtenir l'hermitage situé dans les bois de « la Poyssonnyer »*... 68

VIII. — 1530, 2 mai. Angoulême. — *Règlement pour la subsistance des gens d'armes en Poitou*............ 69
IX. — 1530. — *Lettres de François de La Trémoille au connétable Anne de Montmorency*............. 69
X. — 1531, 30 mai. Château de Taillebourg. — *François de La Trémoille donne à sa femme, Anne de Laval, l'administration des terres de Gargolay et de Laz*. 72
XI. — 1532, 10 novembre. Angers. — *François d'Availloles, chevalier, seigneur de Roncé, porte, comme procureur de François de La Trémoille, « l'un des braz de la chaire en laquelle Jean Ollivier, évesque d'Angers, » fait son entrée dans sa ville épiscopale*... 73
XII. — 1532 (v. s.), 16 février. Paris. — *Lettres patentes de François Ier en faveur de François de La Trémoille, lieutenant général du roi en Poitou*............ 76
XIII. — 1533, 10 avril. Thouars. — *Lettre de François de La Trémoille à André Vateau, aumônier et précepteur de ses enfants*........................... 77
XIV. — 1533. — *Lettre de François de La Trémoille à André Vateau, aumônier et précepteur de ses enfants*..................................... 78
XV. — 1536 (v. s.), 29 mars. — *Quittance de Pierre Jacques, principal du collège de la Petite Sorbonne, pour la pension des enfants*............. 79
XVI. — 1538, 1er juillet. — *Articles pour le mariage de Louise de La Trémoille avec Philippe de Lévis*... 79
XVII. — 1538, 26 septembre. Thouars. — *Lettre de François de La Trémoille à François Le Bret, juge de la prévôté d'Angers*............................. 80
XVIII. — 1538? 3 octobre. Thouars. — *Lettre de François de La Trémoille à Louis III, son fils aîné* 81
XIX. — 1538, 16 novembre. Thouars. — *Procuration donnée par François de La Trémoille pour le mariage de son fils aîné*................................. 82
XX. — Vers 1540, 20 avril. Paris. — *Lettre de Jean de Ravenel à François de La Trémoille*............... 83
XXI. — *Différentes lettres non datées d'Anne de Laval*..... 86

Louis III de La Trémoille

Revenus	89 à 111
Mises et dépenses	112 à 151
Pièces justificatives	153 à 228

I. — 1538, 15 novembre. Thouars. — *Nomination par François de La Trémoille de deux procureurs pour traiter du futur mariage de Louis, prince de Talmond, son fils aîné, avec la fille aînée du connétable de Montmorency* 155

II. — 1541 (v. s.), 9 janvier. Fontainebleau. — « *Lectres patentes du gouvernement de La Rochelle, Poictou, Xainctonge et aultres lieulx estans le long de la rivière de la Charente, pour monseigneur Loys de La Trémoille, vicomte de Thouars* 156

III. — 1542, 7 mai. — « *S'ensuyt ce qui a esté dict à propous de la part de madame de La Trémoille en présence de monsieur le lieutenant général de Poictou, et des principaulx gentilzhommes, conseil et serviteurs de la maison, le VIIe jour de may mil Ve XLII* 158

IV. — 1543 (v. s.), 3 février. - *Enquête au sujet d'un combat naval entre Olonnais et Espagnols* 164

V. — 1544, 28 avril. Rouen. — *Lettres patentes de François Ier ordonnant la réduction du nombre des notaires dans la vicomté de Thouars et autres seigneuries de Louis III de La Trémoille* 170

VI. — 1545, 15 octobre. Paris. — *Lettres de François Ier autorisant le sénéchal de Poitou à décharger, après information, Louis III de La Trémoille de la tutelle de ses frères et sœur puînés* 173

VII. — 1549, 29 juin. — *Contrat de mariage de Louis III de La Trémoille avec Jeanne de Montmorency* ... 175

VIII. — 1550, 7 mai. Paris. — *Lettres de surséance pour les affaires de Louis III de La Trémoille pendant son séjour comme otage en Angleterre* 176

IX. — 1550, 6 novembre. Poitiers. — *Partages entre Louis III de La Trémoille et ses frères et sœur des biens laissés par François de La Trémoille, leur père*. 177
X. — 1551 (v. s.), 22 janvier. Thouars. — *Mandement de Louis III de La Trémoille aux gens de ses comptes*. 188
XI. — 1560, 3 janvier. Orléans. — *Charles IX abandonne tous les droits seigneuriaux qu'il peut avoir sur les terres de Louis III de La Trémoille en considération des services rendus par lui et ses prédécesseurs à la couronne*...... 189
XII. — 1563, 25 février. — *Louis III de La Trémoille reconnaît avoir reçu de maître Paulin, banquier à Rouen, par les mains de Jacques Magance, les bulles de provision des abbayes de Brignon, Saint-Laon de Thouars et Chambon*................ 191
XIII. — 1563, juillet. Gaillon. — *Érection du vicomté de Thouars en duché en faveur de Louis III de La Trémoille* 192
XIV. — 1563, 31 mars. — « *Inventaire des armes estans au cabynet de Monseigneur (Louis III de La Trémoille) en son chastel de Thouars, faict le dernier jour de mars l'an mil V^e soixante trois*............... 197
XV. — 1564, 30 avril. — *Ordonnance de Louis III de La Trémoille, défendant de tenir « presche ou aultre exercice de la relligion reformée » dans la ville de Talmond* 198
XVI. — 1565, 1er mars. Toulouse. — *Lettres patentes de Charles IX prohibant tout exercice du culte de la religion réformée dans les terres et seigneuries de Louis III de La Trémoille*....................... 199
XVII. — 1567, 2 octobre. Paris. — *Charles IX nomme Louis III de la Trémoille capitaine de cinquante hommes d'armes de ses ordonnances* 202
XVIII. — 1568, 13 septembre. Saint-Maur-des-Fossés. — *Charles IX mande au général de ses finances de payer la solde des garnisons mises par son ordre dans les châteaux et places fortes de Louis III de La Trémoille*.................................. 204

XIX. — 1568, octobre. — « *Estat de ce que monte par mois le paiement des gens de guerre à pied qu'il est nécessaire mectre aux chasteaux et places fortes estans au pays de Touraine et Anjou, appartenans au seigneur de La Trémoille*............... 206

XX. — 1569, 17 août. — *Extraict des registres du parlement relatif à la sûreté des places fortes*........ 208

XXI. — 1574, 19 mai. Rochefort. — *Louis III de La Trémoille nomme Philippe de Montours capitaine de Rochefort et de La Poissonnière* 210

XXII. — 1574, 4 juin. Angers. — *Conseil tenu à l'hôtel de ville d'Angers pour l'approvisionnement du château de Rochefort en cas d'attaque*.................. 212

XXIII. — 1575, 19 octobre. Paris. — *Lettres patentes de Henri III en faveur de Louis III de La Trémoille.* 213

XXIV. — Sans millésime, 6 mars. Paris. — *Lettre de Louis III de La Trémoille et de Nicolas d'Anjou à François de La Trémoille.*.......................... 215

XXV. — Sans millésime, 22 novembre. Paris. — *Lettre de Louis III de La Trémoille à sa mère Anne de Laval.* 216

XXVI. — Sans millésime, 11 mai. Thouars. — *Lettre de Louis III de La Trémoille à Anne de Laval, sa mère.* 217

XXVII. — Sans millésime, 12 mars. Fontainebleau. — *Lettre de Louis III de La Trémoille à Anne de Laval, sa mère* 218

XXVIII. — Sans millésime, 15 avril. Thouars. — *Lettre de Louis III de La Trémoille à Anne de Laval, sa mère.* 219

XXIX. — « *Inventaire des pièces que mect et produict par devers vous Nosseigneurs les généraulx conseillers du Roy sur le faict de la justice et de ses aydes à Paris, messire Loys, seigneur de La Trémoille, chevalier, viconte de Thouars, seigneur et baron de Sully et de L'Isle-Bouchard, demandeur et requérant main levée luy estre faicte des droictz de péage de sel à luy appartenans en ses baronnies et seigneuries de L'Isle-Bouchard, de Sully et Marans, saisiz suivant l'édict général du Roy* 220

TABLE

DES NOMS DE PERSONNES ET DE LIEUX

ALLEMAGNE (guerre d'), 134, 140.
ALLARD (René), marchand à Thouars, 28.
AMADIS DES GAULES (le livre d'), 88.
AMBOISE (ville d'), 9, 16, 204.

Amboise, chef-lieu de canton du département d'Indre-et-Loire, arrondissement de Tours.

AMBOISE (Françoise d'), femme de Pierre II, duc de Bretagne, 186. Voir *Les La Trémoille pendant cinq siècles*, t. II, p. 203 et 204.
AMELON (maître Jehan), 52.
AMIENS (ville d'), 122.
ANDELOT (François de Colligny, seigneur d'), 175.

Frère cadet de Gaspard de Colligny, le fameux amiral de France, né en 1521, mort à Saintes en 1569. François devint colonel de l'infanterie française en 1555 par la démission de son frère Gaspard.

ANGERS (ville d'), 68, 73-75, 80, 204, 207, 212, 213.

ANGERVILLE, 122.
ANGLE (le bourg commun d'), 180.
ANGOULÊME (ville d'), 69.
ANGOULÊME (comte d'), futur François Ier, 19, 194.
ANGOULÊME (monsieur d'), fils de François Ier, 215, 216.
ANJOU (Nicolas d'), 215.

Nicolas d'Anjou, marquis de Mezières, fils de René d'Anjou et d'Antoinette de Chabannes. Il était petit-fils de Louis d'Anjou, bâtard du Maine, et d'Anne de La Trémoille, fille de Louis I de La Trémoille et de Marguerite d'Amboise. Nicolas d'Anjou épousa Gabrielle de Mareuil.

ANJOU (sénéchal d'), 29.
— (Province), 96, 98, 106, 109, 170, 171, 179, 181, 199, 206, 207.
ANNET (lettres de François Ier données à), 62, 64.
ANTIGNÉ (Robert Suriecte, seigneur d'), 8.
APELVOISIN (Hélène d'), 102.

APELVOISIN (sieur d'), 102.
ARAMBERT (Pierre), notaire à Angers, 73, 75.
ARCULÉE, 68.

Arculée ou plutôt Reculée, faubourg d'Angers qui borde la Maine. Voir C. Port, *Dictionnaire de Maine-et-Loire*, t. III, p. 230.

AREMBERT (maître Philippe), 158.
ARGENTON (seigneur d') commissaire au ressort de Poitiers, pour percevoir le dixième du revenu de la noblesse, destiné au paiement de la rançon de François Ier, 70.
ARQUÉS (village d'), 88.

Arques, commune du département de la Seine-Inférieure, arrondissement de Dieppe, canton d'Offranville.

ARTHENAY, 121.

Artenay, chef-lieu de canton du département du Loiret, arrondissement d'Orléans.

ASNIÈRES (abbé d'), 54.

Notre-Dame d'Asnières-Bellay, monastère de l'Ordre de saint Benoît, au diocèse d'Angers.
En 1542, époque de la mort de François de La Trémoille, l'abbé d'Asnières-Bellay était André Prévost. Voir C. Port, *Dictionnaire historique de Maine-et-Loire*, t. I, p. 144.

AUBLANC (Pierre), vivandier, 55.
AUCH (Jehan de La Trémoille, archevêque d'), 13.
Voir *Les La Trémoille pendant cinq siècles*, t. II, p. XIII.
AULTRY (le sieur d'), 31, 57.

AVAILLES (seigneur d'), commissaire à Saint-Maixent pour percevoir le dixième du revenu de la noblesse destiné à la rançon de François Ier, 70.
AVAILLOLES (Charles d'), maître d'hôtel de Louis III de La Trémoille. 122, 176.
Sur les D'AVAILLOLES, voir *Les La Trémoille pendant cinq siècles*, t. II, p. 206.
AVAILLOLE (François d'), seigneur de Roncé, 73, 74, 75, 82, 155.
AYRVALOIS, bailliage, 99, 101.

Ce petit pays, actuellement compris dans le département des Deux-Sèvres, avait pour capitale Airvaux.

BAIF (François de), écuyer, sieur de Mangé, 8.

Le château de Mangé est situé dans la commune de Verneil-le-Chétif, département de la Sarthe. Au dire de F. Legeay (*Recherches historiques sur Aubigné et Verneil*, p. 340), François de Baïf, écuyer, seigneur de Mangé, était fils de Jean de Baïf et de Marguerite de Chasteigner de La Roche-Posay, et il avait épousé Françoise de Villiers, dame de Mesangères. Selon Ménage (*Remarques sur la vie de Guillaume Ménage*, p. 193), le fameux Lazare de Baïf était aussi fils de Jean de Baïf et de Marguerite de Chasteigner de La Roche-Posay. Voir l'*Histoire littéraire du Maine*, par B. Hauréau, membre de l'Institut, t. I, p. 227.

Baillet (René) « seigneur de Seaulx et de Tresmes, conseiller du roy en sa court de Parlement », 175.

Baillou porte « la cothe d'armes » aux obsèques de François de La Trémoille, 56.

Baju (Mathurin), tailleur, 124.

Balade (Pierre), arbalétrier, demeurant à Thouars, 117, 118.

Baptiste (maître), médecin, 37, 38, 41, 44.

Barbegière (monsieur de), gentilhomme, 57, 73.

Barbezières (Charles de), écuyer, 176.

Basche (monsieur de), 54.

Bastonneau, 217.

Une famille noble de ce nom était à cette époque en possession de la seigneurie d'Azay-sur-Indre.

Batisse, gentilhomme de Louis III de La Trémoille, 124.

Baulche (monsieur de), gentilhomme de François de La Trémoille, 56.

Bayard, 21, 158.

Gilbert Bayard, secrétaire d'État sous le règne de François Ier.

Bayonne (ville de), 167.

Bayonne, chef-lieu d'arrondissement du département des Basses-Pyrénées.

Beaulieu (monsieur de), gentilhomme de François de La Trémoille, 57.

Beaumont (abbaye de), 223, 224.

Notre-Dame de Beaumont-lez-Tours, abbaye de Bénédictines, fondée au commencement du XIe siècle.

Beaumont (le sieur de), 71.

Beaupreau (Renée de La Haye, dame de), 74.
Voir La Haye (Renée de).

Beaupréau, chef-lieu d'arrondissement du département de Maine-et-Loire.

Beauregard, 144.

Beauvais (évêque de), 175.
Voir Chatillon (cardinal de).

Belabre (sieur de), commissaire au ressort de Montmorillon, pour percevoir le dixième du revenu de la noblesse pour la rançon de François Ier, 70.

Bellay (maison du), 105, 119.

Bellay (l'archidiacre du), 88, 217.

En septembre 1489, un « René du Bellay, arcediacre de Poictou, sr de La Tour de Jadres », obtint une rémission du roi Charles VIII. Toute sa jeunesse (dit le texte de la rémission) le dit René du Bellay, qui est « de bonne et ancienne maison », s'est tenu à Poitiers. Depuis peu, il fait sa résidence à « Jadres » à une 1/2 lieue de Chauvigny « lequel lieu il a bâti tout à neuf ». Il avait à ce sujet des discussions avec les habitants de Chauvigny, particulièrement avec Jean Le Doine. Le samedi, 5 septembre 1489, René du Bellay avait « souppé... avec... l'évesque de « Poictiers en son chastel du dit lieu de « Chauvigny ». Après le repas, il s'en retourna sur son mulet en compagnie d'un sien serviteur nommé Jean Le Maire; ce dernier était à cheval. Le Maire avait son épée et du Bellay son bracquemart à la ceinture. Arrivés dans un chemin étroit, entre la maladrerie de Chauvigny et les fourches patibulaires, ils rencontrèrent Jean Le Doîne accompagné de deux hommes. Injures. On en vient aux coups. Jean Le Maire frappe Le

Doîne de son épée et le blesse mortellement. (Arch. nat., JJ 220, fol. 117, n° 211).

Octobre 1489. Rémission par Charles VIII, pour Jean Le Maire, écuyer, âgé d'environ vingt-huit ans « naguières ser- « viteur de... René du Bellay, grand ar- « chediacre de Poictou », lequel Le Maire « est homme noble... natif du païs « d'Anjou, près la maison du Bellay, dont « luy, ses père et mère et autres ses « prouches parens ont esté et sont sub- « gectz d'ancienneté... »

Ibid., fol. 137 v°, n° 246.

BELLEMARION, 86.

BELLEVILLE (monsieur de), gentilhomme de François de La Trémoille, 55.

Pierre Laurens, écuyer, sieur de Belleville. Voir *Inventaire de François de La Trémoille*, p. 182.

BENASTER (Colas), 67.

BENON (comté de), au gouvernement de La Rochelle, 13, 26, 28, 33, 43, 72, 82, 91, 95, 97, 104, 155, 175, 177, 181, 186, 189, 191, 200, 210.

BERNEZAY, « chasteau au pays de Lodunoys », 37, 178.

BERRIE, 37, 65, 66, 72, 91, 94, 98, 107, 109, 161, 162, 163, 177, 181, 193, 200, 210.

Baronnie en Loudunois.

BERRY, province, 98, 107, 199.

BERTRAND (Jehan), président au Parlement, 175.

Jean Bertrand, capitoul de Toulouse en 1519, premier président au Parlement de cette ville en 1536, devint, grâce à la puissante protection du connétable de Montmorency, troisième président au Parlement de Paris en 1536 et premier président en 1550. Après la mort de sa femme, Jean Bertrand entra dans l'état ecclésiastique. Évêque de Comminges en 1551, il fut en même temps garde des sceaux jusqu'en 1559. En 1557 il fut transféré au siège de Sens et élevé au cardinalat. Jean Bertrand mourut à Venise le 4 décembre 1560, âgé de 90 ans.

BERTRAND, palefrenier, 44.

BESNIT (Guyot Morinière, seigneur de), 14.

BICÊTRE, palefrenier d'Anne de Laval, 32, 39, 117.

BIRET (Catherine), femme de Jehan Lespaigneul, 8.

BITAULT (François), échevin d'Angers, 213.

François Bitault, sieur de La Raimberdière, fils d'André, naquit à Angers en 1532. Il s'était fait un renom en la sénéchaussée d'Angers quand il fut élu échevin de la ville le 15 décembre 1564 et maire le 1er mai 1582, honneur qu'il briguait depuis longtemps et où il fut continué en 1583. Il mourut en mai 1602. Voir sur ce personnage, C. Port, *Dictionnaire de Maine-et-Loire*, t. I, p. 353.

BLANQUEFFORT (Agnès de), dame de Champlivault, 225.

BLAVON (Mathurin de), serrurier à Thouars, 36.

BLOIS (ville de), 6, 7, 9, 16, 107.

BLOIS (Jehan de), barbier de Charles de La Trémoille, 5.

BODIN (François), argentier de Louis III de La Trémoille, 150, 191, 192, 199, 204.

BOIS (Brient de La Cour, seigneur du), 73.

BOIS-CATUS (monsieur du), 168.

BOISDAUPHIN (monseigneur de), 53, 57.

René de Laval-Bois-Dauphin, seigneur de Bois-Dauphin à Précigné (Sarthe), fils de Jean de Laval-Bois-Dauphin et de Renée de Saint-Mars. Il épousa en premières noces Catherine de Baïf et en secondes, le 12 décembre 1547, Jeanne de Lenoncourt, d'où naquit Urbain de Laval-Bois-Dauphin, maréchal de France. René de Laval-Bois-Dauphin fut tué à la bataille de Saint-Quentin, le 10 août 1557.

1548 (v. s.), février. Saint-Germain-en-Laye. — Henri II, roi de France, voulant reconnaître les bons services rendus dans les guerres par ses « amez et féaulx « les seigneurs d'Antragues, gentilhomme « de » sa « chambre, et de Boysdaul- « phin », son « conseiller et maistre d'hos- « tel ordinaire », leur donne les biens confisqués sur certains criminels condamnés à mort par le Parlement de Paris (Arch. nat., JJ 259, fol. 32 verso et 33).

1551, 25 avril. — Certificat donné à François Moreau, écuyer, seigneur de La Poissonnière, par René de Laval, chevalier, seigneur de Bois-Dauphin, lieutenant de « cinquante lanciers », constatant que ledit Moreau est homme d'armes dans la dite compagnie du seigneur de Bois-Dauphin (Arch. nat., MM 703. *Nobiliaire de la généralité de Tours*, p. 1216).

1552, 25 décembre. — Lettre du duc de Guise au roi : « ... Boisdauphin m'a prié « vous suplier très humblement luy vou- « loir donner la place de gentilhomme « de votre chambre... ». *Collection des Mémoires sur l'Histoire de France* ; édition Michaud et Poujoulat ; 1re série, t. VI, p. 146.

BOISMORAND (monsieur de), 55, 56.

BOIS-SÉGUIN (sieur du), sénéchal de Civray, commissaire à Civray pour percevoir le dixième du revenu de la noblesse pour la rançon de François Ier, 70.

BOISRY (marquise de), 110.

BOMMIERS, baronnie en Berry, 98, 107, 109, 110, 111, 200, 210.

Bommiers, département de l'Indre, arrondissement et canton d'Issoudun. Voir l'article *Bommiers*, dans : *Archives d'un serviteur de Louis XI*, p. 157, et *Chartrier de Thouars*, pp. 25, 26, 30 et 218.

BONGOUIN (seigneur de), commissaire à Saint-Maixent pour percevoir le dixième du revenu de la noblesse pour la rançon de François Ier, 70.

BONNEVAL (monsieur de), 71.

BONS-FRÈS (Guérin de Prelles, sieur des), maître d'hôtel de monseigneur de La Trémoille, 118.

BONTEMPS, notaire à Paris, 110.

BONTEMPS, sellier à Thouars, 47.

BORDEAU (Pierre), orfèvre à Thouars, 133.

BORDEAUX (ville de), 167.

BOUCHAGE (sieur du), 19.

BOUCHARD, seigneur de l'Ile-Bouchard, 223.

BOUCHEREAU (Gillet), aumônier de François de La Trémoille, 36, 38.

BOUCHET (maître Jehan), 52, 53.

Voir *Inventaire de François de La Trémoille*, p. 128.

BOUFFIÈRES (Guyon des Prelles, sieur des), maître d'hôtel de Louis III de La Trémoille, 124.

BOUHIER (Jehan), châtelain d'Olonne, 67, 68.

BOUILLAND (frère Martin), jacobin à Thouars, 146.

BOURBON (Gabrielle de), épouse de Louis II de La Trémoille, 10, 13, 15.
Voir *Les La Trémoille pendant cinq siècles*, t. II, pp. x et xi.
BOURBON (Louis de), seigneur de Champagne (ou plutôt seigneurde Champigny), 14.
Voir P. Anselme, t. I, p. 353.
BOURBON (monseigneur de), 7.
BOURBON (cardinal de), 78.
BOURDEAU (Pierre), orfèvre, 114.
BOURDIN, 190.

Jacques Bourdin, seigneur de Vilaines, secrétaire d'État sous Henri II, François II et Charles IX, mort le 6 juillet 1567.

BOURGET (Jean de), écuyer, gouverneur de Taillebourg, 35.
BOURGNOUVEAU (seigneurie de), 159.
BOURGOGNE (duché de), 16, 17.
BOURLON (Jean de), drapier à Paris, 30, 31.
BOURNEZEAU, 92.

Châtellenie en Poitou. Voir *Inventaire de François de La Trémoille*, p. 129.

BOUSSET, 110.
BOUSSIGNY (Perrette), femme de Jean de Bourget, écuyer, gouverneur de Taillebourg, 35.
BOUZET (monsieur du), gentilhomme de Louis III de La Trémoille, 114.
BRANDOIS (baronnie de), en Poitou, 92, 180, 182.
BRANGER (Pierre), 226.
BRETAGNE (duché de), 27, 95, 170, 171, 181.

BRETAGNE (Françoise d'Amboise, duchesse de), 186.
Voir *Les La Trémoille pendant cinq siècles*, t. II, pp. 203 et 204.
BRETAGNE (seigneur de Laval, gouverneur de), 64.
Voir LAVAL (Guy XVI de).
BRETAGNE (Jean de), chirurgien, 44.
BRETON, 77.
BREUIL (Jehan du), fauconnier, 8.
BREZEY, gentilhomme de Louis III de La Trémoille, 124.
BRIE-COMTE-ROBERT, 85.

Chef-lieu de canton du département de Seine-et-Marne, arrondissement de Melun.

BRIGNON (abbé de), 54.
BRIGNON (abbaye de), ordre de Saint-Benoît, au diocèse de Poitiers, 191.
BRIMAUDET (Colas), marchand, 67.
BRIOLAY (baronnie de) en Anjou, 73, 74, 75, 80, 93, 113, 181, 182.
Voir sur Briolay le *Dictionnaire historique de Maine-et-Loire* par C. Port.
BRION (le sieur de), amiral de France, 77.

Philippe Chabot, comte de Chauny, amiral de France de 1525 à 1543.

BRISAMBOURG (madame de), 110.
BROSSERON (Simon), précepteur de François de La Trémoille, 33.
BUEIL (Louis de), époux de Jacqueline de La Trémoille, 177, 179, 180.
Voir SANCERRE (comte de).
BURGES (Gabriel de), 39.
BUSANÇAIS (comte de), 158.

Buzançais, ville du Berry, érigée en

comte par lettres de novembre 1533, en faveur de Philippe de Chabot, sieur de Brion, amiral de France.

Busset, (madame de), 159, 160, 161.

Louise Borgia, duchesse de Valentinois, veuve de Louis II de La Trémoille, se remaria, le 3 février 1530, avec Philippe de Bourbon, seigneur et baron de Busset.

Calabre (pays), 85.
Calvi (collège de), à Paris, 29, 79.
Camaret, gentilhomme de Louis III de La Trémoille, 116.
Candé, 124.

Candé, chef-lieu de canton du département de Maine-et-Loire, arrondissement de Segré.

Cande, 221.

Cande, commune du département d'Indre-et-Loire, arrondissement et canton de Chinon.

Caquetière, tambourin, 129.
Cartagena (Alvaro de), 25.
Catillon (camp de), 120.
Caydeu (Guillaume de), seigneur de Couhé, 112.
Censaye (monsieur de), 54, 57.
Censier (Mathurin), 222.
Cephon (mademoiselle de), 145.
Cerson (Hugues), magister des enfants à Notre-Dame de Thouars, 36, 40.
Chabert (maître Jehan), 49.
Chabert (Mathurin), aumônier de madame de La Trémoille, 44.

Chambret (Jehan), sénéchal de Noirmoutiers, 164-170.
Champagne ou Champigny (Louis de Bourbon, seigneur de), 14.
Voir Louis de Bourbon.
Champbon (abbé de), 54, 178.
Champbon (abbaye de), 101, 102, 191, 192.

Abbaye de bénédictins en Poitou (Deux-Sèvres), diocèse de Poitiers.

Champdamours (maître René de), armurier du roi, 141.
Champdolent, seigneurie en Saintonge, 179.

Champdolent, commune du département de la Charente-Inférieure, arrondissement de Saint-Jean d'Angély, canton de Saint-Savinien.

Champlivault (Agnès de Blanqueffort, dame de), 225.
Chanetz (sieur des), 19.
Chantemerle, notaire à Paris, 110.
Charles (Jehan), cuisinier, 8.
Charles VIII, roi de France, 193.
Charles IX, roi de France, 189, 190, 192, 199, 202, 204.
Charles Quint, empereur, 35, 36, 85.
Chateau-Gontier (ville de), 207.

Château-Gontier, ville de l'ancien Anjou, actuellement chef-lieu d'arrondissement du département de la Mayenne.

Chateauneuf-sur-Sarthe, 80, 96.

Châteauneuf, chef-lieu de canton du département de Maine-et-Loire, arrondissement de Segré.

Voir C. Port, *Dictionnaire historique de Maine-et-Loire*, et *Inventaire de François de La Trémoille*, p. 131.

CHATEAUNEUF (monsieur de), 56, 116.

CHATELLERAULT, 7, 70.

Châtellerault, chef-lieu d'arrondissement du département de la Vienne.

CHATELLERAULT (Franciscains de), 31.

CHATILLON (cardinal de), 175.

Odet de Coligny, cardinal de Châtillon, archevêque de Toulouse et évêque de Beauvais de 1535 à 1563, était fils de Gaspard de Coligny et de Louise de Montmorency, veuve de Ferry de Mailly, baron de Conti. Il se fit protestant et épousa Isabeau de Hauteville, dame de Loré.

La terre de Loré — qui a donné son nom au fameux capitaine manceau des guerres anglaises, Ambroise de Loré — est située dans la commune d'Oisseau (Mayenne). Il reste encore des parties curieuses de l'ancien manoir et particulièrement une chapelle du XVIe siècle, où l'on remarquait autrefois dans les vitraux les portraits du cardinal de Châtillon et d'Isabeau d'Hauteville. Un curé d'Oisseau a cru devoir faire disparaître la verrière d'Isabeau d'Hauteville. Cet acte de vandalisme, inspiré par une piété étroite, ne remédie à rien et nous prive d'une œuvre intéressante.

CHATILLON-SUR-LOIRE, 226.

Chef-lieu de canton du département du Loiret, de l'arrondissement de Gien.

CHAUMONT (Joachim de), sieur de Ribémont, 105.

CHAUVET (François), lieutenant général du Loudunois, 179, 187.

CHAUVET (Martin), 110.

CHAUVIN (Hardouin), chirurgien, 44.

CHAVIGNY, 43.

Chauvigny, chef-lieu de canton du département de la Vienne, arrondissement de Montmorillon.

CHAVIGNY (monseigneur de), 53, 57.

Il s'agit probablement ici de Louis Le Roy, seigneur de Chavigny et de la Baussonnière, conseiller et chambellan du roi, capitaine de ses gardes du corps, qui se trouva à la bataille de Pavie. Louis Le Roy, qui vivait encore en 1554, épousa, en 1515, Antoinette de Saint-Père, fille unique et héritière d'Adam, seigneur de Saint-Père et de Clinchamp, et de Charlotte de La Haye. De ce mariage naquit François Le Roy, seigneur de Chavigny.

François Le Roy, seigneur de Chavigny et de Baussonnière, comte de Clinchamp, capitaine des gardes de Henri II, lieutenant-général des provinces d'Anjou, de Touraine et du Maine, gouverneur de la ville du Mans, chevalier de l'ordre du Saint-Esprit le 31 décembre 1578, servit au siège de Lusignan sous le duc de Montpensier et eut la garde du château de Chinon et de la personne du cardinal de Bourbon en 1588. *Les comptes de l'Hôtel de ville du Mans* contiennent la trace des séjours de Chavigny dans la capitale mancelle. « A Bertran Le Balleur et Ber-
« thin Duval, la somme de trente quatre
« livres dix sept solz sept deniers tournois
« à eulx ordonnée par mandement des es-
« chevins, procureur et contrerolleur, si-
« gné de leurs mains le » 2 juin 1561,
« pour vin blanc et clairet qu'ilz ont
« fourny et baillé à la dite ville et dont a
« esté faict présent à Messieurs *de Cha-*
« *vigné*, lieutenant-général de monsei-
« gneur le duc de Montpensier, oudict
« pays du Maine, premier président de
« Bordeaux, commissaire délégué par le
« roy et du mortier, pour aucuns affaires
« urgens en la dicte ville, que les y au-
« roient faict arrester. — Au dit Bouquet
« la somme de LXX solz à luy ordonnée
« le XXIe juing M Vc LXVIII pour avoir
« par luy faict ung appentilz de boys cou-
« vert d'esses et carreaulx par le comman-

« dement de Monsieur *de Chavigny* au lo-
« gis où estoit logé ledit sieur, devant l'é-
« glise Sainct-Julian. — A Pierre Croneau
« et René Pahoueau la somme de IX livres
« à eulx ordonnée le XIIIIe juing M Vc
« LXIII pour avoir par eulx baillé, fourny
« et livré certaine quantité de foing et de
« bois au logis de *Monsieur de Chavigny*
« qui estoit arrivé ledit jour en ladite ville
« du Mans, comme gouverneur, en l'absen-
« ce de Monseigneur de Montpencier. — A
« Nicollas Marias, maître pintier et plom-
« beur de ladite ville du Mans, la somme
« de X livres XI solz à luy ordonnée le
« penultièsme jour de décembre M Vc
« LXVI pour avoir par luy baillé et fourny
« plusieurs vaisselles à diverses foys au
« logis de *Monsieur de Chavigny*. — A
« Renée Le Roy, veufve de feu Julian Ti-
« ger, la somme de vingt et six livres à
« elle ordonnée par les eschevyns et gou-
« verneur de ladite ville le IIIIe juing
« M Vc LXVII pour avoir par elle fourny
« de linge de table, lictz et draps au logis
« de *Monsieur de Chavigny*, l'espasse de
« six jours qu'il a séjourné en ladicte ville
« du Mans pour faire la monstre de sa
« compaignye... » *Comptes de l'hôtel de
ville du Mans* aux Archives départe-
mentales de la Sarthe. — Le rôle de la
montre de la compagnie de Chavigny
existe au château de Dobert sous ce titre:
« Roolle de la monstre faicte en armes au
« Mans le premier jour de juin l'an 1567
« pour les quartiers de janvier, febvrier
« et mars dernier et d'avril, may et juin
« présent, de trente hommes d'armes et
« quarente cinq archers, estans soubz la
« charge et conduicte de Monsieur de
« Chavigny, leur cappitaine, sa personne
« et aultres chefz de la compaignye, y
« compris, desquelz hommes d'armes et
« archers les noms, surnoms, qualitez et
« demourances ensuyvent... » *Titres et
documents pour servir de preuves à l'histoire de la maison de Bastard. Branches
du Maine*, t. IV, 1535 à 1574. Pièce parchemin. — *La Revue historique et archéo-
logique du Maine*, t. XIII, pp. 372 et 373,
a signalé une lettre de Chavigny, datée de
Chavigny, le 26 décembre 1563. Dans
cette missive adressée à mesdemoiselles de
Belin, François Le Roy, s'excuse de ne
pouvoir assister au service de feu son
cousin, M. de Belin, parce qu'une lettre
de M. de Montpensier le mande pour le
27 à Champigny. — Chavigny, à cause de
la cécité qui le menaçait, fut exempté de
se rendre aux États de Blois. A cette occasion, il écrivit à Henri III le 23 septembre 1588, une lettre où il dit qu'il « re-
« mercie très humblement le roy de l'hon-
« neur qu'il luy plaist lui faire de l'excuser
« du voyage des Estatz, qu'il mettra peine
« cependant de recouvrer un peu de veüe
« par le moyen d'un medecin italien qui
« lui promet de le faire voir d'un œil, re-
« merciant pareillement Sa Majesté de la
« faveur qu'il lui a pleu faire à sa très-
« humble requête qu'il lui a faite pour
« M. de Goulaines, son beau-frère ; que
« pour l'estat des affaires du pais, il re-
« met à ce qu'en pourra dire M. de Ri-
« chelieu. » Bibliothèque nationale. Mss.
Fonds Français. 3644. fol. 46 recto. —
Le médecin italien ne put rendre la vue à
Chavigny. Ce dernier mourut aveugle
dans son château de Chavigny le 18 février 1606, ne laissant point d'enfants de
ses deux femmes, Antoinette de La Tour
et Renée d'Avaugour, dite de Bretagne.
P. Anselme, *Histoire généalogique de la
maison royale de France*.

Voici deux lettres inédites du Chartrier de Sourches au Maine, écrites par
François Le Roy, seigneur de Chavigny, adressées à Philippe de Chambes,
seigneur de Montsoreau :

« A monsyeur mon cousin Monsieur
de Montsoreau à Montsoreau.

« Monsieur mon cousin, je viens d'estre adverty que les reistres sont partiz de Normandye, et ont pris le chemyn d'Anjou ou du Mayne pour tirer de ce costé, dont [je] vous ay bien voulu donner advis par cette lettre. Et pour ce [entendant] quelque bruict qu'ilz veullent venir gaigner ceste [rivière de] Loyre et se saisir des passaiges, j'escriptz présentement [tant à] Monsieur de Puygaillart[1] que à Monsieur de Jarzay[2] et [au cap]pitaine Pin[3] qui est à Chinon qu'ilz ne faillent de retirer et mettre tous les batteaux en lieu où les dits ennemys ne s'en puissent aider à leur passaige quant ilz les sentiront aprocher, vous priant, Monsieur mon cousin, faire semblablement en votre endroict, et où vous aurez moyen de les incommoder, comme en rompant les moulins et passaiges de leur chemyn, ne vous y espargner aucunement ; de quoy je me tiens tant asseuré de vous que je ne vous en feray autre ny plus longue recommandation par ceste lettre, pour fin de laquelle, je vois prier Dieu, en me recommandant humblement à votre bonne grâce, vous donner, Monsieur mon cousin, en bonne santé, longue vye.

« De Tours le XXVe jour de février 1563.

« (Post-scriptum). Il suffira que les fers des moullins soient ostez, sans antièrement les rompre.

« Votre obeissant cousin et meilleur amy.

« CHAVIGNY. »

« A Monsieur mon cousin, Monsieur de Monsoreau, à Montsoreau.

« Monsieur mon cousin, je receu hier soir lettres de ceulx de Mirebeau par où ilz me donnent advis comme Sainte-Jame[1],

1. Jean de Léaumont, sieur de Puygaillard, gouverneur d'Angers. Voir son article dans le *Dictionnaire historique de Maine-et-Loire* de M. C. Port, t. II, pp. 470, 471.

2. Il s'agit probablement ici de Jean Bourré, IIe du nom, frère de René, gouverneur de Baugé, et fils de Charles Bourré le jeune et de Jeanne de La Jaille. Ce Jean Bourré, appelé dans presque tous les actes « Monsieur de Jarzé », épousa Madeleine de Bourgneuf, veuve de Claude d'Arquenay. Après avoir été protonotaire apostolique, il embrassa la carrière des armes. Il fut chevalier de l'ordre de St-Michel et mourut en 1591. On lit dans un titre du chapitre de Jarzé, 1592, que « Jehan Bourré est mort « seigneur de Jarzé, sans hoirs de sa chier ; « et en luy a failli le nom de Bourré et « est tombé la seigneurie de Jarzé en main « de quenouilles. » Note communiquée par M. André Joubert, d'après les Archives de Maine-et-Loire, E 1794 et G 1328. — Jarzé est une commune du département de Maine-et-Loire, arrondissement de Baugé, canton de Seiches. Voir le *Dictionnaire* de C. Port, t. II, p. 400 et suivantes.

3. « Loys Le Barbe de Chinon, autrement « appelé Le Pin », avait été laissé pour gouverneur de Saint-Jean-d'Angely par Châteauroux, le 22 novembre 1562. *Histoire de France* de La Popelinière, t. Ier, fol. 332 verso. — Le capitaine Pin était employé à Chinon en février 1569, ainsi qu'il résulte d'une lettre du 19 février de cette année adressée par le duc d'Anjou au comte du Lude, gouverneur de Poitou. *Archives historiques de Poitou*, t. XII, p. 242.

1. Lancelot du Bouchet, écuyer, seigneur de Sainte-Gemme, plus connu dans les fastes de nos dissensions religieuses en Poitou sous le nom redoutable de Sainte-Gemme, se distingua d'une manière éclatante en 1553, au siège de Metz. Il était fils de Charles du Bouchet, seigneur de Puygreffier, et de Madeleine de Fonsèques, sa deuxième femme. Lancelot du Bouchet épousa Jeanne Ratault, dont il eut deux filles, 1° Françoise, dame de Sainte-Gemme, mariée à Charles de Fonsèques, baron de Surgères, duquel elle n'eut point d'enfants, 2° Jeanne, héritière de Sainte-Gemme, femme de Claude d'Aubigny, seigneur de La Jousselinière. H. Filleau, *Dictionnaire historique et généalogique des familles de l'ancien Poitou*, t. Ier, pp. 409 et 410.

Landreau [1]; et autres huguenotz de Poictou, sont ensemble jusques au nombre de quinze cens hommes, aux environs de Bressuire, deliberez de passer les rivières et s'en aller joindre avecques les sieurs de Frontenay [2] et de Montgommery [3], qui sont du costé de Bretaigne, dont je vous ay bien voulu advertir par ceste lettre, et me servira au reste pour vous dire qu'il sera bien nécessaire, s'il est ainsi, de retirer les batteaux qui sont au droict de vous et les faire couler (conduire) à Saumur ; ce que je vous prye bien fort faire, et prandre garde à votre maison de peur que les dits ennemys ne s'en saisissent et que vous ne soyez surpris, chose qui est autant ou plus à craindre que jamais, car encores que l'on tienne la paix pour faicte, si est ce que je doubte grandement, qu'ilz ne facent encores quelque mauvais traict, si l'on ne s'en donne garde [4].

« Je me recommande en cest endroict humblement à votre bonne grâce et prye Dieu vous donner

« Monsieur mon cousin très bonne et longue vye.

1. Charles Rouault, seigneur du Landreau, baron de Bournezeau, fils de André Rouault et de Joachine d'Appelvoisin, fille de Hardy d'Appelvoisin, seigneur de Thiors, et de Hélène d'Appelvoisin. H. Filleau, *Dictionnaire hist. et généalogique des familles de l'ancien Poitou*, t. I, p. 71.

2. Jean de Rohan, seigneur de Frontenay, mort sans postérité de Diane de Barbançon-Cany, fils de René de Rohan et de Isabelle d'Albret et frère de Henri, vicomte de Rohan, prince de Léon. P. Anselme, t. IV, pp. 71 et 72.

3. Gabriel de Lorges, comte de Montgomery, le meurtrier de Henri II, exécuté à Paris le 27 mai 1574.

4. Le lendemain du jour où Chavigny écrivait cette lettre apparaissait l'édit d'Amboise qui semblait devoir cimenter la paix entre les catholiques et les protestants.

« Escript à Tours le XVIIIe jour de mars 1563.

« Vostre obéissant cousin et plus sur amy.

« CHAVIGNY. »

CHEMENS, gentilhomme de Louis III de La Trémoille, 124.

CHEMILLÉ (Renée de La Haye, baronne de), 74-75.

Chemillé, chef-lieu de canton du département de Maine-et-Loire, arrondissement de Beaupréau.

CHEVALES, 25.

CHINON (ville de), 108, 220, 221, 222, 224.

Chef-lieu d'arrondissement du département d'Indre-et-Loire.

CIVRAY, 70, 76.

Civray, chef-lieu d'arrondissement du département de la Vienne.

CLAVEAU (Jean), marchand, 4, 6.

CLÈVES (François de), duc de Nivernais, 175.

François Ier de Clèves, duc de Nevers, époux de Marguerite de Bourbon-Vendôme.

CLUZEAU (dame du), 162.

Voir *Inventaire de François de La Trémoille*, p. 131.

COETIVY (Charles de), comte de Taillebourg, 13.

Voir *Inventaire de François de La Trémoille*, p. 132.

COETIVY (Louise de), femme de Charles de La Trémoille, prince de Talmond, 13, 14, 15, 16, 20, 178, 182.

Voir *Inventaire de François de La*

Trémoille, p. 133, et dans ce volume
TAILLEBOURG (comtesse de).
COETIVY (le chantre de), 57.

Prégent de Coëtivy, chantre de Montaigu et curé de Saint-Médard, à Thouars.

Voir *Inventaire de François de La Trémoille*, p. 134.
COINTRARD, médecin, 113, 145.
COLLIGNY (François de), seigneur d'Andelot, 175.
COMPORTE (seigneur de), élu par la noblesse de Civray pour recueillir le dixième de son revenu pour la rançon de François Ier, 70.
CONDÉ, baronnie en Berry, 96.
COQUILLON (Jehan), peintre, 46.
CORBERANDE (monsieur de), 57, 116.
CORMEILLES (abbé de), 147.

Cormeilles, abbaye de bénédictins, au diocèse de Lisieux, actuellement bourg du département de l'Eure.

COSSIN (Guillaume), licencié-ès-lois, 179, 180, 187.
COUHÉ (Guillaume de Caydeu, seigneur de), 112.
COULONGEOIS, bailliage, 99.
COURTIN, 81.
COZES, châtellenie en Saintonge, 91, 181, 189.

Cozes, chef-lieu de canton du département de la Charente-Inférieure, arrondissement de Saintes.

Voir *Inventaire de François de La Trémoille*, p. 135.

CRAON, baronnie en Anjou, 10, 61, 72, 73, 82, 86, 88, 92, 96, 98, 106, 109, 111, 119, 155, 163, 177, 178, 193, 200, 207, 210, 214, 217.

Voir *Les La Trémoille pendant cinq siècles*, t. I, 264.
CRAON (prieuré de Saint-Clément, à), 87.
CRAON (collégiale de Saint-Nicolas, à), 87.

Église collégiale fondée au IXe siècle par Renaud, baron de Craon.

CRESSE, orfèvre, 138.
CURHARNOIS (Michel de), marchand, 119.
CURSON, 93, 97, 103, 109, 179.

Curzon, commune du département de la Vendée, arrondissement des Sables, canton des Moutiers.

CYVRAY (Jacques), chirurgien, 44.

DAMMARTIN (comte de), 71.
DEBILLE (Collette), femme de chambre, 116, 133.
DECOSSE (Jehan), palefrenier des courtaux, 115.
DESHAYES (Pierre), notaire à Angers, 73, 75.
DESLANDES (Martin), receveur de Louis III de La Trémoille, 114, 131, 132, 140, 178, 180, 187.
DESRICHES (....), 27.
DIDONNE, baronnie en Saintonge, 91, 97, 105, 109, 111, 181, 189, 193, 200.

Didonne, hameau dépendant de la commune de Saint-Georges de Didonne, département de la Charente-Inférieure.

DIGNARD (Pierre), 202.
DIJON, 9.

Dijon, chef-lieu du département de la Côte-d'Or.

DINAN (Cordeliers de), 113.

Dinan, chef-lieu d'arrondissement du département des Côtes-du-Nord.

DOL (François de Laval, évêque de), 87.

François de Laval fut évêque de Dol, du 30 juin 1524 au 2 juillet 1556. Il était fils bâtard de Guy XVI de Laval et d'une fille de la maison d'Espinay. Voir sur ce personnage, *Mémoire chronologique de Bourjolly, sur la ville de Laval* (édition Le Fizelier et Bertrand de Broussillon), t. I, p. 382.

DORVAL, 133.
Doué, baronnie en Anjou, 42, 72, 93, 98, 106, 109, 111, 179, 193, 200, 210.

Doué, chef-lieu de canton du département de Maine-et-Loire, arrondissement de Saumur.

Voir *Les La Trémoille pendant cinq siècles*, t. I, p. 270.

Douzil (François), valet de chambre de Louis III de La Trémoille, 115, 128.

DOYNEAU (François), lieutenant général en la sénéchaussée de Poitou, 158.

DROCGUES (Jehan), dit le Picard, 115.
DROYNEAU (Lucas), 164, 167, 168-169, 170.
DROYNEAU (Lucas), 164, 167, 168, 169, 170.
DUCARROY (Pierre), brodeur, 114, 115.
DUILLARD (Jehan), 169.

DURAND (Françoise), femme de Claude Guetier, 29.
DURAND (Pierre), orfèvre à Tours, 29, 30.

Voir sur Pierre Durand, *Inventaire de François de La Trémoille*, p. 138.

DUTILLET (Guy), écuyer, 112.

ÉCOSSE (roi et reine d'), 28.
ÉCOUEN, 85.

Écouen, chef-lieu de canton du département de Seine-et-Oise, arrondissement de Pontoise.

ÉGRON (René), 222.
ENGHIEN (monsieur d') « chef de l'armée envoyée sur la mer du Levant », 217, 218.
ERNAULT (Jacques), 213.
ESBODILLE (don Ferrande d'), 65.
ÉTAMPES (duc d'), 33.
EU (François de Clèves, comte d'), 175.

FALAISEAU (Marc), secrétaire de Louis III de La Trémoille, 115, 134, 140, 143, 144.
FALERON, 92, 180.

Falleron, commune du département de la Vendée, arrondissement des Sables, canton de Palluau.

FAULTRARD, greffier, 168, 169.

FÉAU (Pierre), portier du château de Thouars, 43, 116, 126.

A la page 43, on a imprimé par erreur Pierre Foura, au lieu de Pierre Féau.

FERAUT (messire Mathurin), prêtre, 51.

FERRET, marchand parfumeur, 146.

FERRIÈRES (abbé de), 54, 188.

Ferrières, abbaye bénédictine en Poitou (Deux-Sèvres), diocèse de Poitiers.

FERRON, 77.

FICHEPAIN (Robert), marchand argentier du roi, 28, 29, 53.

FLANDRE, 85, 125.

FLORENCE (serge de), 129, 130.

FOIX (Claude de), femme de Guy XVII de Laval, 87.

Claude de Foix, femme de Guy XVII de Laval, était fille d'Odet de Foix, vicomte de Lautrec, et de Charlotte d'Albret d'Orval. Voir *Mémoire chronologique de Maucourt de Bourjolly sur la ville de Laval* (édition Le Fizelier et Bertrand de Broussillon), t. I, p. 388.

FONBERNIER (Adrien de), seigneur de La Guyonnière, 112.

On trouve au XVe siècle, des Fonbernier, seigneurs du fief des Moulins de Soulièvre, relevant du duché de Thouars. Voir *Les fiefs de la vicomté de Thouars, d'après l'Inventaire inédit de Jean-Frédéric Poisson en 1753*, publiés par le duc de La Trémoille et Henri Clouzot, p. 107.

FONTAINEBLEAU (tournois de), 31, 39, 121.

FONTAINEBLEAU (ville de), 119, 156, 158.

FONTENAY, 70, 176.

Fontenay-le-Comte, chef-lieu d'arrondissement du département de la Vendée.

FONTEVRAULT, 32, 41, 43, 87, 101, 112.

FORGET (monsieur), président, 110.

FOUILLOU (monsieur du), maître d'hôtel de madame de Taillebourg, 114.

FOULLON (Pierre), 221.

FOUR (Pierre du), receveur de l'Ile-Bouchard, 223.

FOURNIER (Jehan), 202.

FRAMEZELLES (Robinet de), capitaine du château de Vergy en Bourgogne, 16.

FRANÇOIS Ier, roi de France, 19, 20, 26, 62, 64, 69, 76, 124, 155, 158, 170, 173.

FRANÇOIS le barbier, 44.

FROIDEFFON, 92, 180.

Froidfond, commune du département de la Vendée, arrondissement des Sables, canton de Challans.

GABRIEL (maître), médecin, 215.

GAILLARD, 100.

GAILLARD (Jacques), greffier de Thouars, 164.

GALAMPOIX (Nicolas), menuisier à Paris, 147.

GALLANT (Pierre), marchand argentier du roi, 28.

GAMYAU (G...), 34.

GARCHY (Galisles de), 25.

GAREAU (....), notaire de la cour de Nantes, 27.

GARGOLAY (terre de), 72, 92.

GAUCHER (maître), médecin ordinaire du roi, 33, 37, 40, 41, 43, 44.
GAUCHER (maître Philippe), prêtre, 225.
GAUDIN (Pierre), sergent, 210.
GAULTIER (Mathurin), apothicaire, 45, 48.
GAUVAIN (maître François), 142.
GAUVAIN (Jacques), procureur de Thouars, 114, 141, 142, 188.
GENÇAY, 93, 179, 217.

Gençais, chef-lieu de canton du département de la Vienne, arrondissement de Civray. Voir *Inventaire de François de La Trémoille*, p. 140.

GENDRON, 165.
GÊNES, 15.
GÊNES, (satin de), 129.
GEORGEAU (Grégoire), 115.
GILLES, écuyer, 4, 5.
GIRARD (maître André), 117.
GIRARD (maître François), solliciteur de monseigneur de La Trémoille, 141.
GIRARD (Jean), 35, 52.
GOHORY, 217.

Famille originaire de Florence, établie en Touraine dès le commencement du XVe siècle.

GONZY (Mathurin) 221.
GRANGES (monsieur des), capitaine de Talmond, 54, 57, 70, 122.

On rencontre, en 1597, un Jean Charrier, sieur des Granges, vassal du duché de Thouars, pour sa terre de Rigny sous Vrère. Voir *Les fiefs de la vicomté de Thouars*, p. 93.

GUÉRET (Étienne), bourgeois de Jargeau, 225, 226.

GUERRY (Pierre), receveur général de François de La Trémoille, 30, 32, 33, 36, 39, 41, 81.
GUÉS (monsieur des), 114, 124, 126, 127, 136, 137, 140, 144.
GUESDAT (Jehan), bourgeois de Châtillon-sur-Loire, 226.
CUETIER (Claude), marchand à Tours, 29.
GUIGNÉ (Robin de), 54.
GUILLEMIN (maître Gilles), 141.
GUILLER (frère Pierre), jacobin à Thouars, 42, 58.
GUINES (comté de), 26, 28, 43, 72, 73, 82, 155, 191, 200, 210.
GUISE (maison de), 83.
GUISE (monsieur de), 78.

———

HANEQUIN, 14.
HÉBRON (évêque d'), suffragant de l'évêque de Poitiers, 51, 52, 58.
HENRI II, roi de France, 84, 85, 120, 126.
HENRI III, roi de France, 213.
HERPIN (maître), chirurgien à Tours, 42.
HORRIS (Jehan), greffier de la baronnie d'Olonne, 67, 68.
HOUTOUAU (Guillaume), élu à Tours, 224.
HUMIÈRES (monsieur d') 84, 85.

Jean, seigneur de Humières, l'un des gouverneurs du Dauphin. Voir P. Anselme, t. VIII, p. 279.

HUMIÈRES (François d'), 175.
HUOT (Jehan), notaire à Angers, 208.

ISSOUDUN, 107.
   Issoudun, chef-lieu d'arrondissement du département de l'Indre.
IVERNY (Thibault de Longuejoue, seigneur d'), 175.
   Voir LONGUEJOUE.

JACQUES (maître), 140.
JACQUES (Pierre), principal du collège de Calvi, 79.
JARGEAU, 225, 226.
   Jargeau, chef-lieu de canton du département du Loiret, arrondissement d'Orléans.
JEALY, gentilhomme de Louis III de La Trémoille, 124.
JEHAN le Muletier, 8.
JODOIN (Jehan), procureur au Parlement, 187.
JOUCLAIN (François), messager, 40, 41.

LA BASSE-GUERCHE, 80, 93.
   Châtellenie en Anjou. Voir C. Port, *Dictionnaire historique de Maine-et-Loire*, t. II, p. 323.

LA BASSETIÈRE (monsieur de), 114.
LA BEAUNE, vigne, 101.
LA BERLANDIÈRE (monsieur de), 57.
LA BESSIÈRE (monsieur de), 4.
   Probablement, René de Beauvau, seigneur de La Bessière et du Rivau, capitaine de la ville de Mayenne, mort, suivant les Généalogistes, le 25 mars 1510. Il épousa en premières noces Antoinette de Montfaucon et en secondes Alix de Beauvau. Il eut des enfants de l'un et l'autre mariage.
LA BOURDAISIÈRE (madame de), 110.
LA BOURGONGNÈRE (monsieur de), 54, 57, 70.
LA BROCE (monsieur de), 54, 55, 56.
LA CHAISE-LE-VICOMTE, 92, 97, 103, 109, 111, 191, 193, 200, 210.
   La Chaize-le-Vicomte, commune du département de la Vendée, arrondissement et canton de La Roche-sur-Yon. Voir *Les La Trémoille pendant cinq siècles*, t. II, p. 221.
LA CHAPELLE (monsieur de), 54.
LA CHAPELLE (Antoine de Rance, sieur de), 8.
LA CHAPELLE-BOISRYON (monsieur de) 56.
LA CHATAIGNERAIE (le sieur de), 127, 128.
   François de Vivonne, seigneur de La Châtaigneraie, célèbre par le combat en champ clos qu'il soutint le 10 juillet 1547 contre Guy de Chabot, seigneur de Jarnac.
LA COUR (Brient de), seigneur du Bois, 73, 74, 75.
LA DESTREZ (mademoiselle), 144.
LA FOUGEREUSE (prieuré de), 100, 102, 112, 131, 144.

La Fougereuse, hameau dépendant de la commune de Saint-Maurice-la-Fougereuse, département des Deux-Sèvres.

La Fuye (sieur de), maître d'hôtel du cardinal de Lorraine, 125.

La Grilonnière (monsieur de), 87.

La Guiture, organiste, 116.

La Guyonnière (Adrien de Foubernyer, seigneur de), 112, 114, 125, 136, 143.

La Haye (Renée de), dame de Beaupreau, 74.

Renée de La Haye, dame de Beaupréau et de Chemillé en Anjou, épousa Joachim de Montespedon. Leur fils, René, mourut à dix-huit ans dans le désastre de Pavie. Voir C. Port, *Dictionnaire de Maine-et-Loire*, t. I, p. 260.

Lallemand, 57.

Lallemant (Pierre), procureur au Parlement, 187.

La Marche, 99.

La Martinière (monsieur de), 57, 114.

La Masardière (sieur de), 70.

La Maurière, 92.

La Mauritée, 180.

La Morinière (Charles des Roches, sieur de), 8.

La Mothe-Achard, 92, 180, 182.

La Mothe-Achard, chef-lieu de canton du département de la Vendée, arrondissement des Sables.

La Musse (sieur de), 102.

Lande (Gaufridus de), archevêque de Tours, 223.

Geoffroi de la Lande, archevêque de Tours, de 1207 à 1208.

Langeais (monsieur de), 119.

Guillaume du Bellay, seigneur de Langeais, vice-roi de Piémont pour François Ier. Guillaume du Bellay épousa Anne de Créquy et mourut le 9 janvier 1543. Son corps fut transporté dans la cathédrale du Mans où on lui dressa un superbe monument qu'on y voit encore aujourd'hui.

La Noue (le sieur de), 121, 122.

La Noue (le jeune de), 119.

La Possonnière, en Anjou, 80, 93, 98, 106, 109, 182, 210, 214.

La Porte (Guillaume de), 225.

La Porte (Loys de), seigneur de Veaugues, 225.

La Porte (Jacques de), soldat, 212.

La « Poysonnyer » (bois de), 68.

La Rivière (Jehan de Ravenel, sieur de), 56, 57, 82, 155, 215.

Voir Ravenel (Jehan de).

La Roche d'Iré, 80.

Voir C. Port, *Dictionnaire historique de Maine-et-Loire*; art. Roche d'Iré.

La Rochelle, 62, 63, 64, 72, 76, 95, 97, 104, 156, 157, 170, 171, 181, 199, 227, 228.

La Roche-Pozay (sieur de), 70.

La Salle (Hervée de Sully, dame de), 225.

La Salle (Étienne de), marchand argentier du roi, 28, 29, 124, 129.

La Selle (abbaye de), à Poitiers, 102.

Lassée (La Sie), abbaye, 101.

Lassée-en-Brignon, *alias* Brignon, abbaye de Bénédictins en Poitou (Deux-Sèvres), diocèse de Poitiers.

La Tour (monsieur de), 53.

La Tour (François de), vicomte de Turenne, 175.

La Trappière (monsieur de) 114.

La Trémoille, baronnie, 91, 92, 97, 104, 109, 111, 181.
Voir *Les La Trémoille pendant cinq siècles*, t. I, p. 285.

La Trémoille (Charles de), fils de François de La Trémoille et d'Anne de Laval, protonotaire du Saint-Siège, abbé de Saint-Laon de Thouars et de N.-D. de Chambon, 93, 177-181, 187, 216. Voir *Inventaire de François de La Trémoille*, p. 174.

La Trémoille (Charles de), prince de Talmond, 3, 4, 5, 6, 7, 8, 9, 10, 13, 14, 15, 17, 193.
Charles de La Trémoille, prince de Talmond, fils de Louis II de La Trémoille et de Gabrielle de Bourbon. Voir *Inventaire de François de La Trémoille*, p. 159.

La Trémoille (Charlotte de), fille de François de La Trémoille et d'Anne de Laval; religieuse à Fontevrault, puis abbesse de Beaumont-lès-Tours, 87, 94, 112, 216.

La Trémoille (Claude), fils de François de La Trémoille et d'Anne de Laval, baron de Noirmoutiers et de Mornac, époux d'Antoinette de La Tour-Landry, 37, 38, 93, 177-183, 187. Voir *Inventaire de François de La Trémoille*, p. 175.

La Trémoille (François de), prince de Talmond, fils de Charles de La Trémoille et de Louise de Coëtivy, époux d'Anne de Laval, 20, 25-90, 96, 108, 155, 173, 175, 177-185, 215. Voir *Inventaire de François de La Trémoille*, pp. 153-181.

La Trémoille (François de), comte de Benon, fils de François de La Trémoille et d'Anne de Laval, 51, 93, 112, 175, 177, 178, 179, 180, 181, 187.
Voir *Inventaire de François de La Trémoille*, p. 167.

La Trémoille (François de), 140, 144, fils de Louis III de La Trémoille et de Jeanne de Montmorency.

La Trémoille (Georges de), seigneur de Royan, abbé de Chambon et de Saint-Laon de Thouars, fils de François de La Trémoille et d'Anne de Laval, 93, 177-181, 187.

La Trémoille (Guy de), seigneur de Sully et de Craon, 226.

La Trémoille (Guy de), fils de François de La Trémoille et d'Anne de Laval, 30, 31, 216. Voir *Inventaire de François de La Trémoille*, p. 176.

La Trémoille (Jacqueline de), fille de François de La Trémoille et d'Anne de Laval; femme de Louis de Bueil, comte de Sancerre, 93, 95, 177, 179, 180. Voir *Inventaire de François de La Trémoille*, p. 178.

La Trémoille (Jehan de), archevêque d'Auch, évêque de Poitiers, cardinal, fils de Louis I de La Trémoille et de Marguerite d'Amboise, 13, 15.

La Trémoille (Louis II de), fils de Louis I de La Trémoille et de Marguerite d'Amboise, époux de Gabrielle de Bourbon, 13, 14, 17, 96, 159, 193. Voir *Chartrier de Thouars*, pp. 31-45.

La Trémoille (Louis III de), fils de François de La Trémoille et d'Anne de Laval, époux de Jeanne de Montmorency, 44, 51, 81, 83, 86-155-228.

La Trémoille (Louis de), fils de Louis III de La Trémoille et de Jeanne de Montmorency, 140, 144, 145.

La Trémoille (Louise de), fille aînée de François de La Trémoille et d'Anne de Laval; femme de Philippe de Lévis, seigneur de Mirepoix, 28, 42, 53, 79, 80, 93-95, 106, 182, 186, 216.

Laubespine (Claude de), baron de Châteauneuf, secrétaire d'État, 171, 196.

Laubray (Loys Suryette, sieur de), 104, 169.

Laurent (maître), médecin, 146.

Laval (Anne de), 20, 28, 29, 34, 44, 58, 61, 72, 79, 86, 96, 110, 111, 158, 173, 174, 175, 182, 216, 217, 218, épouse de François de La Trémoille.

Voir *Inventaire de François de la Trémoille*.

Laval (François de), évêque de Dol, 87.

Laval (Guy XVI, seigneur de), 64, 72, 84, 108, 109.

Guy XVI de Laval, gouverneur de Bretagne, mort en 1531, après s'être marié trois fois. Voir *Mémoire de Maucourt de Bourjolly sur la ville de Laval*;

édition de MM. Le Fizelier et Bertrand de Broussillon, t. I, pp. 369-385, et *Sigillographie des seigneurs de Laval* par Bertrand de Broussillon et Paul de Farcy, pp. 125-131.

Laval (Guy XVII de), 87.

La Vau, 54.

La Vieille-Tour (baronnie de), en Poitou, 96, 97, 103, 109, 111, 200. Voir *Inventaire de François de La Trémoille*, p. 189.

La Ville (Etienne de), 39.

La Ville (Jehan de), argentier de Louis III de La Trémoille, 55, 81, 118, 119, 120, 121, 122, 124, 125, 126, 127, 128.

Voir *Inventaire de François de La Trémoille*, p. 189.

La Ville (René de), 43, 46, 51, 52, 55, 132, 188.

Voir *Inventaire de François de La Trémoille*, p. 189.

La Ville (Simon de), 6.

Laz (terre de), 72, 92.

Le Bas-Nueil, 102.

Basnueil, hameau de la commune de Nueil-sur-Dive, département de la Vienne.

Le Bouschage, bailliage, 99.

Le Bret (François), juge de la prévôté d'Angers, 80.

Voir *Inventaire de François de La Trémoille*, p. 189.

Le Buron, 80.

Voir *Inventaire de François de La Trémoille*, p. 129.

Le Chesne, 180.

Le Cluzeau, châtellenie en Saintonge, 97, 105, 110, 111.

Le Cluzeau, hameau de la commune de Houlette, département de la Charente.

LE FEVRE (monsieur), 87.
LE FRINGANT, 9.
LE LARDEUX (Jacques), sénéchal d'Olonne, 67, 68.
LE LYS, page de Louis III de La Trémoille, 127.
LE MYRE (Jehan), notaire à Rouen, 191, 192.
LE PARC CHALON, 86, 100, 161.
LE PICARD, palefrenier du prince de Talmond, 31, 115.
LE PLESSIS, 15.
LE PRESSOIR-BACHELIER, 92, 159.
LE PUY-NOTRE-DAME, 110.

Le Puy-Notre-Dame, commune du département de Maine-et-Loire, canton de Montreuil - Bellay, arrondissement de Saumur.

LERNE (monsieur de), 37, 38.
LE ROUX (Jehan), fauconnier, 117.
LESPAIGNEUL (Jehan), muletier, 8.
LES PONTS-DE-CÉ, 106, 204.

Les Ponts-de-Cé, chef-lieu de canton du département de Maine-et-Loire, arrondissement d'Angers.

LES SABLES, bailliage, 67.

Les Sables, chef-lieu d'arrondissement du département de la Vendée.

LÉVIS (Philippe de), époux de Louise de La Trémoille, 51, 53, 57, 79, 106, 110.

Voir *Inventaire de François de la Trémoille*, p. 177.

LIÉGEOIS (Guillaume le), tailleur, 5.

L'ILE-BOUCHARD (Catherine de), femme de Georges de La Trémoille, 221, 223.

Voir *Les La Trémoille pendant cinq siècles*, t. I, pp. XIII - XXIII.

L'ILE-BOUCHARD, 10, 13, 40, 72, 82, 91, 94, 98, 108, 109, 118, 133, 155, 163, 177, 181, 193, 200, 206, 210, 220, 221, 222.

L'Ile-Bouchard, chef-lieu de canton du département d'Indre-et-Loire, arrondissement de Chinon.

LONGUEJOUE (Mathieu de), évêque de Soissons, 175.

Voir P. Anselme, t. VI, p. 466.

LONGUEJOUE (Thibault de), seigneur d'Iverny, 175.

Voir P. Anselme, t. VI, p. 466.

LORRAINE (cardinal de), 84, 125.
LORRAINE (maison de), 83.
LORY (Gratien), valet de chambre, 116.
LOUDUN, 44, 128, 133, 170, 179.

Loudun, chef-lieu d'arrondissement du département de la Vienne.

LOUDUNOIS, 94, 98, 107, 109, 178, 179, 181.
Louis XII, roi de France, 16, 17-19.
LOUSINE (.... de), 27.
LOUVET (Pierre), 202.
LOZON (Victor), procureur au Parlement, 187.
LUCAZEAU (m^{tre} Etienne), 112, 115.
LUÇON (évêché de), 198.
LUÇONNOIS, 104.
LYMON (monsieur de), 53.
LYMOUS (mademoiselle de), 116.
LYNGRANDE, apothicaire, 133.

Lyon (Jehan de), apothicaire, 44.
Lyon (ville de), 217.
Lyon (canevas de), 137.

Madeleine (madame), 216.
Magance (Jacques), marchand milanais, 191, 192.
Maine (province du), 220.
Male (André de), 25.
Mallon, 210.
Mangé (François de Baïf, sieur de), 8.
Mangé, fief à Verneil-le-Chétif.
Mantoue (bonnet de), 139.
Maraffin (Louis de), seigneur de Nort, maître d'hôtel du roi, 14.
Marans (île de), 26, 66, 72, 82, 92, 95, 155, 179, 227, 228.
Voir *Inventaire de François de La Trémoille*, p. 190, et *Les La Trémoille pendant cinq siècles*, t. II, p. 231.
Marcel (Claude), orfèvre à Paris, 148, 149.
Marchezac, 3.
Marcillé (Jacques de), tapissier, 150.
Mareuil, baronnie en Poitou, 92, 96, 97, 103, 109, 111, 200, 210.
Marguerite (madame), 216.
Mariau (Laurent), 45.
Marignan (bataille de), 193.
Marle (monsieur de), fils aîné de monsieur de Vendôme, 83.

Antoine de Bourbon, roi de Navarre et père de Henri IV.

Marolles (camp de), 120.
Marrot, 187.

Marseille, 86.
Martin (François), pintier, 118.
Martin (G...), 196.
Martin (Guillaume), procureur au Parlement, 187.
Martin (René), prêtre, 68.
Masqueau (le fief), 180.
Massazis (Ludovic), armurier, 131.
Mathurin, tailleur, 115.
Mauger (Nicolas), receveur général de Louis III de La Trémoille, 91, 114.
Mauléon, baronnie en Poitou, 91, 92, 97, 103, 109, 111, 179, 193, 200, 210.
Voir *Les La Trémoille pendant cinq siècles*, t. II, p. 233.
Méance (Jacques), châtelain de Montaigu, 26, 27.
Melphe (le prince de), 218.

Ser Gianni Caraccioli, prince de Melfi, maréchal de France, en 1544, gouverneur de Piémont en 1545, mort à Suse en 1550.

Menou (Philippe de), chevalier, maître d'hôtel de la reine, 14.
Merveilles (Jacques), armurier du roi, 9, 120.
Mescher, seigneurie en Saintonge, 97, 105, 109, 111, 181, 200.

Méchers, commune du département de la Charente-Inférieure, arrondissement de Saintes, canton de Cozes.

Mesjureau (Sébastien), 188.
Meung-sur-Loire, 123.

Meung-sur-Loire, chef-lieu de canton du département du Loiret, arrondissement d'Orléans.

MÉZIÈRES (monseigneur de), 53, 57, 71, 83, 85, 217.

René d'Anjou, marquis de Mézières, fils de Louis d'Anjou, bâtard du Maine.

MILAN (bataille de), 10.

MILAN (duché de), 17.

MINOYS, élu à Tours, 224.

MIRANDE (François de), capitaine, 25.

MIREPOIX (madame de), 42, 53, 93, 94, 95, 182, 186.

MIREPOIX (monseigneur de), 51, 53, 57.

MONGRIFFON, 107, 109, 110.

MONPESAT (monsieur de), 70.

MONTAIGU (châtelain de), 26.

MONTAIGU (baronnie de), 72, 82, 92, 97, 103, 109, 111, 148, 155, 179, 182, 193, 200, 210.

Voir *Inventaire de François de La Trémoille*, p. 191.

MONTEBERT, 148.

MONTFORT (François de Pons, seigneur de), 14.

MONTMORENCY, (Anne, seigneur de), connétable de France, 64, 69, 70, 155, 175.

MONTMORENCY (Jeanne de), femme de Louis III de La Trémoille, 155, 175.

MONTMORILLON, 70, 104.

Montmorillon, chef-lieu d'arrondissement du département de la Vienne.

MONTOURS (Joachim de), capitaine de Rochefort-sur-Loire et de La Possonnière, 210.

MONTOURS (Philippe de), capitaine de Rochefort-sur-Loire et de La Possonnière, fils du précédent, 210.

MONTPENSIER (madame de), 113.

MONTREUL (madame de), 216.

MONTSOREAU, 124.

Montsoreau, commune du département de Maine-et-Loire, arrondissement et canton de Saumur.

MOREAU (maître Martin), 166, 167.

MORIN (Jehan), sergent à Tours, 224.

MORINIÈRE (Guyot), seigneur de Besnit, 14.

MORNAC, baronnie en Saintonge, 97, 105, 109, 111, 180, 200, 210.

Mornac, commune du département de la Charente-Inférieure, arrondissement de Marennes, canton de Royan.

MOROT (Claude), tapissier, 120, 143.

MORSANS (Bernard Prévost, seigneur de), 175.

MOTAIS (Jehan), 6, 9.

MOULINFROU, 91, 94, 181.

Voir *Inventaire de François de La Trémoille*, p. 193.

MOUSSEAU, 188.

MOUSSY (Regnault de), 4, 5.

MOUTON, 3.

NANTES (procureur de), 27.

NANTES (comté de), 27, 171.

NAUDIN (Jehan), pintier à Thouars, 45.

NAVARRE (collège de), 78.

NAVARRE (reine de), 21, 40, 41, 82, 84, 155, 160, 219.

NAVARRE (roi de), 70.

NÉGRON (François d'Availloles, seigneur de), 73.

Le 6 décembre 1519, « noble homme François d'Availlolles, seigneur de Négron, » traite avec Martin Claustre, pour l'exécution de trois tombeaux dans l'église de N.-D. du château de Thouars. *Chartrier de Thouars*, p. 35.

Nercay (monsieur de), 53.
Neufville (de), 215.
Neuvy-Palioux (baronnie de), 96, 200.

Voir *Inventaire de François de La Trémoille*, p. 194.

Nevers (monsieur de), 84.
Nevers (maison de), 83.
Nivernais (François de Clèves, duc de) 175.
Noirmoutier (île de), 26, 72, 82, 92, 155, 164, 165, 166, 167, 180.
Noirmoutier (sénéchal de), 164.

Voir *Inventaire de François de La Trémoille*, p. 194.

Nort (Louis de Maraffin, seigneur de), 14.
Notre-Dame-du-Puy-en-Velay, 42.
Noyret (Michel), 210.

Odou (maître), 8.
Olivier (François), chancelier de France, 175.

François Olivier, chancelier de France, fils de Jacques Olivier, président au Parlement de Paris, épousa le 14 mai 1538, Antoinette de Cerisai, et mourut le 30 mars 1560, laissant plusieurs enfants.

Olivier (Jean), évêque d'Angers, 73.

Jean Olivier, oncle de François Olivier, mort évêque d'Angers en 1540, était fils de Jacques Olivier et de Jeanne de Noviant. Voir sa Notice biographique dans C. Port, *Dictionnaire de Maine-et-Loire*, t. III, p. 32.

Olonne (baronnie), 65, 66, 67, 92, 179.
Orange (princesse d'), 125.
Orléanais, 94, 109.
Orléans, 94, 123, 124, 141, 181, 199.
Orléans (duc d'), 27, 85, 120, 216.
Henri II, fils de François Ier.
Orléans (Claude d'), bailli de Bueil, 179, 180, 187.
Orléans (Jehanne d'), femme de Charles de Coëtivy, 13.
Oyronois, bailliage, 99.

Pandel (Noel), 35.
Paris (évêque de), 19.
Paris (Les Quinze-Vingts de), 40.
Paris (Jacques), apothicaire, 144.
Paschignart (maître Joseph), 49.
Paul, tapissier, 40.
Paulin (Jacques), banquier à Rouen, 191, 192.
Pavie (bataille de), 25, 86, 193.
Peirat (sieur de), 70.
Pelé (Pierre), palefrenier des grands chevaux de Mgr de La Trémoille, 115.
Perignart (Jehan), 178, 180.
Philippe IV, roi de France, 220.
Picardie (guerre en), 143.
Pidoux (Pierre), marchand, 113.

PIERRES (monsieur des), 39, 54, 57, 82, 155.
PILIER (île du), 165.

Le Pilier-en-mer, île dangereuse de la Vendée, commune de Noirmoutiers.

PINET, 42.

PLESSIS (Rogier), écuyer de cuisine, 115.

POILLE (René de), frère Prêcheur, de Thouars, 32.

POISSON (Jehan), avocat à Angers, 74.

POITIERS, 32, 35, 36, 40, 41, 44, 70, 102, 112, 113, 129, 158, 189, 205.

POITIERS (évêque de), 52, 58.

POITIERS (chapitre de Saint-Hilaire à), 101.

POITOU, 62, 64, 65, 69, 72, 76, 82, 92, 96, 97, 99, 103, 109, 155, 156, 157, 158, 170, 171, 173, 176, 179, 180, 181, 199, 205, 220.

POLYNE (Vincent), fauconnier, 8.

PONS (François de), seigneur de Montfort, 14.

PORTEAU (monsieur), 140.

POTIER (Robert), valet de chambre de Louis III de La Trémoille, 122.

POTIN (sieur de), 57, 120, 134.

POUILLE (frère René de), prédicateur, 113.

POUPPEAU (monsieur), procureur, 142.

PRAHEC, 93.

Prahecq, chef-lieu de canton du département des Deux-Sèvres, arrondissement de Niort.

Voir *Les La Trémoille pendant cinq siècles*, t. I, p. 305.

PRELLES (Guérin de), sieur de Bons Fiés, 57, 118.

PRELLES (Guyon de), sieur des Bouffières, maître d'hôtel de Louis III de La Trémoille, 124, 128.

PRÉVOST (Bernard), seigneur de Morsans, 175.

PRILLOT (Jean du), organiste de François de La Trémoille, 58.

PUYBOUILLART (monsieur de), 81.

Probablement Regnault de Moussy, sieur du Puyboullart, mari de Marie de La Tousche. Voir *Inventaire de François de La Trémoille*, p, 150.

PUYGAILLARD (seigneur de), 212.

Jean de Léaumont, sieur de Puygaillard, gentilhomme gascon, officier de fortune, vanté par Brantôme pour sa bravoure et par d'Aubigné pour son habileté à conduire les sièges. Voir sur ce personnage C. Port, *Dictionnaire historique de Maine-et-Loire*, t, II, p. 470.

RADET (monsieur), 110.

RAGUENEAU, 69.

RAIZ (Jacques de), maître d'école de François de La Trémoille, 144.

RANCE (Antoine de), écuyer, sieur de La Chapelle, 8.

RAPHAEL (maître), docteur en médecine, 44, 45.

RAVEL, 204.

RAVENEL (Jehan de), sieur de La Rivière, 56, 57, 82, 83, 84, 85, 155.

Voir *Les La Trémoille pendant cinq siècles*, t. II, p. 243.

RÉ (île de), 26, 72, 82, 95, 155, 180, 227.

Reculée, voir Arculée.
Regratierii (maître), gardien des Franciscains de Châtellerault, 31.
Reims (sacre du roi Henri II à), 126, 127.
Reims (abbaye de Saint-Remi à), 126.
Reims (église Notre-Dame à), 126.
Renart (Jacques), tailleur, 115.
Reusseau (Jehan), 7, 9, 10.

Barbier et valet de chambre de Charles de La Trémoille.

Ribémont (Joachim de Chaumont, sieur de), 105.
Rieux (seigneur de), 64.
Robert (Jehan), sergent, 202.
Robert (Jehanne), veuve de don Ferrande d'Esbodille, 65.
Robertet, 19, 64, 65, 204, 206.
Robin (P...) greffier de la sénéchaussée de Poitou, 158.
Robinet (le sieur), 122.
Rochefort (baronnie en Anjou), 80, 93, 98, 106, 109, 182, 207, 210, 212, 214.

Voir C. Port, *Dictionnaire historique de Maine-et-Loire*, art. *Rochefort*.

Roches (Charles des), écuyer, 8.

Voir sur la famille des Roches *Inventaire de François de La Trémoille*, pp. 199 et 200.

Roches (René des), écuyer, 8, 46, 47.
Roches-Tranchelion (monsieur des), 54, 57, 58.
Rocques (de), 146.
Roger (frère François), procureur des Frères Prêcheurs de Thouars, 32, 113.

Roger (maître Pierre), docteur en médecine, 44.
Rohan (maison de), 83, 84, 85.
Roncée (monsieur de), 56, 57, 58, 73, 82, 116, 123, 124, 155, 176.

Voir Availloles (François d').
— Availloles (Charles d').

Rossignol (Pasquier), crieur juré du roi, 210.
Rouen, 191.
Rouet (sieur du), 70.
Rousseau (Nicolas), doreur en cuir, 147.
Rouxeau (....), notaire de la cour de Nantes, 27.
Royan-sur-Gironde, seigneurie en Saintonge, 180.
Rozet (monsieur de), 134, 138, 140.
Rubeis (Jehan), brodeur de madame de La Trémoille, 55.
Ruye (monsieur de), maître d'hôtel, 57, 113, 114.
Ryvault (frère Jehan), 68.

Sainctoir, baronnie en Berry, 96.
Saint-Aubin du Cormier (bataille de), 193.
Saint-Avit (Jehan de), abbé des Pierres, 39, 54, 57, 82, 85, 86, 155.

Voir *Inventaire de François de La Trémoille*, p. 201, et *Les La Trémoille pendant cinq siècles*, t. II, p. 244.

Saint-Benoit (sieur de), 70.

SAINTE-HERMINE, baronnie, 92, 96, 97, 104, 109, 111, 189, 193, 200, 210.
Voir *Livre de comptes de Guy VI de La Trémoille*, p. 269 et *Inventaire de François de La Trémoille*, p. 202.
SAINT-GERMAIN, 80, 96.
SAINT-GERMAIN-DES-PRÉS, 221.
SAINT-GERMAIN-EN-LAYE, 127, 128.
SAINT-GILLES-SUR-VYE, 100.
SAINT-GONDON, châtellenie en Orléanais, 98, 107, 227.
SAINT-HILAIRE-LE-GRAND (chapitre de), à Poitiers, 101.
SAINT-JACQUES (le bourg), 100.
SAINT-JEAN DE BONNEVAL (abbaye de), 101.
SAINT-JEAN-DE-MONTS, 165.

Saint-Jean de Monts, chef-lieu de canton du département de la Vendée, arrondissement des Sables.

SAINT-LÉGER, baronnie en Berry, 96.
SAINT-MAIXENT, 70.
SAINT-MARTIN (monsieur de), 57, 73, 116.

Maître d'hôtel de François de La Trémoille.

SAINT-MAUR-DES-FOSSÉS, 204.
SAINT-MICHEL-LÈS-THOUARS, (église de), 51, 52, 54.
SAINTONGE, 62, 64, 69, 72, 76, 97, 105, 109, 156, 157, 179, 180, 181, 189, 199.
SAINT-POL-DE-LÉON, 165.
SAINT-SÉBASTIEN (Espagne), 167.
SALLAYS (Antoine), 67.
SANCERRE (comtesse de), 110, 111, 180, 181, 187.

SANCERRE (comte de), 179, 180, 181, 187.
SANSAY (monsieur de), 139.
SARROY (Hervée de Sully, dame de), 225.
SAUGEON (seigneurie de), 180.
SAVOIE (Honorat de), comte de Villars, 175.
SAVOIE (Madeleine de), épouse d'Anne de Montmorency, 175.
SEIPIARD, gentilhomme de Louis III de La Trémoille, 124.
SEAULX (René Baillet, seigneur de), 175.
SEGRÉ (monseigneur de), 13.
SENELY, châtellenie, 107.
SEPMES, 131.

Sepmes, commune du département d'Indre-et-Loire, canton de la Haye, arrondissement de Loches.

SÉVIN (Jehan), 226.
SICILE, 85.
SOISSONS (évêque de), 175.
SULLY, baronnie, 72, 82, 91, 94, 98, 107, 109, 155, 177, 181, 193, 200, 202, 210, 220, 225, 226, 227.

Sully, chef-lieu de canton du département du Loiret, arrondissement de Gien.

SULLY (Hervée de), 225.
SURIE (Pierre de), 225.
SURIECTE (Robert), chevalier, seigneur d'Antigné, 8.
SURYETTE (Loys), sieur de Laubray, 104.

TAILLEBOURG (madame de). Louise de Coetivy, mère de François de La Trémoille, 34, 40, 57, 114, 115, 116, 119, 133, 159, 160, 161, 163, 178, 180, 181, 182, 184, 185, 186, 187, 194.
TAILLEBOURG (ville et comté de), 13, 20, 26, 27, 28, 43, 72, 91, 97, 105, 109, 111, 155, 181, 189, 191, 193, 200, 210.
TAILLEBOURG (gouverneur de), 35, 55, 58.
TALMOND (principauté de), 41, 43, 72, 73, 82, 91, 92, 97, 102, 109, 111, 155, 177, 181, 189, 191, 193, 198, 200, 210.
TALMOND (capitaine de), 54.
TARDIF (René), marchand argentier du roi, 28, 29.
TARDIF (Thibault), marchand, 4, 6.
THIBAULT (Jacques), palefrenier, 8.
THIORS (monsieur de), 54.
THOUARS (vicomté et ville de), 3, 9, 10, 13, 14, 26, 28, 35, 36, 37, 42, 43, 47, 53, 54, 72, 73, 77, 78, 81, 82, 88, 91, 92, 93, 97, 98, 109, 111, 118, 121, 122, 126, 128, 132, 133, 140, 155, 159, 161, 163, 170, 171, 173, 176, 177, 178, 179, 181, 189, 191, 197, 210, 214, 219, 220.
THOUARS (receveur de), 52, 55, 161.
THOUARS (sénéchal de), 57, 114.
THOUARS (procureur de), 141.
THOUARS (Notre-Dame de), 36, 38, 40, 42, 45, 47, 48, 50, 51, 52, 55, 56, 58, 102, 179.
THOUARS (Saint-Médard de), 42, 48, 49, 51, 52, 57, 102.

THOUARS (abbaye Saint-Laon de), 48, 49, 50, 51, 52, 54, 102, 178, 191, 192.
THOUARS (Saint-Pierre de), 50, 51, 52, 101.
THOUARS (Frères Prêcheurs de), 32, 38, 42, 51, 52, 55, 58, 113, 146.
THOUARS (Cordeliers de), 39, 51, 52, 112, 113.
TIERCELIN (Jehanne), prieure de La Fougereuse, 131.
TILLET (du), 196.
TILLET (Pierre), 121.
TILLY (monsieur de), gouverneur de Taillebourg, 55, 58.
TIXIER, (messire Claude), prêtre, aumônier de Charles de La Trémoille, prince de Talmond, 8.
TOUBLANC (Marc), notaire, 208.
TOULOUSE, 201.
TOULOUSE (archevêque de), 175.

Odet de Châtillon, cardinal de Coligny, archevêque de Toulouse de 1533 à 1553 et une seconde fois de 1560 à 1562.

TOURAINE, 94, 98, 109, 131, 181, 199, 206, 220.
TOURS, 6, 9, 29, 40, 42, 120, 147, 162, 189, 224.
TOURS (serge de), 130.
TRESMES (René Baillet, seigneur de), 175.
TROTEREAU (Jean), secrétaire de François de La Trémoille, 28, 32, 34, 36, 39, 41.
TROTEREAU (maître Mathurin), secrétaire, 116.
TUAUDI, prédicateur, 146.
TUREQUET, 167.

TURENNE (François de La Tour, vicomte de), 175.
TURIN, 119.

VAILLANT (Micheau), orfèvre, 40, 47.
VAL (Guillaume du), sieur de Vaugri-
gneuse, 207.
VALENTINOIS (duchesse Louise de),
épouse de Louis II de la Trémoille,
10, 96, 182.
VALOIS (duc de), 19.
VATEAU (André), aumônier de François
de La Trémoille, 30, 31, 77, 78, 79.
VATEVILLE, 121.
VAUDORÉ (monsieur de), 54.
VAUGRIGNEUSE (Guillaume du Val,
sieur de), 207.
VEAUGUES (Louis de La Porte, seigneur
de), 225.

VEILLET (André), barbier, 167, 168,
169.
VENDÔME (monsieur de), 83.
VENDÔME (maison de), 83.
VERGY (château du) en Bourgogne,
10, 16.
VERNIETTES, écuyer, 56.
VERVET (Jehan), 67.
VILLARS (Honorat de Savoie, comte
de), 175.
VILLEAU (Colin), 45.
VILLEDIEU, 179.
VINOT, (voiturier), 141, 142.
VITRÉ, 87.
VOYSIN, 150, 151.

YZORUM (Jehan), sommelier, 115.

ERRATA

Page 17, n° VII, ligne 3, *au lieu de* Louis XII, *lire* Louis II.
— 83, n° XX, titre, *au lieu de* vers 1540, *lire* 1531.
— 212, n° XXII, titre, *au lieu de* le château, *lire* du château.
— 233, table, n° XX, *au lieu de* vers 1540, *lire* 1531.

ACHEVÉ D'IMPRIMER

A NANTES

PAR ÉMILE GRIMAUD

LE XXe JOUR D'AOUT

M. DCCC. XCIV

www.ingramcontent.com/pod-product-compliance
Lightning Source LLC
Chambersburg PA
CBHW070536160426
43199CB00014B/2271